ईश्वर
की
आत्मकथा

ईश्वर की आत्मकथा

सरल-मनोज

प्रभात
पेपरबैक्स
www.prabhatbooks.com

प्रकाशक

प्रभात पेपरबैक्स

4/19 आसफ अली रोड, नई दिल्ली–110002

फोन : 23289777 • हेल्पलाइन नं. : 7827007777

इ–मेल : prabhatbooks@gmail.com ❖ वेब ठिकाना : www.prabhatbooks.com

संस्करण

प्रथम, 2018

अ.मा.पु.स. 978-93-5266-624-9

ISHWAR KI ATMAKATHA
by Saral-Manoj

Published by **PRABHAT PAPERBACKS**
4/19 Asaf Ali Road, New Delhi-110002

ISBN 978-93-5266-624-9

ईश्वरीय चेतना से जुड़े हरेक कण
और
उन कणों से निर्मित होने वाली
अनगिनत संरचनाओं
को समर्पित

आमुख

ईश्वर की आत्मकथा केवल इनसानों के लिए ही संबोधित और समर्पित है, क्योंकि ब्रह्मांड के किसी भी अन्य जीव या पदार्थ के लिए इस आत्मकथा का कोई महत्त्व नहीं है, न ही उन जीव-पदार्थों को ईश्वर के बारे में जानने की जरूरत है। इस सृष्टि में इनसान ही एकमात्र जीव है, जो ईश्वर को जानने-समझने का दावा करता है, फिर भी हजारों सालों से ईश्वर के रहस्यों की परतें खोलने के लिए छटपटाता रहा है। इनसान ही इकलौता प्राणी है, जिसने अपनी आयु, अपनी ऊर्जा, अपनी ताकत और अपने संसाधनों का एक बड़ा हिस्सा ईश्वर के वजूद को स्वीकार करने या नकारने के लिए खर्च किया है। ईश्वर की आत्मकथा ईश्वर के बारे में इनसानों की जिज्ञासा, कौतूहल, विश्वास, आस्था, शंका और संदेह का सहज प्रतिफल है। यह आत्मकथा ईश्वर की खोज में इनसानों द्वारा मचाए जा रहे शोरगुल की ईश्वरीय प्रतिध्वनि है। इनसानों ने अभी तक राज्य, धर्म, समाज, सभ्यता, अर्थव्यवस्था जैसे दिमागी-तंत्रों की जरूरतों और सोच के हिसाब से ईश्वर और सृष्टि को जानने-समझने की कोशिश की है। ईश्वर की आत्मकथा ईश्वर के दृष्टिकोण से इनसानों और उनकी कृत्रिम व्यवस्थाओं को समझने का एक प्रयास है।

ईश्वर की आत्मकथा ईश्वर के साथ-साथ हर जीव और पदार्थ की आत्मकथा है। यह प्रत्येक इनसान की आत्मकथा भी है, जिसे इनसानी पहचान का अहंकार कभी व्यक्त नहीं होने देता है। यह उस प्रकृति की आत्मकथा है, जिसके लगातार दोहन से इनसानों की शानदार सभ्यता निर्मित हुई है। यह उस ब्रह्मांड की भी आत्मकथा है, जो सभी जीव-पदार्थों की उत्पत्ति, विकास और विनाश का साक्षी रहा है तथा जिसका खुद का अस्तित्व विकास-विनाश के इसी चक्र पर टिका हुआ है।

ईश्वर की आत्मकथा का उद्देश्य इनसानों द्वारा बनाई गई दुनिया और तमाम ढाँचों को बचाना या खत्म करना नहीं है। यह केवल इनसानों को अपना नजरिया

बदलने के लिए प्रेरित कर सकती है। यह आत्मकथा इनसानों को एक ऐसी दृष्टि दे सकती है, जिसकी मदद से ईश्वर की सहज व्यवस्था को उसकी सूक्ष्मता और विशालता, दोनों के साथ देखा जा सके। इसमें किसी भी व्यक्ति या स्थान का नाम उल्लेख नहीं है, इसलिए इस धरती का कोई भी व्यक्ति इस आत्मकथा को ईश्वर के साथ अपने सहज संवाद के रूप में देख-समझ सकता है और अपनी सामाजिक, राष्ट्रीय, सांस्कृतिक, सामाजिक और धार्मिक पहचान से परे हटकर ईश्वर तथा कुदरत के साथ अपने सहज संबंध को महसूस कर सकता है।

आखिर में यह ईश्वर और इनसान के विलय की कथा है, जो हर इनसान से ईश्वर की आत्मकथा में भागीदार बनने की उम्मीद रखती है। इनसानों के लिए इस आत्मकथा का अंत तभी होगा, जब दुनिया का हर इनसान इसे अपनी खुद की आत्मकथा स्वीकार कर लेगा और सहज भाव से खुद के ईश्वर होने का उद्घोष कर देगा। जैसे ही कोई इनसान अपना हर काम-काज और चिंतन करते वक्त ईश्वर के रूप में भी अपनी भूमिका का निरंतर बोध करना शुरू कर देगा, उसी समय ईश्वर की आत्मकथा उसकी खुद की आत्मकथा में बदल जाएगी।

अनुक्रम

1

मैं और तुम्हारा धर्म

इस समूची सृष्टि में तुम इनसान ही ऐसे अकेले जीव हो, जिसने मेरी खोज के लिए धर्म जैसी कृत्रिम व्यवस्थाओं को विकसित किया है। तुम्हारे धार्मिक चिंतन, धर्म स्थलों, धर्म ग्रंथों, धार्मिक संस्थाओं और धार्मिक कर्मकांडों का औचित्य मुझ पर ही टिका रहा है। तुमने धर्मों को मेरी खोज करने का काम सौंपा था और इस काम को आसानी से पूरा करने के लिए तुम इनसानों ने अपनी ऊर्जा और क्षमता का एक बड़ा हिस्सा भी धर्मों को समर्पित कर दिया था। तुम्हारे इस समर्पण ने धर्मों को एक दिमागी-तंत्र के रूप में चेतन आकार दे दिया। धर्म एक स्वतंत्र वजूदवाली सत्ता के रूप में लगातार मजबूती हासिल करते चले गए। इसके बाद धर्मों ने तुम्हारे द्वारा सौंपे गए काम को तो अधर में छोड़ दिया और अपने स्वतंत्र अस्तित्व को बनाए रखने की कोशिश में अपने लिए एक नया एजेंडा तैयार कर लिया। धर्मों के इस नए एजेंडा का सबसे जरूरी काम था—तुम इनसानों को मेरी सहज अनुभूति से दूर बनाए रखना। इसके लिए धर्मों ने मुझे बहुत सारे चमत्कारों और रहस्यों के साथ जोड़ दिया, ताकि मैं तुम्हारे लिए हमेशा एक अबूझ पहेली बना रहूँ। धर्मों ने मुझे बहुत ही जटिल रूप-आकार दे दिया। इस जटिलता में उलझे रहने की वजह से तुम मेरे उस सहज और सरल अस्तित्व से अनजान ही बने रहे, जो हर पल तुम्हारे सामने मौजूद रहता है।

तुम इनसानों के वजूद में आने से पहले भी मैं था और मेरे साथ असंख्य जीव-पदार्थ मौजूद थे। तब से लेकर आज तक किसी भी जीव ने मेरी खोज में अपनी ताकत और ऊर्जा खर्च नहीं की। उन्होंने मेरी पूजा-उपासना के लिए कोई धर्म या धर्मस्थल नहीं बनाया। उन्होंने मुझे रिझाने या खुश रखने के लिए कोई

धार्मिक आख्यान और ग्रंथ भी तैयार नहीं किए। उन जीवों ने मुझे आधार बनाकर कोई नियम-कायदे नहीं बनाए। उन्होंने खुद को मेरा प्रतिनिधि या एजेंट घोषित नहीं किया और न ही मेरे प्रति किसी लालच या डर को पैदा किया। इन जीव-पदार्थों ने सिर्फ मुझे स्वाभाविक तौर पर महसूस किया है और अपना अभिन्न हिस्सा माना है। किसी धर्म या धार्मिक चिंतन-दर्शन के बिना ही इन जीव-पदार्थों ने करोड़ों वर्षों के जीवनचक्र को पूरा किया है। तुम इनसान अपने धर्मों और धार्मिक संस्थाओं समेत कुछ हजार सालों में ही विनाश के कगार पर आकर खड़े हो गए हो, पर ये अधार्मिक जीव-पदार्थ तुम्हारे बाद भी जीवनचक्र का हिस्सा बने रहेंगे।

मुझे जानने की जिज्ञासा ने ही धर्म के बीज बो दिए थे। इनसानी गतिविधियों को व्यवस्थित और नियंत्रित करने की जरूरत ने धर्म को ढाँचागत रूप दे दिया। धार्मिक ढाँचों को तुम इनसानों की आस्था और विश्वास का खाद-पानी मिलते ही धर्म एक विशाल दिमागी-तंत्र में बदल गया। दिमागी-तंत्र के रूप में धर्मों ने तुम्हारी लालसा और डर को काल्पनिक विस्तार दे दिया। धर्मों ने अपने वजूद को बचाने के लिए तुम्हारी भावनाओं का दोहन करना सीख लिया। प्रत्येक धर्म नई चेतना, उदारता और सम्यक् समझ का दावा करके तुम्हारी वैचारिक जमीन पर अंकुरित होता है; लेकिन धीरे-धीरे यह अंधविश्वास, कट्टरता, पाखंड, पूर्वग्रह और उन्माद की शाखाओं को फैलाता चला जाता है। ये शाखाएँ इतनी लंबी हो जाती हैं कि ये तुम्हारे वैचारिक धरातल को जकड़कर वैकल्पिक जड़ों का रूप ले लेती हैं और धर्म की मूल जड़ों को बेअसर बना देती हैं।

धर्मों ने जहाँ तुम इनसानों को तमाम रहस्यों, चमत्कारों, कर्मकांडों और मतभेदों के भ्रमजाल में फँसा दिया है, वहीं ये मुझे भी धार्मिक इमारतों और मान्यताओं में कैद करने का निरर्थक प्रयास करते हैं। मैं तो अपनी व्यापकता और सूक्ष्मता के सहज संतुलन द्वारा उनकी कैद से बाहर आ जाता हूँ, लेकिन तुम इनसानों के लिए धर्मों द्वारा बनाए गए भ्रमजाल को तोड़ना एक बड़ी चुनौती है। अपने शैशवकाल में सादगी और संयम पर जोर देनेवाले सभी धर्म अपने विस्तार और विकास के साथ-साथ तुम्हें आधिपत्य और वर्चस्व की लड़ाई में झोंक देते हैं। इस लड़ाई को मेरे अलग-अलग नामों तथा रूपों के आधार पर जायज ठहराया जाता है। ये नाम-रूप तुम्हारे विभिन्न धर्मों की आधारशिला बन जाते हैं। सबसे अजीब बात यह है कि समय-समय पर कई इनसान इस आधारशिला को हिलाने-डुलाने या खिसकाने का प्रयास भी करते

हैं। वे अपने जन्म से ही जिस धर्म की डोर से बँधे होते हैं, उस डोर को तोड़ने की जद्दोजहद करते हैं। वे अपने ज्ञान, कौशल, तर्क और आचरण से एक नया धर्म पेश करके हजारों इनसानों को अपनी ओर आकर्षित भी कर लेते हैं, पर वे धर्म के दिमागी-तंत्र की तह तक पहुँचने से पहले ही इस तंत्र का शिकार बनकर रह जाते हैं। लाखों-करोड़ों अनुयायियों की भीड़ इन चुनिंदा इनसानों को देवी-देवता या मेरे प्रतिनिधि का दर्जा दे देती है। धर्म के बन्धन से निकलने की कोशिश एक बार फिर एक नए धर्म की पैदाइश में तब्दील हो जाती है। मैं इनसानी जिंदगी के सैकड़ों सालों से तुम्हारे सैकड़ों धर्मों और हजारों देवताओं को मूकदर्शक बनकर देखता आ रहा हूँ। धर्मों का जीवनकाल इनके अनुयायियों की संख्या, उनकी आस्था और उनकी ताकत पर निर्भर रहता है। धर्मों और देवताओं के रूप-रंग बदल जाते हैं, लेकिन दिमागी-तंत्र के रूप में धर्म का वजूद हमेशा कायम रहता है।

एक दिमागी-तंत्र का अस्तित्व धारण करके धर्म तुम्हें कई विरोधाभासी स्थितियों और विसंगतियों में उलझाए रखता है। इसी उलझन के कारण तुम इनसान कभी धर्मों और देवताओं के नाम पर पूजास्थल और स्मारक बनाते हो, तो कभी उन्हीं के नाम पर धर्मस्थानों की तोड़-फोड़ करने लगते हो। धर्म के कारण तुम कभी प्रेम, करुणा, दया, उदारता, अहिंसा और पवित्रता के भावातिरेक की अवस्था में पहुँचकर एक सूक्ष्मजीव को भी नुकसान पहुँचाने से डरते हो। दूसरी ओर कभी भावशून्य होकर इतने क्रूर और हिंसक जीव बन जाते हो, जो खुद से थोड़ा-सा भी वैचारिक मतभेद रखनेवाले हर इनसान या जीव को मिटाने के लिए आत्मघाती हमलावर बन जाता है। प्रेम, अहिंसा, करुणा, उदारता जैसी इनसानी खूबियों पर जोर देनेवाले तुम्हारे धर्म इनसान द्वारा इनसान की हत्या करने का सबसे बड़ा प्रेरणास्रोत रहे हैं। धार्मिक उन्माद और हिंसा का शिकार ऐसे इनसान भी हो जाते हैं, जो किसी भी धर्म या देवता को नहीं मानते हैं। धार्मिक-तंत्र ऐसे इनसानों को नास्तिक की श्रेणी में रख देता है। आस्तिक और नास्तिक का विभाजन तुम्हारी धार्मिक व्यवस्था का बुनियादी हिस्सा है, जबकि मेरी सहज व्यवस्था में ऐसा कोई भी भेद, विभाजन या वर्गीकरण मौजूद नहीं है। आस्तिक के साथ-साथ नास्तिक भी मेरी सहज व्यवस्था के अंग हैं। किसी के आस्तिक या नास्तिक होने से मेरे वजूद पर कोई फर्क नहीं पड़ता है। किसी जीव या इनसान द्वारा मुझे मानने या न मानने पर मेरा वजूद निर्भर नहीं है।

तुम्हारे धर्म और दर्शन तुम्हें मेरी खोज में तो लगा देते हैं, लेकिन उस खोज को कभी पूरा नहीं होने देते हैं। धर्मों के साथ बँधे होने की वजह से तुम इनसान मेरी आधी-अधूरी झलक ही देख पाते हो। जब तुम धर्म के साथ चलकर मेरी विशालता, विकरालता और व्यापकता को मापने की कोशिश करते हो, उस समय तुम मेरी सूक्ष्मता को नजरअंदाज कर देते हो। जब तुम धर्म के अनुसार मेरी ताकत और क्षमता का आकलन करते हो, तब तुम मेरी कमजोरी और अक्षमता का अनुमान नहीं लगा पाते हो। जिस वक्त धर्म मेरी महानता का गुणगान कर रहे होते हैं, उस वक्त तुम मेरी सहजता को महसूस नहीं कर पाते हो। सारे धर्मों का यह सीमित नजरिया तुम इनसानों को मुझ तक पहुँचने ही नहीं देता है। तुम भले ही अपने धर्मों को मुझ तक पहुँचने का माध्यम मानते रहो, लेकिन मेरे और तुम्हारे विलय में सबसे बड़ी रुकावटें धर्म द्वारा ही खड़ी की जाती हैं। जब भी तुम मेरी सहज व्यवस्था के द्वार पर खड़े होते हो, धर्म तुम्हारा हाथ पकड़कर तुम्हें पीछे खींच ले जाते हैं। धर्म ने तुम्हारी हर कमजोरी और हर ताकत को तुम्हारी मजबूरी बना दिया है। तुम्हारी इस मजबूरी के कारण मैं हर पल तुम्हारे सामने होकर भी तुमसे दूर हूँ। तुम इतने लाचार हो कि तुम में से ज्यादातर इनसान धर्म के नाम पर अपना जीवन लुटाने को तैयार हैं, लेकिन मेरी अनुभूति के साथ जीने के लिए मुट्‌ठीभर इनसान भी राजी नहीं हैं।

धर्म तुम्हें मोक्ष, स्वर्ग, पुण्य और वरदान के लोभ में फँसाए रखते हैं। तुम्हें नरक, अभिशाप और दंड का भय दिखाते हैं। ये मेरे अलग-अलग पते-ठिकाने बताकर तुम्हारी चेतना और अनुभूति को अपने भ्रमजालों से निकलने का मौका ही नहीं देते हैं। तुम्हारे इनसानी दिमाग के दायरे से बाहर की हर चीज को धर्मों ने रहस्य और चमत्कार से जोड़ दिया है। इसी वजह से तुम्हें इतनी सीधी-सादी बात भी समझ नहीं आती है कि अगर धर्मों के पास मेरा सही पता-ठिकाना होता तो सारे इनसानों के लिए एक ही धर्म, एक ही धर्मगुरु, एक ही धर्मग्रंथ और एक ही धर्मस्थल काफी होता। मेरा पता-ठिकाना बताने के लिए आज तुम्हारे पास सैकड़ों धर्म हैं, हजारों धर्मगुरु हैं, लाखों धर्मग्रंथ हैं और करोड़ों धर्मस्थल हैं। ये सब मिलकर तुम इनसानों को ऐसी भूल-भुलैयावाली गलियों में भेज देते हैं, जिनमें भटकते हुए तुम्हारा सारा जीवन बीत जाता है। इन गलियों में भटकनेवालों की तादाद इतनी है कि हर गली में फँसे हुए इनसानों को यह भ्रम बना रहता है कि जिस गली में वे फँसे हैं, वही मेरी यानी ईश्वर की गली है। ऐसी किसी एक भीड़

भरी और तंग गली में फँसे रहकर ही तुम्हारा सारा जीवन व्यतीत हो जाता है और तुम मेरी परछाई तक भी नहीं पहुँच पाते हो।

तुम्हारे ज्यादातर धर्म मुझे परमपिता, परमशक्ति, सर्वस्वामी और सर्वनियंता का दर्जा देते हैं। इनकी दोहरी नीयत तब सामने आ जाती है, जब वे मुझे धर्मस्थलों में कैद कर देते हैं। एक तरफ, धर्म मेरी शक्ति का गुणगान करते हैं तो दूसरी ओर, मुझे अपनी कठपुतली बनाकर नचाना चाहते हैं। सारे धर्म मुझे अंतिम सत्य स्वीकार करने के बाद भी मेरी मनमानी व्याख्या करने से नहीं चूकते हैं। मुझे सबका मालिक बतानेवाले तुम्हारे धर्म मुझे हर पल अपनी इच्छाओं और हितों की पूर्ति का जरिया बनाना चाहते हैं। एक ओर तुम्हारे धर्म मुझे सर्वनियंता की उपाधि देते हैं, तो दूसरी ओर तुम इनसानों को मोहरा बनाकर बाकी जीव-पदार्थों पर अपना नियंत्रण स्थापित करने में लगातार जुटे रहते हैं। धर्मों का यही दोहरापन तुम इनसानों के भीतर और बाहर चलनेवाले द्वंद्व का सबसे बड़ा कारण बन जाता है। इन द्वंद्वों और संघर्षों में उलझे रहने के कारण तुम्हें मेरे स्वरूप को जानने-समझने और अनुभव करने का मौका नहीं मिल पाता है। कुछ इनसानों को यह मौका मिल भी जाता है, लेकिन वे भी मेरे स्वरूप के एक या कुछ पहलुओं तक सिमटकर रह जाते हैं। भक्ति, पूजा, उपासना, प्रार्थना, ध्यान, प्रवचन और सत्संग जैसी तमाम युक्तियों को आजमाने के बाद तुम भी मान लेते हो कि मेरा अधिकार क्षेत्र धर्म और धर्मस्थलों के इर्द-गिर्द ही सीमित है। तुम मुझे धर्मों के हवाले करके जीवन के बाकी पहलुओं पर इनसानी सभ्यता का अधिकार क्षेत्र स्थापित करने की काल्पनिक मुहिम पर चल देते हो। तुम मेरे लिए पूरी तरह से समर्पित होने की बात जरूर करते हो, लेकिन तुम्हारा समर्पण अपने वैचारिक तंत्रों और संस्थाओं के प्रति है, अपने ज्ञान और अज्ञान के प्रति है, अपनी क्षमताओं और मजबूरियों के प्रति है, अपने डर और लालच के प्रति है, अपनी सभ्यता और धर्म के प्रति है। तुम्हारे इसी खोखले समर्पण का सहारा लेकर तुम्हारे दिमागी-तंत्र बाकी जीव-पदार्थों का सर्वस्व छीन लेना चाहते हैं।

तुम्हारे धर्मों ने मुझे एक छद्म जगत्स्वामी के रूप में स्थापित और प्रचारित कर दिया है। धर्मों ने मेरे कई ऐसे स्वयंभू प्रतिनिधि तैनात कर दिए हैं, जो मेरे नाम पर बाकी जीव-पदार्थों का शोषण करने के साथ-साथ तुम इनसानों से भी छलपूर्वक या जबरन कर वसूली करते हैं। ये प्रतिनिधि मुझे जगत्स्वामी का दर्जा इसलिए देते

हैं, क्योंकि एक सेवक या दास का प्रतिनिधि होना उनके लिए शर्म की बात होती है। मुझे एक छद्‌म जगतस्वामी का दर्जा देकर वे तुम्हारे जगत् के वास्तविक स्वामी बनना चाहते हैं। धर्मों ने मुझे उन सभी गुण-विशेषताओं से संपन्न कर दिया, जो तुम इनसानों को आकर्षित करती हैं। तुम्हारी शक्ति की लालसा को जिन्दा रखने के लिए धर्मों ने मुझे सर्वशक्तिमान बता दिया। धार्मिक और आध्यात्मिक चिंतन में मेरे कमजोर माने जानेवाले पहलुओं पर नजर डालने की कोशिश कभी नहीं की गई। धर्म मेरे सहज-सरल रूप पर कभी गौर नहीं करते हैं, क्योंकि तुम इनसानों को रहस्य और चमत्कार रोमांचित करते हैं। धर्मों ने सादगी और अंधकार को मेरा हिस्सा नहीं बनाया, क्योंकि उन्होंने तुम इनसानों को भव्यता और प्रकाश का आदी बना दिया है। तुम्हारे धर्में को सह-अस्तित्व और साहचर्य के साथ मेरा रिश्ता जोड़ने में थोड़ी हिचकिचाहट होती है, क्योंकि तुम इनसान परोपकारी और दयावान दिखने के लिए आतुर रहते हो।

धर्म के साथ-साथ समाज, सभ्यता, राज्य, अर्थव्यवस्था जैसे अन्य दिमागी-तंत्रों ने तुम इनसानों के दिमाग में सबसे ज्यादा काबिल नस्ल होने का खोखला दंभ भर दिया है। ये दिमागी-तंत्र लगातार तुम्हें इस बात के लिए उकसाते हैं कि तुम बाकी के जीव-पदार्थों को इनसानी सभ्यता की सरपरस्ती में लाने की तमाम कोशिशों को अपनी जिंदगी का मकसद बना लो। इसीलिए धर्म मुझे कई आदर्श रूपों में तुम्हारे सामने पेश करते हैं। जब-जब मेरे साधारण और सहज रूप तुम्हारे सामने आते हैं, धर्म उन रूपों को बाकी जीवों और पदार्थों के साथ जोड़ देते हैं। असल में मेरे अस्तित्व को महसूस करने में धर्मों को कोई रुचि नहीं है। तुम्हारे धर्म तो मेरे एक ऐसे छद्‌म और कृत्रिम वजूद का खाका खींचने में दिलचस्पी रखते हैं, जिसके आधार पर वे अपने अस्तित्व का औचित्य साबित कर सकें। तुम इनसान भी अपने अलग वजूद को दिखाने और साबित करने की लालसा में मेरी ओर आकर्षित होते हो। तुम्हारे धर्म तुम्हारी इस लालसा का भरपूर दोहन करते हैं। जब यह लालसा अपने चरम पर पहुँचती है, तब धर्मों को तुम इनसानों से भी ज्यादा मेरी जरूरत होती है। तब हजारों इनसानों के जीवन की कीमत चुकाकर भी मेरे कृत्रिम वजूद को कायम रखा जाता है। तब मेरे नाम पर जीना और मरना तुम इनसानों का नियतिचक्र बन जाता है। तब ये धर्म तुम्हारे जन्म और मृत्यु, दोनों का जिम्मेदार मुझे ही ठहराने लगते हैं। धर्मों ने मुझे तुम इनसानों के जन्म और मृत्यु का साधन बनाकर रख दिया

है। तुम्हें छोड़कर सृष्टि के बाकी सारे जीव-पदार्थ मुझे अपनी उत्पत्ति या विनाश का साधन नहीं बल्कि अपने जीवनचक्र का हिस्सा मानते हैं। यही कारण है कि तुम केवल जन्म और मृत्यु के समय ही पलभर के लिए ईश्वरत्व की अनुभूति कर पाते हो। बाकी सारे जीव-पदार्थ ईश्वर होने के एहसास के साथ अपना पूरा जीवनचक्र व्यतीत करते हैं।

मेरी सहज व्यवस्था में अनगिनत प्रजातियाँ हर पल उत्पत्ति, विकास और विनाश के दौर से होकर गुजरती हैं। तुम इनसान भी उनमें से एक हो, लेकिन दिमागी-तंत्रों के वजूद में आने के बाद तुमने अपने जीवन में विकास को जरूरत से बहुत ज्यादा महत्त्व दिया है। तुम विकास के लिए इतने उतावले हो जाते हो कि विनाश की कल्पना से ही तुम्हें डर लगने लगता है। यहाँ तक कि तुम जिसे अपने जीवन का विकसित चरण मानते हो, उस चरण में भी दुःख, रोग, कष्ट, असफलता, संकट और मौत से जुड़े खयाल तुम्हारे दिमाग में छाए रहते हैं। तुम अकेले ऐसे जीव हो, जो सुख की हालत में भी दुःख की कल्पना से त्रस्त रहता है, जो जीवित रहते हुए भी मरने के डर से घिरा रहता है, जो सुरक्षित होकर भी सुरक्षा के उपाय ढूँढ़ता रहता है। तुम्हारे जीवन में ऐसी विसंगति पैदा करने में सबसे बड़ा योगदान धर्म और धार्मिक चिंतन का है। तुमने सारे धर्मों का उद्देश्य यह तय किया था कि वे तुम्हें श्रेष्ठ, उदार, सच्चरित्र, अनुशासित, विवेकशील, संयमी, सत्यनिष्ठ और सहिष्णु बनाने में मदद करें। तुम धर्मों के माध्यम से अपने लिए एक समृद्ध, सुखी, शांतिपूर्ण और व्यवस्थित मानवीय जीवन जीना चाहते थे। इन सारी मानवीय आकांक्षाओं को जल्दी से जल्दी पूरा करने के उतावलेपन में धर्मों ने तुम्हारे सामने मेरे आधे-अधूरे गुण-रूप प्रस्तुत कर दिए। इन्हीं आधे-अधूरे गुणों और रूपों के आधार पर सारे धर्मों एवं धार्मिक चिंतनों के अलग-अलग ढाँचे खड़े कर दिए गए। सत्य, विवेक, दया, संयम, सच्चरित्रता, उदारता, अनुशासन जैसी अवधारणाओं को मेरी सहज व्यवस्था के परिप्रेक्ष्य में देखने की कोशिश भी नहीं की गई। ये अवधारणाएँ तुम्हारे धर्मों और तुम्हारे खुद के लिए अनुकूल और उपयुक्त हो सकती थीं, लेकिन मेरे और बाकी जीव-पदार्थों के लिए इनका कोई अर्थ नहीं था। फिर भी धर्मों ने इन अवधारणाओं को मेरे और बाकी जीव-पदार्थों के ऊपर थोप दिया, लेकिन इसके प्रतिफल सिर्फ तुम इनसानों को ही भोगने पड़ते हैं।

धर्म ने मुझे परम या अंतिम सत्य घोषित कर दिया, पर मैंने उस घोषणा को हमेशा अनसुना किया है, क्योंकि मैं जानता हूँ कि अगर मैंने खुद को अंतिम या परमसत्य स्वीकार कर लिया तो मेरी सहज व्यवस्था में अंतिम या परम असत्य का वजूद अवश्य सामने आएगा। मेरे सहज रूपांतरण चक्र में सत्य जैसा कोई ठहराव संभव नहीं है। तुम मुझे परम सत्य का नाम दे सकते हो, लेकिन सत्य की अपनी धारणा को मुझ पर लागू नहीं कर सकते। धर्म तुमसे यही काम करवाते हैं, जिसका नतीजा यह होता है कि तुम सत्य के प्रति अति आसक्त हो जाते हो। इस आसक्ति का प्रतिफल ही असत्य के रूप में सामने आ जाता है। अब तुम्हारे जीवन में सत्य-असत्य का भेद गहरी जड़ें जमा लेता है। तुम सत्य-असत्य की लड़ाई में पिसकर रह जाते हो। मेरी सहज व्यवस्था में मूर्त और अमूर्त चीजें बराबर मात्रा में उपलब्ध हैं। यदि कोई जीव किसी एक चीज का संचय जरूरत से ज्यादा मात्रा में करने लगता है तो मेरी सहज व्यवस्था में मौजूद साहचर्य बिगड़ने लगता है। इस बिगड़े हुए साहचर्य को ठीक करने के लिए उस जीव को उतनी ही मात्रा में कोई न कोई चीज त्यागनी पड़ती है। धर्मों के प्रभाव में आकर जब तुम सत्य, विवेक, ज्ञान, संयम, अनुशासन, उदारता, अहिंसा, शांति को केवल इनसानी गुण मानकर संचित करने लगते हो, तब तुम्हारे भीतर पैदा होनेवाला असंतुलन या तो तुम्हारे खुद के द्वारा या फिर दूसरे इनसानों के माध्यम से प्रकट होने लगता है। तुम्हारी दुनिया में मौजूद असत्य, अज्ञान, नासमझी, स्वेच्छाचारिता, लालच, हिंसा और अशांति इसी असंतुलन की अभिव्यक्तियाँ हैं।

धर्मों ने तुम्हारी जरूरतों को ध्यान में रखकर तुम्हारे लिए कई कृत्रिम देवता और ईश्वर निर्मित कर दिए। इन ईश्वरों में वे सारी गुण-विशेषताएँ आरोपित कर दीं, जो तुम्हारे लिए वांछनीय थीं। इनसे इतर गुण-विशेषताओं को मुझसे अलग या विरोधाभासी मान लिया गया। तुमने मेरे बारे में कुछ भी सोचे-समझे बगैर इन कृत्रिम ईश्वरों को अपना लिया। तुम्हारी इसी चूक ने तुम इनसानों को अनगिनत विभाजनों और विभेदों का शिकार बना दिया। तुम एक सहज जीव के रूप में अपने अस्तित्व को कभी नहीं देख पाए। अनेक प्रकार के विभाजनों और संघर्षों से ग्रस्त होने के कारण तुम अन्य जीव-पदार्थों के साथ साहचर्य कायम रखने में विफल हो गये। इस साहचर्य के बिना ही धर्मों ने मुझे जानने और समझने के दावे कर दिए। इन दावों को समर्थन या खंडन करना तुम इनसानों के लिए गंभीर बौद्धिक चिंतन का अभ्यास बन गया। अधिकतर इनसानों को इस प्रकार के बौद्धिक अभ्यासों का

हिस्सा बनाकर सारे के सारे धर्म तुम्हें क्षणिक संतुष्टि के दायरे में ले जाते हैं, पर जब तुम इस दायरे से बाहर आते हो, तुम्हारे जीवन में असंतोष की मात्रा पहले से भी अधिक हो जाती है। धर्म तुम इनसानों की बुद्धि, विवेक और ज्ञान को तुम्हारा विशेषाधिकार और विशेष निधि साबित करने पर तुल जाते हैं। वे इसके प्रतिफल को नजरअंदाज कर देते हैं, लेकिन यह प्रतिफल तुम इनसानों को सभी जीवों में सबसे मूर्ख, अज्ञानी और अविवेकी बनाता चला जाता है। धर्म जैसे ही मानव प्रजाति के एक हिस्से में सदाचार, संयम, अनुशासन, आस्था और प्रेम को समेटने की कोशिश करते हैं, प्रजाति के दूसरे हिस्सों में अनाचार, लोभ, उन्माद, अविश्वास और नफरत का ढेर लगने लगता है। धर्म जब भी महामानवों और देवताओं को लाकर खड़ा करते हैं, तभी दूसरी ओर दानवों और राक्षसों का वजूद आकार लेने लगता है। जब वे अच्छाई का प्रतीक मानकर किसी को अवतार या भगवान् बनाते हैं, तो उसी वक्त बुराई का सूचक बनकर शैतान भी हाजिर हो जाता है।

मेरी सहज व्यवस्था में सूक्ष्मतम कणों से लेकर विशालतम पिंडों तक हर चीज और विचार समान मात्रा में बिखरे रहते हैं। तुम्हारे धर्म जिसे अच्छाई और बुराई मानते हैं, उसका वितरण भी बराबर मात्रा में मौजूद है। तुम्हें छोड़कर, बाकी सारे जीव जानते हैं कि उन्हें अपने लिए कौन-सी चीज कितनी मात्रा में चुननी है, ताकि उनकी मूल जरूरतें पूरी होने के साथ-साथ प्रकृति का साहचर्य भी कायम रहे। इसलिए वे जीव अपने लिए थोड़ी बुराई और थोड़ी अच्छाई चुन लेते हैं। सारे दिमागी-तंत्रों ने तुम्हारी सहजता को छीन लिया है, इसलिए तुम चीजों और विचारों का चयन अपने खुद के लिए नहीं, बल्कि दिमागी-तंत्रों की जरूरतों के लिए करने लगते हो। धर्म तुम्हें लगातार अच्छाई इकट्ठा करने के लिए प्रेरित करते रहते हैं, जिसके कारण दूसरी ओर बुराई के ढेर बनते चले जाते हैं। धर्मों द्वारा पैदा किया गया यही असंतुलन तुम्हें अच्छाई बनाम बुराई के संघर्ष का भागीदार बना लेता है। इस तरह तुम्हारे धर्म ही एक नए अधर्म को जन्म देते हैं और अधर्मी होना तुम्हारे जीवन की सबसे बड़ी बुराई बन जाती है। यदि तुम्हें सबसे बड़ी बुराई से बचना है तो तुम्हें सबसे बड़ी अच्छाई का धार्मिक या मानवीय आदर्श भी त्यागना होगा। तुम्हारे अलावा सृष्टि के किसी भी जीव को भगवान् और शैतान जैसी चरम शक्तियों या फिर जन्नत और दोजख जैसी चरम अवस्थाओं का सामना नहीं करना पड़ता है।

अच्छाई और बुराई, दोनों मेरे अंश हैं, लेकिन तुम्हारे धर्मों ने उनका मात्रात्मक संतुलन बिगाड़कर उन्हें भगवान् और शैतान का आकार दे दिया। अपने बदले हुए आकार में भी भगवान् और शैतान, दोनों ही मेरा अंश हैं। धार्मिक बन जाने के बाद तुम मेरे एक हिस्से से अत्यधिक प्रेम करने लगते हो तो दूसरे हिस्से से बहुत ज्यादा नफरत। यही वह कारण है, जो तुम्हें आखिरी कदम पर मेरे सहज और समग्र अस्तित्व का एहसास नहीं करने देता है। धर्मों के उपदेशों और निर्देशों का यंत्रवत् पालन करते हुए तुम अन्य जीवों के बीच ही नहीं, बल्कि बाकी इनसानों के बीच में भी खुद को श्रेष्ठ और महान साबित करने में जुट जाते हो। इस तरह तुम न चाहते हुए भी अपने सामने अधर्म और शैतान का संकट खड़ा कर लेते हो। अब तुम धर्म के चंगुल में इस तरह फँस जाते हो कि तुम्हें भगवान् से मिलने के लिए भी और शैतान से बचने के लिए भी धर्म की शरण में बने रहना पड़ता है। इसी दुविधा के कारण तुम में से कुछ इनसान बहुत अच्छे बन जाते हैं तो कुछ बहुत ही बुरे। इन अच्छे और बुरे इनसानों का आपसी संघर्ष ही धर्मों को उनकी जीवनऊर्जा देता है। यदि अन्य जीवों की भाँति तुम में से प्रत्येक इनसान अच्छाई और बुराई की संतुलित मात्रा का चयन करना सीख लेगा, तब तुम्हारे सामने कोई भगवान या शैतान उभरकर नहीं आएगा।

तुम्हारी खुद की शरीर प्रणाली इसी प्रकार के सहज संतुलन पर टिकी रहती है। यह प्रणाली ऑक्सीजन की थोड़ी-सी मात्रा लेती है तो कार्बन-डाई-ऑक्साइड की थोड़ी-सी मात्रा शरीर से बाहर निकाल देती है। यदि तुम्हारा शरीर और मस्तिष्क थोड़े समय के लिए लगातार ऑक्सीजन ही लेता रहे और कार्बनडाईऑक्साइड बाहर न निकाले या फिर लगातार कार्बनडाईऑक्साइड बाहर निकालता रहे और ऑक्सीजन लेना बंद कर दे, तो दोनों ही स्थितियों में तुम्हारे मानव जीवन का अंत सुनिश्चित है। दिमागी-तंत्रों द्वारा तैयार की गई कृत्रिम दुनिया में रहते हुए, तुम इस सहज संतुलन पर ध्यान ही नहीं देते हो। तुम एक सहज जीव या सहज शरीर प्रणाली की बजाय दिमागी-तंत्रों द्वारा दी गई पहचानों के साथ कृत्रिम जीवन जीने लगते हो। तुम्हारा यह कृत्रिम जीवन तुम्हें आभासी तौर पर मुझसे दूर ले जाता है। तुम मेरा हिस्सा होकर भी मुझसे अलगाव महसूस करते हो। यह अलगाव की स्थिति और एहसास तुम्हें सहज व्यवस्था के बाकी जीव-पदार्थों का अनचाहा दुश्मन बना देता है। धर्म के चंगुल से निकलकर ही तुम इस दुश्मनी को खत्म कर

सकते हो और एक सरल-सहज जीव के रूप में मेरे साथ खुद का विलय कर सकते हो।

धर्म के चंगुल से निकल पाना अब तुम्हारे लिए इतना आसान नहीं है, क्योंकि तुम अपने जन्म के साथ ही किसी न किसी धर्म का हिस्सा बन जाते हो। तुम्हारे जन्म से लेकर तुम्हारी मृत्यु तक धर्म तुम्हारी सोच, आदत, स्वभाव और गतिविधियों को लगातार प्रभावित करता रहता है। यदि तुम एक समय के बाद अपने पैदाइशी धर्म को छोड़ने में कामयाब भी हो गए, तो भी कोई न कोई दूसरा धर्म तुम्हें जकड़ने के लिए तैयार खड़ा होता है। यदि कोई इनसान सारे धर्मों और धार्मिक प्रतीकों को अस्वीकार कर देता है, फिर भी उसका बाकी जीवन नास्तिक के रूप में धर्मों की निंदा करने और धार्मिक समूहों के साथ संघर्ष करने में ही गुजरता है। इस प्रकार कोई भी इनसान अपनी पूरी जिंदगी के दौरान धर्म की छतरी से बाहर नहीं झाँक पाता है। तुम्हारे धर्म तुम्हें धार्मिक और अधार्मिक इनसानों में बदल देते हैं, जिसके कारण तुम मेरा सहज बोध नहीं कर पाते हो। मेरा सहज बोध करते ही तुम्हें पता चल जाएगा कि मैं और तुम तो एक-दूसरे का अभिन्न हिस्सा हैं। कायनात का कोई जीव या पदार्थ हमसे अलग नहीं है। तुम्हें जिस क्षण यह पता चलेगा, उसी क्षण तुम्हारे एकल दिमाग में धर्मों का वजूद मिट जाएगा। उसी पल अच्छाई, पुण्य, सुख, सदाचार, न्याय, शांति, विवेक, उदारता, सहिष्णुता और सद्भाव के संचित खजाने तुम्हारे धर्मों की तिजोरी से निकलकर सृष्टि के कण-कण में बिखर जाएँगे। यह बिखराव तुम्हारे जीवन में व्याप्त बुराई, पाप, दुःख, व्यभिचार, अन्याय, अशांति, कट्टरता, उन्माद और वैमनस्य की मात्रा को स्वतः संतुलित कर देगा। तब तुम भी शेष जीव-पदार्थों की तरह मेरी सहज व्यवस्था के सहभागी बन जाओगे। इसके बाद तुम्हारे मन में मुझे जानने या खोजने की कोई जिज्ञासा नहीं होगी। इस वक्त तुम खुद के ईश्वर होने का एहसास कर रहे होगे। तब तुम्हें न तो मेरा भय होगा और न ही मुझसे कुछ पाने का लालच। तुम्हारे जीवन में से भूत, वर्तमान और भविष्य के सारे लालच, डर और संशय हमेशा के लिए विलुप्त हो जाएँगे।

इस अवस्था में पहुँचने के लिए तुम्हें किसी धर्म की आलोचना, खंडन या तिरस्कार नहीं करना है। तुम्हें किसी धर्म के प्रतीकों, पूजास्थलों, स्मारकों या ग्रंथों को नष्ट करने की जरूरत नहीं है। धर्मों के चंगुल से निकलने के लिए तुम्हें किसी

महान इनसान या संगठन की मदद भी नहीं चाहिए, तुम्हें तो बस एक पल के लिए अपने कृत्रिम जीवन को ठहराव देना है। इसी छोटे-से ठहराव के दौरान तुम्हें पहले बंद आँखों से अपने भीतर झाँकना है और उसके बाद एक पल के लिए खुली आँखों से बाहर की दुनिया को देखकर अपने ईश्वर होने का ऐलान कर देना है। इस ऐलान के साथ ही तुम्हें यह एहसास हो जाएगा कि जिसकी खोज के लिए तुम हजारों सालों से भटक रहे थे, वह पलक झपकते ही तुम्हारे सामने है। तुम्हारा रोम-रोम मेरी मौजूदगी से सिहर रहा होगा। कायनात का हर जीव और पदार्थ तुम्हारे अंदर समा रहा होगा। ईश्वरत्व की इस अवस्था में मेरा, तुम्हारा और कुदरत का वजूद आपस में घुल-मिल जाएगा। इसी अवस्था में तुम अपने एकल दिमाग की सौ फीसदी सक्रियता का अनुभव कर पाओगे। तब तुम्हारा इनसानी दिमाग मेरे ईश्वरीय दिमाग का अटूट हिस्सा बन जाएगा। तब सारे रहस्य और चमत्कार तुम्हें सरल चीजों और सहज घटनाओं के रूप में नजर आने लगेंगे।

मेरी इस अनुभूति के लिए तुम्हें बार-बार धर्म-स्थलों पर अपनी हाजिरी दर्ज नहीं करानी है। तुम्हें मेरे प्रति भक्ति और आस्था में लीन नहीं होना है। मुझसे एकाकार होने के लिए तुम्हें किसी एकान्तवास या जंगल में जाकर कठिन साधना करने की जरूरत नहीं है। मुझमें विलीन होने के लिए तुम्हारा सदाचारी और पवित्र होना भी कोई महत्त्व नहीं रखता है। मुझे तलाशने के लिए तुम जिन तौर-तरीकों को आजमाते हो, वे तुम्हें दिमागी-तंत्रों द्वारा निर्मित कृत्रिम मानवीय अहंकार के चक्रव्यूह से बाहर नहीं आने देते हैं। इस चक्रव्यूह में फँसे होने के कारण तुम मुझ तक तो नहीं पहुँच पाते, लेकिन मुझे ढूँढ़ने या रिझाने के अपने अलग-अलग तरीकों से जरूर चिपक जाते हो। अपने-अपने तरीकों को सही और तार्किक साबित करने की होड़ में तुम एक-दूसरे की टाँगें खींचने का खेल खेलने लगते हो। इस खेल की भाग-दौड़ में तुम्हारे पास इतना वक्त भी नहीं होता है कि तुम एक पल के लिए ठहरकर अपनी परछाईं पर नजर डाल सको। अपने बाहर और अंदर की परछाईं को आपस में विलीन करने की आसान-सी कोशिश भी तुम नहीं कर पाते हो। इसके बजाय तुम अपने साथ-साथ बाकी इनसानों और जीव-पदार्थों को धर्मों में विलीन करने की प्रतिस्पर्द्धा में बढ़-चढ़ कर भाग लेने लगते हो।

धर्म जैसे दिमागी-तंत्र से जुड़ने के बाद तुम्हारा दिमाग पहले ही अपनी सीमाएँ

खुद तय कर लेता है और बाद में पूर्णता को पाने की नाकाम कोशिशें करता रहता है। ये कोशिशें तुम्हें नई-नई जटिलताओं की ओर ले जाती हैं। तुम एक सरल और सहज रास्ते पर चलने की बजाय इन जटिलताओं को सुलझाने में व्यस्त हो जाते हो। प्रत्येक जटिलता को सुलझाना तुम्हारे दिमाग की एक उपलब्धि बन जाती है। तमाम तरह के मत-मतांतर, टीकाएँ, समीक्षाएँ और दार्शनिक अवधारणाएँ इसी प्रकार की उपलब्धियाँ हैं। ये उपलब्धियाँ तुम इनसानों को थोड़े समय के लिए संतुष्टि और गर्व का अनुभव कराती हैं। इन उपलब्धियों के ढेर को ही धर्मों ने तुम्हारे आध्यात्मिक विकास का नाम दे दिया है, लेकिन तुम इनसान इस बात पर कभी ध्यान नहीं देते हो कि इस आध्यात्मिक विकास से मिलनेवाली क्षणिक मानसिक संतुष्टि और गर्व तुम्हारे शेष जीवन में गहरा असंतोष और हीनभावना भर देती है। इस असंतोष और हीनभावना से मुक्ति पाने के लिए तुम्हें बार-बार धर्मस्थलों के चक्कर काटने पड़ते हैं, पर जैसे ही तुम धर्मस्थलों के दायरे से बाहर आते हो, तुम फिर से बेचैन, भयभीत और लालची बन जाते हो।

धर्म तुम इनसानों के जरिये बाकी के जीव-पदार्थों को भी अपने दायरे में लाने की कोशिश करते हैं। सभी धर्म अपने आपको सार्वभौमिक और सर्वव्यापी स्वरूप देने के लिए इन जीव-पदार्थों का इस्तेमाल धार्मिक प्रतीकों के रूप में करते हैं। धर्म इन जीव-पदार्थों को भी तुम इनसानों की तरह अच्छे-बुरे, पवित्र-अपवित्र, सात्विक-तामसिक, श्रेष्ठ-हीनतर, भाग्यशाली-दुर्भाग्यशाली, शकुनकारी-अपशकुनकारी, पुण्यजनक-पापजनक और हितकारी-अहितकारी जैसे अलग-अलग विभाजनों में रख देते हैं। ये जीव-पदार्थ तो मेरी सहज व्यवस्था से जुड़े होने के कारण इन विभाजनों के सकारात्मक और नकारात्मक प्रभावों-परिणामों से अछूते बने रहते हैं, लेकिन धर्मों की डोर से बँधे हुए तुम इनसानों के लिए इन विभाजनों को स्वीकार करना एक बाध्यता बन जाती है। इन विभाजनों के प्रभाव-परिणाम बाकी जीव-पदार्थों को कोई फायदा या नुकसान नहीं पहुँचा पाते, क्योंकि वे फायदा-नुकसान और सुख-दुःख की धारणाओं से आजाद होते हैं। दूसरी ओर तुम इनसानों के लिए ये विभाजन अनेक प्रकार की दुश्वारियों का कारण बन जाते हैं। तुम्हारी हरेक छोटी-बड़ी गतिविधि पर इन विभाजनों की छाया पड़ने लगती है। इस छाया से पीछा छुड़ा पाना तुम्हारे लिए दुष्कर हो जाता है।

धर्म जैसे दिमागी-तंत्रों ने तुम इनसानों को एक सर्वज्ञ, सर्वश्रेष्ठ और सभ्य प्रजाति के रूप में खुद को साबित करने की अंधी दौड़ में झोंक दिया है। इस दौड़ में शामिल होकर तुमने उन सभी चीजों को तितर-बितर कर दिया, जो मेरी सहज व्यवस्था में स्वचालित तरीके से अपने-अपने स्थानों पर काम कर रही थीं। कुदरत और बाकी जीव-पदार्थों के लिए तुम एक नादान प्रजाति साबित हुए हो। तुम्हारी नादानी का सबसे बड़ा प्रमाण यह है कि तुम ये सारी उठा-पटक मेरे बारे में जाने-समझे बगैर ही धर्मों के इशारे पर करते हो और मेरे नाम पर करते हो। धर्मों ने मेरी सहज व्यवस्था की कार्यप्रणाली को समझे बिना ही मेरे नाम, पते, कार्य और उद्‌देश्य तय कर दिए। धर्मों ने सृष्टि में से प्रकाश चुन-चुनकर मेरे ऊपर डाल दिया, सारी पवित्रता मुझ पर लाद दी, सारे परोपकार और अच्छाइयों को छाँटकर मेरे हिस्से में रख दिया, बहुत सारे चमत्कारों और शक्तियों से मुझे लैस कर दिया। अंत में मुझे स्वामी और तुम इनसानों को दास के रूप में अलग-अलग पायदानों पर खड़ा कर दिया। धर्मों की इस कारस्तानी का नतीजा यह हुआ कि तुम्हारे जीवन में अंधकार, पवित्रता, स्वार्थ, बुराई और निर्बलता का अंश हद से ज्यादा बढ़ता चला गया। इस अंश को घटाने के लिए तुम्हें अब याचनापूर्वक मेरी ओर निहारते रहना पड़ता है। तुम्हें यह भी पता नहीं होता कि जिसकी ओर तुम निहार रहे हो वह असल में है भी या नहीं। तुम्हें इस बात का अंदाजा भी नहीं है कि तुम्हारी याचना भरी पुकार मुझ तक पहुँच भी रही है या नहीं। धर्म जैसे दिमागी-तंत्रों ने इनसानी दिमाग को सबसे ताकतवर और सबसे काबिल दिमाग का खिताब दे दिया है, लेकिन यह ताकतवर और काबिल दिमाग इतनी सरल-सी बात को भी नहीं समझ पाता है कि जब तक तुम मुझसे अलग पायदान पर खड़े रहोगे, तब तक कोई याचना, कोई गुहार तुम्हारे जीवन की विसंगतियों और उलझनों को मिटा नहीं सकती।

मेरे और तुम्हारे वजूद का समागम ही तुम्हें मेरी सहज व्यवस्था का अभिन्न हिस्सा बना सकता है। धर्म इस समागम के रास्ते में सबसे बड़ी रुकावट बन जाते हैं। धर्म तुम्हारे और मेरे वजूद को अलग-अलग हिस्सों में बाँट देते हैं और फिर खुद का वजूद बचाने की कोशिश में लग जाते हैं। तुम जाने-अनजाने उनकी इस कोशिश में मददगार बन जाते हो और खुद को मेरी बजाय धर्मों के वजूद में मिलाने की नादानी कर बैठते हो। तुम्हारी धार्मिक चेतना तुम्हें मेरे अस्तित्व के बारे में हमेशा संशयग्रस्त और शंकालु बनाए रखती है। तुम्हारी धार्मिकता तुम्हारी अंगुली

को पकड़कर तुम्हें इधर से उधर घुमाती रहती है। धर्म तुम्हारी इस अंगुली को तुम्हारी ओर मोड़कर कभी यह नहीं बताते कि ईश्वर का प्रवेशद्वार यहाँ है। मेरी सहज व्यवस्था में दाखिल होने के लिए तुम्हें धर्मों से अपनी अंगुली छुड़ानी होगी। तुम्हें उस अंगुली को अपनी ओर घुमाकर खुद ही यह कहना होगा कि मैं ही ईश्वर हूँ। तुम्हें ऐसा कहने से रोकने के लिए ही धर्मों ने मुझे ऐसी शक्तियों, चमत्कारों, रहस्यों और गुण-विशेषताओं से जोड़ दिया, जो दिमागी-तंत्रों द्वारा निर्धारित की गई इनसानी क्षमता से परे थीं। इसीलिए तुम खुद को अक्षम और असहाय मानते रहे तथा खुद को ईश्वर कहने की हिम्मत पैदा नहीं कर पाए।

आज मैं तुम्हें बताता हूँ कि मेरे और तुम्हारे बीच में क्षमताओं, गुणों, रहस्यों तथा चमत्कारों के आधार पर कोई अंतर नहीं है। जब तुम खुद को ईश्वर कहने का साहस जुटा लोगे, तब तुम जान लोगे कि मैं भी उतना ही कमजोर हूँ, जितना कि तुम और तुम भी उतने ही शक्तिशाली हो, जितना कि मैं। मेरे और तुम्हारे एकीकरण के बाद तुम्हें पता चलेगा कि मेरे चमत्कारों की चकाचौंध में तुमने अभी तक अपने चमत्कारों को कैसे नजरअंदाज किया है। इसी पल तुम्हें इस बात का भान होगा कि मेरे रहस्यों की परतें उघाड़ने की नाकाम कोशिशों में घिरे रहने के कारण तुम आज तक अपने खुद के रहस्यों की गहराई में उतरने का मौका ही नहीं ढूँढ़ पाए हो। मेरे और तुम्हारे इस विलीनीकरण के एहसास के बाद तुम्हें यह अफसोस भी होगा कि धार्मिक-तंत्र से जुड़ी तुम्हारी दिमागी कल्पनाओं ने अब तक मेरे, जो रूप और छवियाँ दिखलाईं थी, मैं उनसे कितना उलट हूँ। जैसे ही तुम खुद को ईश्वर घोषित करोगे, उसी वक्त तुम मेरी सहज व्यवस्था में मौजूद साहचर्य को आत्मसात कर लोगे। तब तुम्हें किसी धर्मस्थल पर जाकर मुझे तलाशने की जरूरत नहीं होगी। मैं तुम्हारे भीतर और बाहर हर समय मौजूद रहूँगा। तब तुम्हें मेरा वजूद खोजने के लिए किसी दूसरे इनसान, किसी दूसरे जीव या प्रकृति को अपने धार्मिक उन्माद का शिकार नहीं बनाना पड़ेगा।

ईश्वर के रूप में अपनी पहचान घोषित करने के बाद तुम्हें किसी गुरु, उपदेशक या मार्गदर्शक की शरण में नहीं जाना पड़ेगा। धर्मों से जुड़ी सारी प्रार्थनाएँ, प्रवचन, मंत्रजाप, संकीर्तन और संभाषण अब तुम्हारे लिए मात्र ध्वनि के प्रलाप बनकर रह जाएँगे। ईश्वर होने की अनुभूति धर्म और अधर्म के विभेद को सदा के

लिए समाप्त कर देगी। यह अनुभूति तुम्हारे दिमाग पर छोड़ी गई धार्मिकता की गहरी छाप को पूरी तरह से मिटा देगी। ईश्वर के रूप में अपनी भूमिका को स्वीकार करते ही सारे धर्मग्रंथ, सारी धार्मिक कथाएँ और पूरा का पूरा धार्मिक साहित्य तुम्हारे लिए अर्थहीन साबित हो जाएगा। अब तुम्हारे धर्मों का स्थान तुम्हारा सहजकर्म ले लेगा। तुम्हारे अनगिनत देवताओं और भगवानों की जगह केवल एक ईश्वर होगा। इस एकमात्र ईश्वर और सहजकर्म के साथ-साथ चलने पर सृष्टि का कण-कण तुम्हारी कर्मस्थली में परिवर्तित हो जाएगा। जिन चीजों को तुम अब तक अपवित्र और मनहूस मान बैठे थे, वे इस क्षणिक बदलाव के बाद तुम्हें पवित्र और हितकारी लगने लगेंगी। तुम्हारे धर्मों द्वारा सैकड़ों सालों से पैदा किए जा रहे विभाजन और अलगाव खुद ब खुद मिट जाएँगे। ईश्वरत्व की अवस्था में प्रवेश करते ही दिमागी-तंत्रों द्वारा कृत्रिम व्यवस्था के नाम पर पैदा किए गए सारे भौतिक, मानसिक और प्राकृतिक असंतुलन अपने आप ही ठीक होते चले जाएँगे। तुम्हारी सारी कृत्रिम व्यवस्थाएँ तुम्हारे जीवन की सारी अव्यवस्थाओं के साथ मिलकर मेरी सहज व्यवस्था का हिस्सा बन जाएँगी।

तुम इनसानों में से कुछ ने धर्म के चंगुल से निकलने की कोशिश भी की है, लेकिन उनकी ये कोशिशें किसी एक धर्म को मिटाकर या विभाजित करके किसी नए धर्म का बीज बोने तक सीमित रह जाती हैं। तुमने अपने अस्तित्व की सुरक्षा के लिए जिन धर्मों को पैदा किया और पाला-पोसा, वही धर्म आज तुम्हारे वजूद से एक खिलौने की तरह खेल रहे हैं। तुम कठपुतली बनकर हर प्रकार के धार्मिक दिशा-निर्देशों को मानने के लिए मजबूर हो गए हो। एक इनसान के रूप में इन धर्मों के शिकंजे से निकल पाना तुम्हारे लिए मुमकिन नहीं है। तुम्हारे लिए आखिरी उपाय यही है कि तुम ईश्वर की पहचान हासिल कर लो। खुद को ईश्वर में रूपांतरित कर देना ही अब तुममें से हर इनसान की नियति है। तुम इस आखिरी उपाय को आज या अभी अपना लो या फिर एक हजार साल बाद अपनाओ। इससे मुझे कोई फर्क नहीं पड़ता है, क्योंकि मेरी सहज व्यवस्था में समय का कोई पैमाना या गिनती नहीं है। फिर भी तुम्हें यह जरूर सोचना है कि अगले एक हजार सालों तक तुम्हारी प्रजाति का जीवनचक्र चलता रह पाएगा या नहीं। तुम्हारा ईश्वर बनना कोई चमत्कार या क्रांतिकारी बदलाव नहीं है। यह तो एक सहज प्रक्रिया है। तुम्हें छोड़कर, सारे जीव इस प्रक्रिया से गुजर रहे हैं। तुमने भी इसी सहज प्रक्रिया में लगातार बने रहने के

लिए धर्मों का विकास किया था, लेकिन धर्मों ने तुम्हें इस सहज प्रक्रिया से अलग कर दिया। धर्मों ने अपनी खुद की एक धार्मिक प्रक्रिया को जन्म दे दिया और तुम इनसानों को इस धार्मिक प्रक्रिया का सक्रिय भागीदार बना दिया। इस धार्मिक प्रक्रिया ने तुम्हें तो ईश्वर होने का बोध नहीं होने दिया, लेकिन तुम्हारे लिए अनेक ईश्वर जरूर बना दिए। इन ईश्वरों का महिमामंडन और खंडन करने में तुम इतने लीन हो गए कि खुद को ईश्वर में बदलने की सहज प्रक्रिया को अपनाना तुम्हारे लिए असंभव हो गया।

तुम्हारे धर्मों ने तुम्हारे दिमाग की कल्पना शक्ति का इस्तेमाल करके मेरी और सृष्टि की बहुत-सी व्याख्याएँ पेश कर दीं। इसके बाद इन्हीं व्याख्याओं के आधार पर तुम इनसानों को अलग-अलग अनुयायी समूहों में बाँट दिया। एक इनसान के रूप में तुमने जिस धर्म को पैदा किया, उसी धर्म ने समूह के रूप में तुम्हें अपना गुलाम बना लिया। जो इस गुलामी से बच निकलने में कामयाब हो गये, वे भी धर्मों के खंडन-मंडन पर टिके अधार्मिक समूहों की गिरफ्त में आ गये। इन धार्मिक और अधार्मिक समूहों के शोर-शराबे ने तुम्हारे इनसानी दिमाग को कुंद कर दिया है। तुम इन समूहों की भेड़-चाल का हिस्सा बनने पर मजबूर हो गए हो। तुम एक समूह को छोड़कर दूसरे समूह में तो शामिल हो सकते हो, लेकिन अपना खुद का रास्ता चुनना तुम्हारे लिए बहुत ही कठिन काम बन गया है। धार्मिक समूह और अधार्मिक समूह, दोनों को मिलाकर ही एक दिमागी-तंत्र आकार लेता है। यह दिमागी-तंत्र तुम्हें खुद का रास्ता, यानी मेरी सहज व्यवस्था में लौटने का रास्ता चुनने से लगातार रोके रखता है। इस रास्ते पर तुम्हें केवल एक कदम बढ़ाना है और वह कदम है-खुद को ईश्वर की मान्यता देना।

खुद को ईश्वर मानने से पहले तुम्हें एक बात जरूर समझनी होगी कि तुम्हें ऐसा ईश्वर नहीं बनना है, जो धर्मों ने अब तक तुम्हारे सामने पेश किया है। धर्मों के ईश्वर चमत्कारी और रहस्यमय हैं, जबकि मैं सहज और सरल हूँ। मेरे सारे चमत्कार और रहस्य सारे जीव-पदार्थों की सहज गतिविधियों में ही निहित हैं। तुम्हारे धर्मों के ईश्वर परम शक्तिशाली हैं, किंतु मैं सभी कमजोर चीजों में भी समाया हूँ। सारे निर्बल जीव और पदार्थ मिलकर ही मुझे अस्तित्व प्रदान करते हैं। तुम्हारे धर्मों के ईश्वर पाक और रहमदिल हैं, लेकिन मैं सारे नापाक जीवों और पदार्थों को

अपने वजूद में समेट लेता हूँ। मेरी सहज व्यवस्था भी मेरे रहमो-करम की बजाय सारे जीवों और पदार्थों के बीच होनेवाले सहज लेन-देन पर टिकी हुई है। धर्मों के बनाए ईश्वर पुण्य के बदले में पुरस्कार और पाप के बदले में सजा देते हैं, लेकिन मैं पाप या पुण्य की कोई परिभाषा तय नहीं करता हूँ। मेरी सहज व्यवस्था में पुरस्कार या दंड नहीं होता है, बल्कि हरेक गतिविधि का प्रतिफल होता है, जिसे प्रत्येक जीव-पदार्थ सहज रूप से स्वीकार करता है। धर्मों के ईश्वर तुम इनसानों से आस्था, भक्ति, विश्वास, निष्ठा और याचना की उम्मीद रखते हैं, जबकि मैं तुम्हें अपने वजूद का अटूट हिस्सा बनाने के लिए हर पल आमंत्रित करता हूँ। तुम्हारे धार्मिक ईश्वरों को अपना वजूद बचाए रखने के लिए धर्मस्थलों की जरूरत होती है, पर मेरा वजूद किसी स्थान विशेष के या तुम्हारे भीतर ही नहीं, बल्कि किसी भी सूक्ष्म जीव या कण के भीतर भी सुरक्षित रह सकता है। मैं तुम्हें शैतानी ताकतों से बचानेवाला ईश्वर भी नहीं हूँ, क्योंकि मेरी सहज व्यवस्था में अच्छाई और बुराई कदम-कदम पर बिखरी हुई है। यह सहज और संतुलित बिखराव मेरी सहज व्यवस्था में किसी देवता या शैतान को पनपने का अवसर ही नहीं देता है। मैं आसमान से केवल तुम इनसानों की ओर निहारते रहनेवाला ईश्वर नहीं हूँ। मैं तो सृष्टि के कण-कण में व्याप्त अनुभूति हूँ, जो जीव-पदार्थों की हर गतिविधि एवं चेतना के साथ-साथ साकार और निराकार रूप धारण कर लेती है। तुम्हारे धर्मों के ईश्वर न्यायाधीश भी हैं, जिनके नियम-कानून और आदेश धर्मग्रंथों में दर्ज हैं, लेकिन मेरी सहज व्यवस्था नियम-आदेशों पर नहीं, बल्कि संदेशों के सहज आदान-प्रदान पर चलती है। मैं हर कण का संदेशवाहक हूँ और हर कण मेरा संदेशवाहक है। तुम्हारी धार्मिक व्यवस्था में एक तरफ कई तरह के कई सारे ईश्वर हैं तो दूसरी तरफ सारे जीव-पदार्थ और प्रकृति है, जबकि मेरी सहज व्यवस्था में सभी ओर ईश्वर ही ईश्वर है।

तुम बुनियादी तौर पर ईश्वर के रूप में ही पैदा होते हो। फिर भी तुम अपने पूरे जीवनकाल में इस सहज तथ्य से मुँह मोड़ते रहते हो। तुम इस तथ्य को स्वीकार करने की बजाय इससे बचकर भागते हो। तुम्हारा धर्म, तुम्हारा समाज, तुम्हारी राजनीति, तुम्हारी अर्थव्यवस्था और तुम्हारी सभ्यता तुम्हें इस तथ्य से विमुख रखने में अपनी सारी ताकत झोंक देती हैं। इस एक सहज तथ्य से तुम्हारा सामना न हो पाए, इसके लिए तुम्हारे सामने बहुत सारे कृत्रिम सत्य और झूठ खड़े कर दिए जाते हैं। तुम जिंदगीभर इन कृत्रिम सत्यों और असत्यों को साबित करने या खंडित करने

में लगे रहते हो। तुम्हारे लिए यही सत्य की खोज का महान कार्य बन जाता है। तुम्हारे धर्मों की असंख्य काल्पनिक कथाएँ, कर्म-कांड, आडंबर और तर्क-कुतर्क तुम्हें इस सहज तथ्य को प्रकट करने से रोकते हैं। धर्मों द्वारा सच और झूठ को हजारों अलग-अलग मुखौटे पहनाकर तुम्हारे सामने प्रस्तुत किया जाता है। सच और झूठ के इस भ्रमजाल से तुम तभी बाहर निकल सकते हो, जब तुम सबसे पहले अपनी खुद की पहचान सुनिश्चित कर लो। खुद को ईश्वर के रूप में पहचानते ही तुम्हें हजारों मुखौटों को हटाकर झूठ और सच का पता लगाने की जरूरत नहीं पड़ेगी। तब तुम्हें कोई मुखौटा हटाए बिना ही यह पता चल जाएगा कि हर मुखौटे के पीछे ईश्वर ही है। इसके बाद हर एक सच को झूठ और हर एक झूठ को सच साबित करने का हजारों सालों से चला आ रहा सिलसिला खुद ब खुद रुक जाएगा। अब सच और झूठ की जंग तुम्हारे लिए महज एक बच्चों का खेल बन जाएगी और इस जंग में फिर से कोई इनसान या जीव हताहत नहीं होगा।

मेरी सहज व्यवस्था को महसूस करने के बाद ईश्वर बनना तुम्हारी जिंदगी का सबसे आसान काम होगा। तुम्हारे धर्म इसे हमेशा से एक अत्यंत कठिन और असंभव कार्य बताते रहे हैं। तुम्हारी सहज शरीर प्रणाली मेरी सहज व्यवस्था का ही प्रतिबिंब है। जैसे ही तुम खुद को ईश्वर मानकर अपने बाहरी और भीतरी शरीर में झाँककर देखोगे, तुम्हें मेरी सहज अनुभूति होने लगेगी। जब तुम अपनी आँखों से अपने बाहरी शरीर पर नजर डालते हो, तुम कभी भी अपने पूरे शरीर को नहीं देख पाते हो, केवल उसे महसूस करते हो। इसी तरह तुम मुझे कभी संपूर्ण स्वरूप में नहीं देख सकते, केवल मेरी अनुभूति कर सकते हो। तुम्हारे भीतर भी मेरी तरह से असंख्य जीवों और पदार्थों का अंश निहित है। तुम्हारे भीतर की कोशिकाएँ, जीन, ऊतक इत्यादि एक इनसान के रूप में तुम्हारे नाम, रूप और अस्तित्व से परिचित नहीं होते, फिर भी तुम्हारा जीवन और मृत्यु उनके जीवनचक्र पर निर्भर है। वे तुम्हें अपना मालिक मानकर पूजते नहीं हैं, लेकिन अपने साहचर्य द्वारा तुम्हारे शरीर का अस्तित्व बनाए रखते हैं। तुम्हारे शरीर के भीतर बहुत सारे पवित्र और अपवित्र पदार्थ तथा अच्छे-बुरे जीवाणु सह-अस्तित्व के साथ रहते हैं। वे किसी लालच और डर के बिना ही अपनी सहज गतिविधियाँ जारी रखते हैं। तुम्हारी रक्त कणिकाएँ तुम्हारे शरीर को सींचने में ही अपना जीवनचक्र पूरा कर देती हैं। ये रक्त कणिकाएँ कभी भी यह पता लगाने की कोशिश नहीं करतीं हैं कि जिस शरीर को

विकसित करने में वे अपना सारा जीवन खर्च कर रही हैं, वह शरीर वास्तव में कैसा है। तुम भी एक इनसानी शरीर के रूप में अपने भीतर मौजूद कोशिकाओं, ऊतकों, जीवाणुओं, रक्तकणों जैसी असंख्य संरचना प्रणालियों द्वारा की जानेवाली पल-पल की सहज गतिविधियों से बेखबर होते हो। सोते या जागते हुए हर क्षण तुम्हारे भीतर की दुनिया एक सहज-स्वचालित व्यवस्था की भाँति चलती रहती है। इस सहज व्यवस्था का हर एक भागीदार तुम्हारे शरीर का अंग होकर भी तुमसे पूरी तरह स्वतंत्र अस्तित्व रखता है। इस प्रकार तुम्हारी शरीर प्रणाली और मेरी सहज व्यवस्था में कोई भी सतही या बुनियादी अंतर नहीं है। जब तुम अपने शरीर की सहज प्रणाली का अनुभव कर लोगे, तब तुम्हें स्वत: ही मेरी सहज व्यवस्था का एहसास होने लगेगा।

तुम्हारी धार्मिक व्यवस्था न तो मेरी सहज व्यवस्था से मेल खाती है और न ही तुम्हारी शरीर प्रणाली से। यह मेरी और तुम्हारी सहज व्यवस्थाओं को अनदेखा करके विकसित की गई है। यह स्वचालन की बजाय अनुपालन पर आधारित है। तुम इनसानों ने अपने और मेरे वजूद की एकरूपता को नकारकर धार्मिक व्यवस्थाओं को प्रभावी बना दिया है। अब अपने और मेरे वजूद को आपस में घोलकर ही तुम इनके असर को खत्म कर सकते हो। जब तुम मेरी दृष्टि से दुनिया को देखना शुरू कर दोगे, तब सारे धर्मस्थल, सारे धर्मग्रंथ, सारी धार्मिक पूजा पद्धतियाँ, सारे तंत्र-मंत्र और कर्म-कांड तुम्हारे लिए अप्रासंगिक बन जाएँगे। ईश्वरीय भूमिका का भार उठाते ही तुम धार्मिकता के बोझ से मुक्ति पा लोगे। इसके साथ ही तुम्हारे दिमाग में हजारों सालों से जमा किया गया धार्मिक सूचनाओं, छवि-चित्रों और कल्पनाओं का भंडार यकायक खाली हो जाएगा। इस भंडार के खाली होने पर तुम्हारे दिमाग का वो हिस्सा भी सक्रिय होने लगेगा, जो अब तक निष्क्रिय अवस्था में था। अब तुम्हारा दिमाग मेरी सहज व्यवस्था को साफ तौर पर देखने लगेगा। दिमाग की यह सक्रिय अवस्था तुम्हें दोबारा किसी वैचारिक अवरोध में नहीं अटकने देगी। अपनी धार्मिक जड़ों के कारण तुम हमेशा अतीत में फँसे रह जाते हो। धार्मिक चेतना तुम्हें सालों-साल तक किसी एक विचार, एक दर्शन या एक देवता से बाँधे रखती है। तुम्हारी धार्मिक चेतना एक प्रकार की जड़ता पैदा करती है, जिसके कारण तुम्हारा दिमाग मेरे सहज रूपांतरण चक्र में किसी विचार या कर्म की प्रासंगिकता खोजने में विफल रहता है।

जब तुम किसी देवता या किसी धर्मग्रंथ के प्रति अतिनिष्ठा और आस्था जताने लगते हो, तब तुम्हारा जटिल दिमाग इस बात को अनदेखा कर देता है कि हजार-दो हजार साल पुराने उस देवता और ग्रंथ के वजूद में आने के बाद से अब तक कितना परिवर्तन और रूपांतरण हो चुका है। तुम उस समय के खान-पान, वेश-भूषा और रहन-सहन को नहीं अपनाते हो। उस समय की संस्थाओं और साधनों को बेकार मान लेते हो। उस समय के मानसिक स्तर को भी कम आँकते हो। उस समय की जरूरतों और परिस्थितियों को भी आज से भिन्न समझते हो। इस सब के बावजूद उस देवता और ग्रंथ के विचार या सिद्धांत को आज के समय में प्रचारित करना चाहते हो। तुम्हें अच्छी तरह से पता है कि तुम अपने खुद के ऊपर उन विचारों या सिद्धांतों को लागू नहीं कर पाओगे, फिर भी दिमागी-तंत्र के जाल में जकड़े होने के कारण तुम केवल प्रचार और आडंबर में बहने लगते हो। तुम उस सिद्धांत या विचार के मर्म को भी नहीं समझ पाते हो। तुम केवल देवता या ग्रंथ के अंधभक्त और अंधानुयायी बनकर रह जाते हो। धर्म इसी तरह के अंधभक्तों की भीड़ को लगातार बढ़ाने की कोशिश करते हैं, ताकि उनकी सामूहिक ताकत तुम इनसानों की वैचारिक शक्ति पर हावी रह सके। यह सामूहिक ताकत किसी भी सहज, विपरीत या प्रतिकूल विचार के प्रवाह को रोकने के काम आती है।

मेरी सहज व्यवस्था में हर कण की सहज चेतना और रूप लगातार बदल रहा है। जो अभी जड़ था, वह चेतन में बदल रहा है। जो अभी भोजन था, वह मल में बदल रहा है। जो अभी स्थिर था, वह गतिशील हो रहा है। जो अभी संगठित था, वह विघटित हो रहा है। जो अभी दृश्य था, वह अदृश्य होता जा रहा है। जो अभी सत्य था, वह असत्य में बदल रहा है। जो अभी जीवित था, वह मर रहा है। जो अभी वर्तमान था, वह भूत हो रहा है। तुम यह सबकुछ अपने आस-पास घटित होता हुआ देख रहे हो। फिर भी तुम इस रूपांतरण चक्र में बदहवास से होकर बैठ जाते हो, क्योंकि धर्मों और बाकी के दिमागी-तंत्रों ने तुम्हें मतिभ्रम की हालत में पहुँचा दिया है। यह बदहवासी और मतिभ्रम तुम्हें कभी अति आक्रामक कर देता है तो कभी एकदम निढाल और निस्तेज। दिमागी-तंत्रों की सीमा से बाहर जाकर जब कोई इनसान नया दृष्टिकोण या विचार हासिल करके उसे बाकी इनसानों के बीच पेश करता है, तब धर्म अंधभक्तों की इसी आक्रामक या निस्तेज भीड़ को उस इनसान के पीछे दौड़ा देते हैं। धर्मों के अंधानुयायी या तो उस पर हमला करते हैं या सीधे

जाकर उसके पैरों में गिर जाते हैं। आक्रमण या फिर आसान सा समर्पण, दोनों ही उस इनसान को एक बार फिर से दिमागी-तंत्रों या धर्मों की परिधि में वापस खींच लाते हैं। जब तुम्हारे पास आकर कोई इनसान यह कहता है कि मैं ईश्वर हूँ तो तुम उससे सहजतापूर्वक यह नहीं कह पाते कि हाँ तुम ईश्वर हो और मैं भी ईश्वर ही हूँ। ऐसा कहने के बजाय तुम उसके साथ झगड़ने लगते हो, उसकी निंदा करने लगते हो, उसका मजाक उड़ाने लगते हो या फिर अंत में उसके पीछे-पीछे चलने लगते हो और खुद को पूरी तरह से उसकी वैचारिक छाया में ढक लेते हो। तुम उसे इस बात के लिए मजबूर कर देते हो कि या तो वह तुम्हारे हमलों का जवाब दे या फिर तुम्हें अपना अनुयायी बनाकर निर्देशित करता रहे। अगर वह दोनों में से कोई-सा भी एक विकल्प चुन लेता है तो वह इनसान भी अपने सहज ईश्वरत्व से उसी क्षण हाथ धो बैठता है। वह फिर से धर्मों का प्रबंधक बनकर काम करने लगता है। इस तरह धर्म तुम्हारे द्वारा ही तुम पर अपना नियंत्रण बनाए रखते हैं।

जब तुम एक इनसान की बजाय ईश्वर के रूप में अपना जीवन जीना शुरू कर दोगे, तब न तो तुम्हारी दुनिया में और न ही तुम्हारे जीवन में कोई उलट-पुलट होगी। बाकी जीव-पदार्थों और कुदरत की हालत और काम-काज में भी कोई बदलाव नहीं आएगा। तुम्हारी क्षमताओं, गुणों और गतिविधियों में भी कोई कटौती या बढ़ोत्तरी नहीं होगी। ईश्वरत्व की अवस्था में सिर्फ एक चीज बदलेगी—तुम्हारा नजरिया। तुम्हारा नजरिया बदलते ही तुम्हारे जीवन में सहजता घुल जाएगी। तब तुम इनसान और ईश्वर के रूप में अपनी दोहरी भूमिका को आसानी से निभा पाओगे। तब तुम्हारे धर्मस्थल तुम्हारे आवास बन जाएँगे और तुम्हारे आवास ईश्वर के आवास में तब्दील हो जाएँगे। फिर न तो कोई गुरु होगा और न ही कोई चेला, क्योंकि तब पूछने या बताने के लिए कोई सवाल या रास्ता ही नहीं होगा। तुम्हें अब अलग-अलग सवालों के अलग-अलग उत्तर नहीं ढूँढ़ने पड़ेंगे। तुम्हें सभी सवालों को हल करने का एक सूत्र मिल जाएगा। खुद को ईश्वर मानने का यह सूत्र तुम्हारे धार्मिक और आध्यात्मिक चिंतन द्वारा खड़ी की गई सारी दीवारों को गिरा देगा। इन दीवारों के गिरते ही तुम्हारी नजर का दायरा इतना फैल जाएगा कि किसी भी रहस्य या गोपनीयता को छिपने के लिए कोई जगह नहीं बचेगी। यह सूत्र तुम्हारे लिए नया और अनजाना नहीं है। कई इनसानों से इसे बहुत समय पहले ही खोज लिया था, पर वे इस सूत्र को लागू करने में कामयाब नहीं हो पाए। उन्होंने इस सूत्र को धर्मों की

सरपरस्ती में रहकर केवल अपनी इनसानी पहचान के साथ लागू करना चाहा था। उन्होंने इस सीधी-सी बात को नहीं समझा कि वे इस सूत्र को अकेले खुद पर लागू तो कर सकते थे, लेकिन बाकी सभी इनसानों और अन्य जीव-पदार्थों की हिस्सेदारी के बिना इसे कारगर नहीं बनाया जा सकता था।

किसी इनसान, किसी स्थान, किसी पेड़, किसी जीव, किसी नदी, किसी पहाड़, किसी पदार्थ विशेष के आसपास मुझे केंद्रित करते ही तुम खुद को सृष्टि के बाकी हिस्से से अलग-थलग कर लेते हो। धार्मिकता पर आधारित तुम्हारी पहचानें, मेरा विकेंद्रीकरण नहीं होने देती हैं। तुम किसी का ईश्वरत्व छीनकर अपना ईश्वरत्व हासिल नहीं कर सकते हो। दिमागी-तंत्रों ने तुम्हारे दिमाग में अहं, लालच, भय और संशय जैसी प्रवृत्तियों को एक संकुचित अर्थ में कैद कर दिया है। कभी धर्म और नैतिकता के द्वारा इन प्रवृत्तियों को बुराई मानकर जड़ से मिटाने की बात कही जाती है, तो कभी इन्हीं प्रवृत्तियों को स्वाभिमान, आकांक्षा, सजगता और जिज्ञासा का रूप देकर बढ़ावा दिया जाता है। इसी का नतीजा है कि तुम न तो इन प्रवृत्तियों को खत्म कर पाते हो और न ही इन्हें इनके चरम विस्तार तक ले जा पाते हो। एक बार अस्तित्व में आने के बाद तुम इन प्रवृत्तियों को मिटा नहीं सकते, लेकिन तुम इन्हें इनके चरम विस्तार तक खींचकर विखंडित जरूर कर सकते हो। इसके लिए तुम्हें ईश्वर बनना ही पड़ेगा। तभी तुम इन प्रवृत्तियों को संकुचित अर्थ के दायरे से बाहर ले जाकर अनन्त ब्रह्मांड में विस्तारित कर पाओगे। इस विस्तार के बाद तुम्हारा अहंकार ईश्वरीय सत्ता को हासिल कर लेगा, तुम्हारा लालच सृष्टि के साम्राज्य को प्राप्त कर लेगा, तुम्हारा डर समस्त जीव-पदार्थों की सुरक्षा का बोध कर लेगा और तुम्हारा संशय कण-कण की जानकारी संचित कर लेगा।

मेरी आत्मकथा तुम्हें ईश्वर के बारे में बताने के लिए नहीं, बल्कि तुम्हें ईश्वर बनाने के लिए अस्तित्व में आई है। तुमने प्रकृति एवं जीव-पदार्थों के साथ अपने साहचर्य को इस हद तक बिगाड़ दिया है कि तुम ईश्वर बनकर ही इस साहचर्य को पुनः कायम कर पाओगे। यह तुम्हारे लिए अंतिम अवसर है। यदि तुम इस बार भी चूक गए तो मेरी सहज व्यवस्था में तुम्हारी प्रजाति द्वारा पैदा किए गए असंतुलन के बदले में तुम्हारी प्रजाति का वजूद मेरे अस्तित्व में विलीन होगा, लेकिन तुम्हारी जीवन चेतना उस वक्त तुम्हारे साथ नहीं होगी। तुमने जीवन और चेतना का एक

बहुत बड़ा हिस्सा मेरे चिंतन-मनन में निवेशित किया है, इसलिए उसके प्रतिफल के रूप में तुम्हें अपनी सहज जीवन-चेतना के साथ मुझमें विलय होने का मौका मिला है। इस मौके का इस्तेमाल करना या न करना तुम इनसानों के हाथ में है। इस बारे में तुम जो भी फैसला लोगे, वही फैसला तुम्हारी नियति को तय करेगा।

□

2

मैं और प्रकृति

प्रकृति एक सहज और खुद-ब-खुद चलनेवाली प्रणाली है। इसी प्रणाली के जरिए, सारे जीव-पदार्थ मुझे महसूस करते हैं। यह जीवों और पदार्थों के भीतर होनेवाले निरंतर बदलावों का नतीजा है। तुम इनसानों के लिए प्रकृति तुम्हारी पृथ्वी तक सीमित एक प्रणाली है, जबकि मेरे लिए पूरी कायनात ही कुदरत है। जिस तरह तुम्हारा शरीर तुम्हारी सहज चेतना का आवरण है, तुम्हारी प्रकृति पृथ्वी की चेतना का आवरण है, उसी तरह पूरी कायनात मेरी चेतना का बाहरी खोल है। तुम्हारी प्रकृति में हरेक जीव और पदार्थ की हिस्सेदारी है। सारे जीव-पदार्थ आपसी लेन-देन द्वारा प्रकृति की सहज प्रणाली को एक स्वचालित रूप दे देते हैं। कुदरत की इस सहज प्रणाली में जीव और पदार्थ संघटन और विघटन के द्वारा लगातार रूप बदलते रहते हैं। प्रकृति केवल महासागरों, नदियों, पहाड़ों, पेड़-पौधों और जंगलों तक सीमित नहीं है। इसका विस्तार सूक्ष्मतम कणों से लेकर विशालकाय खगोलीय पिंडों तक है। इनसानों के रूप में तुम इसकी एक छोटी-सी झलक ही देख पाते हो।

तुम इनसान अपने ज्ञान, जिज्ञासा, अनुभव, इच्छाशक्ति, मेहनत, साहस और बुद्धि के बल पर कुदरत के सारे पहलुओं को जानने-समझने की कोशिश करते आ रहे हो। तुम्हारी यह कोशिश हर बार आधे-अधूरे नतीजों को ही सामने ला पाती है। इसकी इकलौती वजह यह है कि तुम प्रकृति को जानने-समझने की कोशिश मुझे, प्रकृति को या फिर अपने आप को महसूस करने के लिए नहीं, बल्कि दिमागी-तंत्रों को जिंदा बनाए रखने के लिए करते हो। कुदरत तुम्हारे सहज जीवन की जरूरतों को पूरा करने के लिए मौजूद थी; लेकिन तुमने कुदरत को एक बनावटी जिंदगी को जीने का साधन बना लिया। तुम्हारी इस बनावटी जिंदगी का पूरा खाका

दिमागी-तंत्रों ने तैयार किया था। दिमागी-तंत्रों ने तुम्हारे अंदर जो अहंकार, लालच और महत्त्वाकांक्षा भर दी है, प्रकृति उसे तुष्ट करने का जरिया बनकर रह जाती है। दिमागी-तंत्र तुम इनसानों को प्रकृति में मौजूद जीव-पदार्थों की हिस्सेदारी हड़पने के लिए उकसाते रहते हैं। समाज, राज्य और धर्म जैसे दिमागी-तंत्र कुदरत की सहज स्वचालित प्रणाली को तुम इनसानों के माध्यम से अपने काबू में रखने का प्रयास करते हैं।

जब तक कुदरत को अपने काबू में रखने की तुम्हारी कोशिश जारी रहेगी, तुम्हारे ऊपर दिमागी-तंत्रों का वर्चस्व बना रहेगा। तुम्हारी ये कोशिश लगातार जारी रहे, इसके लिए तुम इनसानों को इनसानी श्रेष्ठता की एक छड़ी थमा दी जाती है। इस छड़ी के द्वारा तुम दिमागी-तंत्रों के बताए गए रास्तों पर बाकी जीव-पदार्थों को हाँकने में जुट जाते हो। तुम पेड़-पौधों से लेकर सूक्ष्म जीवों और कणों तक को देखने-समझने के लिए दिमागी-तंत्रों की नजरों का इस्तेमाल करते हो। तुम्हें धार्मिक आस्था के लिए, राष्ट्रीय गौरव के लिए, आर्थिक विकास के लिए, सामाजिक रीति-रिवाजों के लिए सांस्कृतिक पहचानों के लिए तो बाकी जीव-पदार्थों की जरूरत होती है, लेकिन अपने खुद के लिए नहीं। अगर तुम कुदरत के सामने सामाजिक, राजनीतिक, धार्मिक या सांस्कृतिक प्राणी के बजाय एक सहज जीव के रूप में पेश आते, तो तुम इनसानों को कुदरत के शोषण और दोहन की जरूरत ही नहीं पड़ती। दिमागी-तंत्रों की कठपुतली बनकर तुम प्रकृति के संरक्षण और दोहन की दुविधा में फँसकर रह गए। इसी दुविधा और द्वंद्व का शिकार होकर तुम कुदरत के साथ कभी दोस्ती, तो कभी दुश्मनी का रिश्ता निभाने लगते हो। मुझे और कुदरत को तुम्हारी ये हरकतें बड़ी बचकाना लगती हैं। तुम इनसान अपने दिमाग और शरीर पर अभी तक ऐसा सहज नियंत्रण स्थापित नहीं कर सके हो, जिसके द्वारा मेरे, तुम्हारे और प्रकृति के बीच का साहचर्य निरंतर बना रह पाता। इसके बावजूद तुम दिमागी-तंत्रों के इशारों पर मेरी और कुदरत की सहज व्यवस्था से अलग हटकर एक अलग कृत्रिम व्यवस्था को बनाने में जुट जाते हो।

जब इनसान को सभ्य, सामाजिक, धार्मिक, राजनीतिक प्राणी में बदलने की प्रक्रिया शुरू हुई थी, उसी समय तुम इनसानों ने मुझसे और प्रकृति, दोनों से दूर जाना शुरू कर दिया था। इनसानों के लिए एक अलग और शानदार सभ्यता के

विचार ने ही तुम्हारे, मेरे और प्रकृति के बीच मौजूद उस सहज साहचर्य को भंग करना शुरू कर दिया था, जो तुम्हें एक सहज जीव के नाते कुदरती विरासत के तौर पर हासिल था। इसके बाद तुम्हारे जीवन की सहजता और सरलता गायब होती चली गई।

जब कुदरत के साथ तुम्हारा सहज मेल-जोल बिगड़ता चला गया तो कुदरती घटनाएँ तुम्हारे लिए डर, संकट, आपदा और अचरज का कारण बनने लगीं। अब प्रकृति में मौजूद जीव-पदार्थों की गतिविधियों और उनके प्रतिफलों को सहज रूप से स्वीकार कर पाना तुम्हारे लिए असंभव हो गया। इन प्रतिफलों से बचने के लिए तुमने एक तरफ कुदरत के अलग-अलग घटकों को फरिश्तों और देवताओं का दर्जा देना शुरू कर दिया तो दूसरी तरफ इनसानी क्षमताओं के बलबूते कुदरत से लड़ने और उसके कहर से बचने की कोशिश करने लगे। दिमागी-तंत्रों ने तुम्हारी इस दोतरफा रणनीति को चौतरफा समर्थन देना जारी रखा। दिमागी-तंत्रों ने कुदरत की सहज घटनाओं को विनाशकारी आपदाएँ घोषित कर दिया। दिमागी-तंत्र अपने पोषण से जुड़ी उन गतिविधियों को सर्वहितकारी और विकासोन्मुखी साबित करने में जुट गए, जिन्हें इनसानों द्वारा कृत्रिम रूप से अंजाम दिया जाता है।

कुदरत जब लगातार अपना रूप बदलती है, तो सभी जीवों के साथ-साथ तुम इनसानों के जीवन में भी कुछ न कुछ हलचल होती है। असल में, वह हलचल तुम्हारी भी हलचल है, क्योंकि तुम भी एक मायने में कुदरत का अटूट हिस्सा हो। दिमागी-तंत्रों ने कुदरत के साथ तुम्हारे सहज जुड़ाव को दिमाग के स्तर पर खत्म कर दिया है। तुम्हारे शरीर के बाहर और भीतर की दुनिया के बीच कोई दरार नहीं है, लेकिन दिमागी-तंत्रों से जुड़ा तुम्हारा दिमाग तुम्हारे और प्रकृति के बीच में एक खयाली दीवार खड़ी कर देता है। इस आभासी दीवार को तुम न तो देख पाते हो, न ही छू पाते हो, फिर भी ये तुम्हारे लिए एक हकीकत बनी रहती है। धर्म, समाज, देश, सभ्यताएँ इस आभासी दीवार को तुम्हारे जेहन में बड़ी मजबूती के साथ खड़ा रखते हैं। तुम्हारे और कुदरत के बीच खड़ी हुई, यह काल्पनिक दीवार तुम्हें कुदरत के एक साझीदार की बजाय एक शोषणकर्ता में बदल देती है। तुम कुदरत की हरकतों से विस्मित और विचलित होने लगते हो। तुम अपनी तकलीफों, दुःखों और उलझनों को दूर करने के लिए कुदरत की सहज प्रणाली के साथ छेड़छाड़ करना शुरू कर

देते हो। प्रकृति का कोई अंश या घटक जब तुम्हारी सुख-सुविधा, विलासिता और समृद्धि की माँगों को पूरा नहीं कर पाता है तो तुम उसे बेकार और नुकसानदायक मान लेते हो। तुम दिमागी-तंत्रों द्वारा पैदा की गई, मानसिक उलझनों को कुदरत के भौतिक दोहन और शोषण के द्वारा सुलझाने की कोशिश में लगे रहते हो।

दिमागी-तंत्रों ने तुम इनसानों को सबसे विवेकशील प्राणी घोषित कर दिया, ताकि तुम दिमागी-तंत्रों की कृत्रिम व्यवस्थाओं को बनाने में जी-जान से जुटे रहो। इन कृत्रिम व्यवस्थाओं के इकलौते रचनाकार बनने की उमंग में तुम्हारे जैसी विवेकशील प्रजाति यह भूल जाती है कि कुदरत की सहज प्रणाली तुम्हारे नियंत्रण, निर्देशों, शर्तों या मापदंडों के आधार पर नहीं चलती है। कुदरत की सहज स्वचालित प्रणाली का आधार जीव-पदार्थों की गतिविधियों और उनके प्रतिफलों का सहज संतुलन है। अकेले तुम्हारी कारगुजारियों से प्रकृति के सहज संतुलन पर कोई फर्क नहीं पड़ता है, लेकिन कुदरत की सहज प्रतिक्रिया तुम्हारी कृत्रिम व्यवस्थाओं को जरूर डगमगा कर रख देती है। कृत्रिम व्यवस्थाओं के भीतर पैदा होनेवाले इस असंतुलन से तुम बेचैन और भयभीत हो जाते हो। तुम उसे प्राकृतिक असंतुलन का नाम देने लगते हो।

तुम्हारी इनसानी नस्ल के वजूद में आने से पहले भी प्राकृतिक परिघटनाएँ होती रहती थीं। उस वक्त किसी भी जीव ने उन परिघटनाओं को विनाशकारी-विकासकारी, लाभकारी-हानिकारी, दुःखकारी-सुखकारी, संकटकारी-सुविधाकारी जैसे विभेदों में बाँटकर नहीं देखा था। सभी जीव-पदार्थों ने अपनी-अपनी सहज प्रणालियों को कुदरत की सहज प्रणाली के साथ समायोजित कर लिया था। इस समायोजन के बाद विकास और विनाश की प्रक्रिया उन जीव-पदार्थों के जीवन-चक्र का सहज हिस्सा बनकर रह गई थी। अब ये जीव-पदार्थ अपनी खुद की प्रणाली के साथ-साथ कुदरत की सहज प्रणाली और मेरी सहज व्यवस्था में बराबर के भागीदार हैं। अब उनके वजूद पर कोई संकट नहीं आ सकता, क्योंकि उन जीव-पदार्थों का वजूद मेरे और कुदरत के अस्तित्व में घुलमिल चुका है। इसलिए जब तक मैं और कुदरत वजूद में रहेंगे, तब तक उन जीव-पदार्थों का वजूद भी किसी-न-किसी रूप में कायम रहेगा।

दिमागी-तंत्रों ने तुम इनसानों के वजूद को मेरे और कुदरत के वजूद से अलग खड़ा कर दिया है। दिमागी-तंत्रों की सरपरस्ती में जैसे-जैसे तुम्हारी जानकारी, तुम्हारी क्षमता और तुम्हारी लालसा बढ़ती गई, वैसे-वैसे तुमने दिमागी-तंत्रों के हिसाब से प्रकृति का बँटवारा करना शुरू कर दिया। तुमने अपनी जरूरत और सुविधा के मुताबिक कुदरत की सहज प्रणाली को अलग-अलग धड़ों में बाँट दिया। कुदरत एक सहज प्रणाली के रूप में तुम्हारी इस उठा-पटक को देखती रहती है। अपनी जानकारी, अक्लमंदी और हुनर के बावजूद तुम कुदरत की नजर में एक नादान प्रजाति हो। तुम्हारी नादानियों से पैदा होनेवाले असंतुलन को कुदरत जब चाहे, तब संतुलित कर सकती है। जब कभी कुदरत अपनी कुछ हलचलों के द्वारा ऐसा संतुलन स्थापित करती है, तब तुम्हें एक बेचारा और असहाय प्राणी बनकर उन हलचलों को कुदरती कहर के रूप में झेलने के लिए मजबूर होना पड़ता है। उसी समय तुम्हें कुछ देर के लिए अपनी ताकत के खोखलेपन का एहसास भी होता है।

मेरे और प्रकृति के लिए तुम एक शरारती बालक की तरह हो। एक ऐसा शरारती बालक, जो अपने माँ-बाप के सामने शरारतें करता है और उसके माँ-बाप चुपचाप बैठे रहकर उन शरारतों को देखते रहते हैं। माँ-बाप की चुप्पी से बालक को अपने ताकतवर होने और अपनी मर्जी का मालिक होने का भ्रम हो जाता है। इसी भ्रम में वह अपनी शरारतों से घर की चीजों को नुकसान पहुँचाना शुरू कर देता है, लेकिन तभी उसकी माँ उठकर उसे एक तमाचा जड़ देती है। बालक तिलमिला जाता है। वह घबराहट और डर के मारे रोने लगता है। तब कुछ वक्त के लिए उसका ताकत और तानाशाही का भ्रम टूट जाता है, पर जैसे ही थोड़ा समय बीतने पर हालात सामान्य होते हैं तो उस बालक की शरारतों का दौर एक बार फिर से शुरू हो जाता है। कुदरत की सहज प्रणाली में तुम इनसानों जैसे अनगिनत जीव हैं। इनमें कुछ भोले-भाले, तो कुछ शरारती होते हैं। भोले-भाले जीवों को कुदरत के तमाचे की जरूरत ही नहीं पड़ती है। जो शरारती जीव होते हैं, वे भी अपनी शरारत के बदले में पड़नेवाले कुदरत के तमाचे को सहज रूप में स्वीकार कर लेते हैं। उन जीवों को मालूम होता है कि वे कुदरत की संतान है, कुदरत का अभिन्न हिस्सा हैं। तुम इनसानों ने कुदरत की सहज प्रणाली को अपनी अनगिनत शरारतों से तितर-बितर कर दिया है, फिर भी तुम कुदरत के हल्के से तमाचे को आसानी से सहन नहीं

कर पाते हो। इसके पीछे की वजह सिर्फ यही है कि तुमने कुदरत को कभी अपना अटूट हिस्सा नहीं माना है।

दिमागी-तंत्रों ने तुम्हारे दिमाग को कुदरत के साथ सह-अस्तित्व का अनुभव ही नहीं करने दिया है। इसीलिए तुम हमेशा से कुदरत को या तो एक छिपे हुए दुश्मन की तरह देखते आए हो या फिर उसे अपनी बेहिसाब जरूरतों को पूरा करनेवाला जादुई चिराग समझते रहे हो। प्रकृति सभी जीवों को भोजन, पानी, हवा और आश्रय उपलब्ध कराती है, ताकि सभी जीवों का जीवनचक्र चलता रहे। इसके एवज में यह जीवनचक्र प्रकृति को उसकी जीवंतता प्रदान करता है। आपसी लेन-देन की यह सहज प्रणाली सभी जीवों को उनके कार्य, उद्देश्य और रूप आवंटित करती है। इस सहज प्रणाली में प्रत्येक जीव उतना ही लेन-देन करता है, जितना उस जीव के जीवन और प्रकृति के संतुलन को बनाए रखने के लिए जरूरी हो। तुम इनसान अकेले ऐसे जीव हो, जो अपने जीवन की जरूरतों को पूरा करने के बाद भी प्रकृति के साथ अतिरिक्त लेन-देन करने की कोशिश में जुटा रहता है। दिमागी-तंत्रों ने तुम्हारी इच्छाओं, जानकारियों और जरूरतों को हद से ज्यादा बढ़ा दिया है। इनकी पूर्ति के लिए तुम रोज नयी-नयी माँगों के साथ प्रकृति के सामने हाथ फैलाकर खड़े हो जाते हो। प्रकृति तुम्हारी अधिकतर माँगों को पूरा भी कर देती है, पर जब कभी वह अपनी सहज प्रणाली को सुचारु रखने के लिए तुम्हारी कुछ माँगों को नामंजूर कर देती है, तब तुम पल भर में उसके साथ अपना अटूट रिश्ता भुला देते हो। दिमागी-तंत्रों द्वारा दी गई क्षमता, ताकत और कौशल के बलबूते तुम अपनी माँगों को मनवाने की कोशिश करते हो और प्रकृति के खिलाफ एकतरफा संघर्ष की शुरुआत कर देते हो। इसके बाद भी प्रकृति तुम्हारे द्वारा छेड़े गए इस संघर्ष का विरोधी पक्ष नहीं बनती है, पर तुम्हारे एकपक्षीय संघर्ष की उथल-पुथल का सहज प्रतिफल जरूर पैदा होता है। जब ऐसे प्रतिफलों का ढेर तुम्हारे सामने आता है, तो तुम उसे प्रकृति का पलटवार समझ बैठते हो। इन प्रतिफलों से घबराकर तुम प्रकृति के सामने एकतरफा संघर्ष-विराम की घोषणा कर देते हो। प्रकृति के विरुद्ध बार-बार संघर्ष छेड़ने और उसे विराम देने की तुम्हारी फितरत ने तुम्हें प्रकृति की सहज व्यवस्था का सबसे अवांछनीय प्राणी बना दिया है।

प्रकृति की सहज व्यवस्था को असंतुलित करने की कोशिशों का परिणाम

तुम्हारे साथ-साथ दिमागी-तंत्रों द्वारा निर्मित कृत्रिम व्यवस्थाओं को भी भुगतना पड़ता है। इन कृत्रिम व्यवस्थाओं के भीतर कुछ इनसान अपने ज्ञान, क्षमता और कौशल के द्वारा अपनी जरूरतों से बहुत ज्यादा प्राकृतिक संसाधन जुटा लेते हैं। वहीं अधिकांश लोग अपने अज्ञान, अक्षमता और अपर्याप्त कौशल के कारण अपनी मूलभूत जरूरतों को पूरा करने लायक संसाधन जुटाने में भी नाकाम रहते हैं। साधन संपन्न इनसान इन कृत्रिम व्यवस्थाओं को कायम रखने के लिए हर संभव कोशिश करते हैं, जबकि साधनों से वंचित लोग इन व्यवस्थाओं को बदलने या खत्म करने के लिए लगातार संघर्षरत रहते हैं। इस प्रकार तुम्हारे ही दिमागी-तंत्रों द्वारा निर्मित कृत्रिम व्यवस्थाएँ तुम्हारी पूरी प्रजाति के बीच अपना औचित्य साबित करने के लिए छटपटाती रहती हैं। प्रकृति की सहज व्यवस्था के औचित्य को तुम इनसानों समेत सारी जीव प्रजातियाँ स्वीकार करती हैं। तुम्हारे दिमागी-तंत्रों की कृत्रिम व्यवस्थाएँ तुम्हारे अलावा अन्य जीवों और प्रकृति के ऐच्छिक एवं अनैच्छिक सहयोग पर टिकी हैं। बाकी जीवों और प्रकृति का तनिक सा असहयोग इन कृत्रिम व्यवस्थाओं के ताने-बाने को बिखरा सकता है। दूसरी ओर, प्रकृति की सहज प्रणाली तुम्हारे सहयोग और समर्थन के बिना भी कायम रह सकती है। प्रकृति की सहज व्यवस्था और कृत्रिम व्यवस्थाओं के बीच इस मूलभूत अंतर को तुम लगातार नजरअंदाज कर देते हो और प्रकृति का जमकर दोहन करते हो। इस अंधाधुंध दोहन के द्वारा तुम कृत्रिम व्यवस्थाओं को भव्य और चमकीला बनाने में लगे रहते हो, लेकिन यह भूल जाते हो कि तुम इन कृत्रिम व्यवस्थाओं को जितनी अधिक भव्यता और चमकीलापन प्रदान करते हो, इन व्यवस्थाओं का एक हिस्सा उतना ही स्याह और कुरूप होता चला जाता है। प्रतिफलन की इस सहज प्रणाली के दायरे से बाहर निकल पाना तुम और तुम्हारे दिमागी-तंत्रों के लिए संभव नहीं है।

बाकी सारे जीव प्राकृतिक संसाधनों से अपने सहज जीवन की जरूरतें पूरी करते हैं। वे प्रकृति के माध्यम से मेरे अस्तित्व की अनुभूति करते हैं। तुम इनसान प्रकृति के जरिए अपने शरीर की जरूरतें पूरी करते हो, अपनी भौतिक जरूरतें पूरी करते हो, अपने मनोरंजन की जरूरतें पूरी करते हो, अपने सुख और भोग-विलास की जरूरतें पूरी करते हो। जब ये सारी जरूरतें पूरी हो जाती हैं, तब तुम प्रकृति को दिमागी-तंत्रों द्वारा पोषित, अहंकार, लालच, महत्त्वाकांक्षाओं और लक्ष्यों की पूर्ति का साधन बनाने की कोशिश करने लगते हो। तुम प्रकृति के जरिए मेरे वजूद

का एहसास नहीं करना चाहते, बल्कि अपने नियंत्रण और दोहन के द्वारा प्रकृति को अपने पृथक इनसानी वजूद का एहसास कराना चाहते हो। एक के अस्तित्व में सबका अस्तित्व निहित है, यह मेरी और कुदरत की सहज व्यवस्थाओं का सरल सिद्धांत है। इस सिद्धांत को तुम्हारे जैसे सैद्धांतिक जीव को छोड़कर सभी जीव-पदार्थों ने आत्मसात् कर लिया है। तुम्हारे तथाकथित शक्तिशाली और श्रेष्ठ दिमागी-तंत्रों ने इस सरल सिद्धांत को तुम्हारी श्रेष्ठ प्रजाति के लायक ही नहीं समझा। इन दिमागी-तंत्रों ने तुम्हारे जीवन में हजारों गूढ़ एवं जटिल सिद्धांत भर दिए। तुमने इन सिद्धांतों की जटिलता और गूढ़ता को समझने-समझाने के फेर में अपने सहज जीवन की बलि दे दी। इनसानी श्रेष्ठता के दंभ में तुम अपना उलझनों-भरा जीवन व्यतीत करते आए हो।

तुम्हारी यही उलझनें तुम्हें मुझसे और प्रकृति से दूर खींचती रहती हैं। तुम प्रकृति के बीच रहकर भी उससे कटे-कटे रहते हो। तुम प्रकृति पर निर्भर रहने के बाद भी उसके सानिध्य से दूर भागने की कोशिश करते हो। तुम्हें अपने साहित्य के लिए, अपने सौंदर्य के लिए, अपनी संस्कृति के लिए, अपने विज्ञान के लिए, अपनी अर्थव्यवस्था के लिए, अपने मानसिक-शारीरिक विकास के लिए प्रकृति की जरूरत होती है। दूसरी तरफ प्रकृति को केवल अपने अस्तित्व में साझीदार बनाने के लिए तुम्हारी जरूरत होती है। प्रकृति तुम्हारी सारी जरूरतों को पूरा करने के लिए तत्पर रहती है, किंतु तुम उसकी इकलौती जरूरत को पूरा करने के लिए अपने भीतर सह-अस्तित्व का भाव पैदा करने में भी सकुचाते हो। प्रकृति तुमसे प्रेम या संरक्षण पाने की आशा नहीं रखती, बल्कि वह तो तुमसे केवल इतनी सी अपेक्षा रखती है कि तुम उसकी हर गतिविधि को उसी सहजता के साथ स्वीकार कर लो, जितनी सहजता से वह तुम्हारी अँधाधुंध गतिविधियों को स्वीकार करती है।

तुम इनसान प्रकृति के प्रेमी बन जाते हो, प्रकृति के जानकार बन जाते हो, प्रकृति के संरक्षक बन जाते हो, प्रकृति के भोक्ता बन जाते हो, लेकिन कभी भी उसके अस्तित्व में भागीदार बनने की पहल नहीं करते हो। जब तुम प्रकृति में अपनी भागीदारी स्वीकार कर लोगे, तब तुम स्वाभाविक तौर पर मेरी सहज व्यवस्था के भागीदार भी बन जाओगे। तभी तुम्हारी सारी कृत्रिम व्यवस्थाओं का मेरे और प्रकृति के साथ सहज एकीकरण हो पाएगा। इस एकीकरण के बाद ये व्यवस्थाएँ

बाकी जीव-पदार्थों के लिए प्राकृतिक व्यवस्था की भाँति सहज हो जाएँगी। मेरा, तुम्हारा और प्रकृति का सहज एकीकरण होने के बाद प्रकृति तुम इनसानों के लिए प्रेम, घृणा, प्रकोप, विस्मय, विनाश, विकास, लाभ, हानि, आपदा, वरदान या फिर अभिशाप का विषय नहीं रहेगी। प्रकृति का हर जीव और पदार्थ तुम्हारे लिए तब समान महत्त्व का होगा। तब तुम्हें प्रकृति के दोहन या संरक्षण की जरूरत ही नहीं पड़ेगी। प्रकृति अपने दोहन या संरक्षण का संतुलन खुद ही बनाए रखती है, पर तुम इनसान कभी अच्छी, तो कभी बुरी नीयत से इस संतुलन को बिगाड़ने की कोशिश करते रहते हो। सारे जीवों का जीवन-यापन प्रकृति के दोहन और संरक्षण की स्वचालित प्रणाली पर निर्भर है। तुम दोहन और संरक्षण के नए-नए तरीकों द्वारा इस सहज प्रणाली में गड़बड़ी पैदा कर देते हो, जिसके फलस्वरूप अन्य जीवों के साथ-साथ तुम्हारे खुद के सहज जीवन-यापन में भी कई सारी बाधाएँ आकर खड़ी हो जाती हैं।

तुम्हें अपने दिमागी-तंत्रों द्वारा बनाई गई कृत्रिम दुनिया को मेरी सहज व्यवस्था में रूपांतरित करने के लिए प्रकृति की स्वचालित प्रणाली को मान्यता देनी होगी। तब तक तुम ऐसा नहीं करोगे, तब तक तुम्हें प्रकृति और मैं ही नहीं, बल्कि प्रत्येक जीव-पदार्थ अपनी इनसानी दुनिया के विरोध के खड़ा हुआ प्रतीत होगा। जैसे ही तुम प्रकृति की सहज स्वचालित प्रणाली को मान्यता दोगे, प्रत्येक जीव-पदार्थ भी तुम्हारी कृत्रिम दुनिया के साथ घुल-मिल जाएगा और उसे एक सहज दुनिया में रूपांतरित करने की प्रक्रिया को शुरू कर देगा। दिमागी-तंत्रों ने तुम्हारे दिमागों में यह भ्रामक जानकारी भर दी है कि मैंने और प्रकृति ने अपनी जरूरतों और मकसदों को पूरा करने के लिए तुम्हें पैदा किया है। इसी वजह से तुम्हें अन्य जीवों की तुलना में बेहतर गुण और क्षमताएँ प्रदान की गई हैं। मैं तुम्हें इस भ्रम से निकालकर यह बताना चाहता हूँ कि मेरी सहज व्यवस्था या प्रकृति किसी भी जीव को उत्पन्न या समाप्त नहीं करती है। सारे जीव अपनी जरूरतों और लक्ष्यों के साथ पैदा होते हैं। जब किसी जीव की जरूरतें और मकसद बाकी के जीवों की जरूरतों व मकसदों पर हावी होने लगते हैं, तब वे मेरी और प्रकृति की सहज व्यवस्था के संतुलन को बिगाड़ने लगते हैं। ऐसी स्थिति में उस जीव को बाकी के अन्य जीवों की जरूरतों और मकसदों की स्वतः पूर्ति के लिए नष्ट होना पड़ता है। तुम इनसानों के अलावा बाकी के सारे जीव अपनी जरूरतों और लक्ष्यों को अपने सहज जीवन-चक्र तथा

प्रकृति की सहज व्यवस्था के दायरे तक ही सीमित रखते हैं। इसीलिए उनका पैदा होना और नष्ट होना महज एक सहज प्रक्रिया होती है। वे तुम इनसानों की तरह प्रकृति के ऊपर अपनी जरूरतों और लक्ष्यों का बोझ लगातार बढ़ाते नहीं हैं। ये जीव तो तुम्हारे जैसी किसी अहमक प्रजाति द्वारा डाले गए अतिरिक्त भार को वहन करने में प्रकृति का हाथ बँटाते हैं।

दूसरी ओर, तुम इनसान अपनी उम्मीदों, अपेक्षाओं, कामनाओं, महत्त्वाकांक्षाओं और रुचियों का बोझ भी प्रकृति के कंधों पर रख देना चाहते हो, पर मेरी सहज व्यवस्था में मौजूद सहज प्रतिफल की प्रणाली इस सारे बोझ को तुम्हारे जीवन-चक्र में ही दोबारा स्थानांतरित कर देती है। अपने जीवन की इस बोझिलता के लिए तुम कभी मुझे, कभी कुदरत को, कभी दूसरे इनसानों को, तो कभी अपने-आप को जिम्मेदार ठहराते हो। इसकी मूल वजह यह है कि तुम्हारे जीवन की जटिलता ने तुम्हें प्रकृति के अस्तित्व की सहज अनुभूति से वंचित कर दिया है। तुम अपने सौंदर्य बोध के आधार पर प्रकृति को मनोरम और भयावह रूपों में बाँट देते हो। यदि तुम्हें प्रकृति का सहज बोध होता तो तुम्हें न तो प्रकृति का मनोरम रूप आकर्षित करता और न ही उसका भयावह रूप तुम्हें विचलित या भयभीत कर पाता। इसी सहज बोध के बिना तुम्हारी प्रगति और समृद्धि प्रकृति के लिए हानि का कारण बन जाती है। तुम्हारी कृत्रिम भव्यता प्राकृतिक कुरूपता को जन्म दे देती है। तुम्हारे ज्ञान की खोज प्रकृति का जीते-जी शव-परीक्षण करती रहती है। तुम्हारी सभ्यता प्रकृति के उजाड़ में अपना विस्तार ढूँढ़ती रहती है। अंत में तुम्हारी विकास यात्रा प्रकृति की शव-यात्रा का मार्ग प्रशस्त करने लगती है। कुदरत के साथ किए गए अपने इसी बर्ताव के कारण तुम इनसान कभी पश्चाताप से घिर जाते हो तो कभी कुदरत के घातक प्रतिशोध की आशंका और डर के साये में खड़े दिखाई देते हो।

दिमागी-तंत्रों द्वारा तुम्हारे जीवन में पैदा की गई उलझनों के कारण तुम इनसान मेरी और कुदरत की सहज व्यवस्था के साथ-साथ अपनी खुद की सहज प्रणाली के एहसास से भी दूर चले गए हो। इसी वजह से तुम इस सीधी-सी बात को भी समझने की कोशिश नहीं करते कि कुदरत के जिस प्रतिशोध की आशंका से तुम भयभीत हो, वह कुदरत का बदला नहीं, बल्कि तुम्हारी गतिविधियों का ही सहज प्रतिफल है। तुमने कभी अपनी गतिविधियों को दूसरे जीव-पदार्थों की गतिवधियों के

साथ समन्वित करने का प्रयास नहीं किया। इसके साथ ही तुमने बाकी जीवों की तरह अपनी गतिविधियों के प्रतिफलों को निरंतर स्वीकार भी नहीं किया। तुम मेरी और कुदरत की आड़ लेकर अपनी छोटी-से-छोटी गतिविधि के प्रतिफल को भी स्वीकार करने से बचते रहे। स्वर्ग-नरक की धार्मिक धारणाएँ तुम्हारे बचाव की ढाल बन गईं। तुम्हारी करनी के हर नतीजे को दिमागी-तंत्रों ने कयामत के दिन तक टाल दिया। इसी का परिणाम है कि आज तुम्हारे सामने प्रतिफलों का विशाल ढेर इकट्ठा हो गया है। ये प्रतिफलों का ढेर उन सभी जीव-पदार्थों का तुम पर कर्ज है, जितना इस्तेमाल तुमने अपनी सभ्यता के निर्माण और विस्तार में मनमाने ढंग से किया है।

ये सारे जीव-पदार्थ अपने इस कर्ज को तुमसे वसूल करने नहीं आएँगे। तुम्हें खुद ही इस कर्ज को बोझ को अपने ऊपर उतारना होगा। यदि तुम ऐसा करने से बचोगे तो तुम्हें अपने आप से ही यह कर्ज वसूलना पड़ेगा। तुमने प्राकृतिक जीवों और संसाधनों का मनमाना इस्तेमाल करके अपनी सभ्यता के लिए अनगिनत चीजें निर्मित कर ली हैं। जीव-पदार्थों को रूपांतरित करके तुमने इन्हें अलग-अलग नाम, आकार और प्रयोजन दिए हैं। इन सभी चीजों के अस्तित्व को तुमने अपनी रचनात्मक क्षमता का प्रकटीकरण मान लिया है। खुद को सर्वश्रेष्ठ साबित करने की अंधी दौड़ में तुमने इन चीजों के पृथक् वजूद को भी स्वीकार नहीं किया है। तुम इन्हें अपनी कृत्रिम व्यवस्थाओं का हिस्सा मानते हो और इन पर अपना मालिकाना हक जताते हो, लेकिन कुदरत की लगातार अनदेखी करने के कारण तुम इनसान अपनी खुली आँखों से भी एक मूलभूत तथ्य को नहीं देख पाते हो। यह मूलभूत तथ्य यह है कि जिन जीव-पदार्थों के रूपांतरण से तुमने अपनी कृत्रिम चीजें निर्मित की हैं, वे जीव-पदार्थ अपने बदले हुए रूपों के बावजूद मेरी और कुदरत की सहज व्यवस्था का अनुपालन करते हैं। तुम उन चीजों पर अपने स्वामित्व का भ्रम पाले रहते हो। तुम इन जीव-पदार्थों के साथ जो भी करते हो, उसका सहज प्रतिफल तुम्हें कभी स्वीकार्य नहीं होता, इसलिए इन प्रतिफलों को तुम्हें खुद ही चुकाना पड़ता है। तुमने जितने व्यापक स्तर पर जीव-पदार्थों का रूपांतरण किया है, उतने ही व्यापक स्तर पर इन जीव-पदार्थों ने तुम्हारा शारीरिक और मानसिक रूपांतरण किया है। तुम्हारा यही शारीरिक और मानसिक रूपांतरण तुम्हें कभी प्रकृति से प्रेम करने, तो कभी उससे डरने के लिए मजबूर कर देता है।

तुमने प्राकृतिक संसाधनों को इनसानी जरूरतों के हिसाब से उपयोगी-अनुपयोगी, लाभकारी-हानिकारक, महत्त्वपूर्ण-महत्त्वहीन, मूल्यवान-मूल्यहीन जैसे परस्पर विरोधी वर्गों में बाँट दिया। प्रकृति की सहज व्यवस्था में दखल देते हुए तुमने उपयोगी, लाभकारी, महत्त्वपूर्ण और मूल्यवान संसाधनों को छाँटकर अलग कर लिया। इस प्रकार छाँटे गए संसाधनों पर कब्जा जमाने के लिए तुम इनसानों के बीच कड़ी प्रतिस्पर्धा और संघर्ष का अंतहीन दौर शुरू हो गया। बाकी के जीवों ने तुम्हारे द्वारा अनुपयोगी, हानिकर, महत्त्वहीन और मूल्यहीन साबित किए गए संसाधनों को अपने जीविका साधन के रूप में सहजता से अपना लिया। तुम कुदरत को उपयोगिता, लाभ, महत्त्व और मूल्य़ की कसौटियों पर परखते रहे, क्योंकि तुम्हारे दिमागी-तंत्रों ने तुम्हें चीजों को केवल अपने सरोकारों के साथ परखने की यही कसौटियाँ उपलब्ध कराई थीं। इसलिए तुम्हें यह आभास भी नहीं हुआ कि प्रकृति के अनुपयोगी, हानिकर, महत्त्वहीन और मूल्यहीन संसाधन किसी भी समय तुम्हारी कृत्रिम व्यवस्था के ढाँचे को ढहा सकते हैं।

कुदरत में मौजूद जीव-पदार्थ तुम्हारे द्वारा किए गए संसाधनों के वर्गीकरण को कभी-भी सहज रूप से स्वीकार नहीं करते हैं। वे तुम्हारे इस वर्गीकरण के दायरे से निकलकर प्रकृति की सहज व्यवस्था में लगातार समाहित होते रहते हैं। इसी कारण तुम्हारे द्वारा निर्मित सारी कृत्रिम व्यवस्थाएँ कभी सहज रूप धारण नहीं कर पाती हैं। तुम्हारे द्वारा प्रकृति पर लादा गया वर्गीकरण धीरे-धीरे तुम्हारी कृत्रिम व्यवस्थाओं पर लागू होने लगता है। ये कृत्रिम व्यवस्थाएँ तुम इनसानों को संसाधनों के आधार पर उपयोगी-अनुपयोगी, लाभकारी-हानिकाकर, महत्त्वपूर्ण-महत्त्वहीन, मूल्यवान-मूल्यहीन जैसे खाँचों में बाँट देती हैं। बाकी के जीव-पदार्थ तो रूपांतरित होने के बाद भी मेरा और प्रकृति का दामन नहीं छोड़ते हैं, पर तुम इनसान इन जीव-पदार्थों को अपनी कृत्रिम व्यवस्थाओं का हिस्सा बनाने की जबरन कोशिश में अपनी खुद की सहजता से हाथ धो बैठते हो। तुम मेरे और कुदरत के साथ अपना सहज संपर्क ही भंग कर देते हो।

प्रकृति का सहज बोध करनेवाला एक हीरे का टुकड़ा तुम्हारे हाथों तराशे जाने के बाद भी किसी कोयले के टुकड़े को महत्त्वहीन, हानिकर, अनुपयोगी और मूल्यहीन नहीं मानता है। हीरे का एक टुकड़ा रखनेवाला इनसान कोयले का एक

टुकड़ा रखनेवाले इनसान को महत्त्वहीन, हानिकारक, अनुपयोगी और मूल्यहीन मान लेता है। इस तरह से तुम्हारे द्वारा पैदा किए गए वर्गीकरण का हीरे या कोयले पर तो कोई असर नहीं पड़ता, किंतु यह वर्गीकरण उलटे तुम इनसानों पर ही लागू हो जाता है। प्रकृति के मनमाने दोहन, रूपांतरण और वर्गीकरण का ही नतीजा है कि तुम इनसानों के जीवन में अनेक विसंगतियाँ, विषमताएँ और जटिलताएँ पैदा हो चुकी हैं। कुदरत के जिस कहर के सामने तुम खुद को बेबस, बेचैन और भयभीत खड़ा पाते हो, वह कुदरत का नहीं, तुम्हारी इन्हीं विसंगतियों, विषमताओं और जटिलताओं का कहर है। अगर तुमने प्रकृति में मौजूद संगति-विसंगति, समता-विषमता, सरलता-जटिलता के सहज संतुलन से इतनी छेड़छाड़ न की होती, तो तुम्हें ऐसे कहर या उसकी कल्पना से आतंकित नहीं होना पड़ता। प्रकृति के सहज संतुलन को दरकिनार रखने के कारण तुम्हारी कृत्रिम व्यवस्थाएँ हमेशा असंतुलन के संकट से घिरी रहती हैं।

दिमागी-तंत्रों ने तुम्हें बाकी जीव-पदार्थों से श्रेष्ठ होने का निरंतर आभास कराया है। यह आभास तुम्हें प्रकृति और मेरे बारे में हमेशा भ्रमित रखता है। इसी भ्रम के कारण तुम अपनी गतिविधियों और उनके प्रतिफलों को बाकी जीव-पदार्थों की गतिविधियों और प्रतिफलों के साथ समायोजित नहीं कर पाते हो। तुम प्रकृति और अन्य जीव-पदार्थों को बेबस और लाचार मानकर प्रकृति की सहज व्यवस्था में से संगति-समता और सरलता को छाँट-छाँटकर अपनी कृत्रिम व्यवस्थाओं में इकट्ठा करने की कोशिश करते हो, पर तुम यह भूल जाते हो कि तुम्हारी इन कोशिशों के दौरान ही प्रकृति अपनी सहज संतुलन की प्रणाली के द्वारा तुम्हारी कृत्रिम व्यवस्थाओं में विसंगतियों, विषमताओं और जटिलताओं के ढेर लगा रही होती है। खुद को संतुलित बनाए रखने का कुदरत का यह सहज तरीका तुम्हें भयानक और विनाशकारी नजर आता है। पहले तुमने कुदरत के संसाधनों का दोहन करके अपनी कृत्रिम व्यवस्थाओं के अधीन मानवीय समानता को स्थापित करने की कोशिश की। तुम्हारी लगातार बढ़ती हुई, जरूरतों के मुकाबले प्रकृति के संसाधन कम होते चले गए। इसके बाद तुम्हारी कृत्रिम व्यवस्थाओं के भीतर समानता के बजाय असमानता बढ़ती चली गई। अब प्राकृतिक घटक अपने तरीके से इन असमानताओं को कम करने की कोशिश करते हैं। प्राकृतिक परिघटनाओं

के रूप में तुम्हारे सामने मुखर होनेवाली इन कोशिशों को तुम इनसानी सभ्यता के लिए खतरा या फिर आपदा मान लेते हो।

अगर तुम प्रकृति की सहज व्यवस्था के निरंतर संपर्क में रहे होते तो तुम्हें यह एहसास हो गया होता कि तुम्हारी इनसानी सभ्यता को नष्ट करने या बचाने में प्रकृति जानबूझकर कोई भूमिका नहीं निभाती है। तुम्हारी अंधाधुंध गतिविधियों ने ही तुम्हारी जीवनधारा में प्रतिफलों की बाढ़ ला दी है। तुम्हारे असीमित दोहन ने तुम्हारी चमकीली और भव्य दुनिया में लगातार फैलनेवाले रेगिस्तान के लिए जमीन तैयार कर दी है। तुम्हारे हाथों रूपांतरित किए गए जीव-पदार्थों के विशाल ढेर ने एक ऐसे ज्वालामुखी पर्वत का रूप ले लिया है, जिसके मुहाने पर तुम और तुम्हारी सभ्यता, दोनों लाचार बैठे हैं। तुम्हारे दिमागी-तंत्र इन विपदाओं से बचने के लिए तुम्हारे सामने रोज नए-नए उपाय और समाधान पेश करते रहते हैं। इन उपायों और समाधानों के बाद भी तुम्हारे अस्तित्व का संकट लगातार गहराता चला जा रहा है। इसकी एक बड़ी वजह यह है कि दिमागी-तंत्र तुम इनसानों को कुदरत के सामने नित नई-नई भूमिकाओं में पेश करते हैं। ये तुम्हारे सहज-जीवी रूप और भूमिका को प्रकृति के सामने नहीं आने देते हैं। जैसे ही तुम दिमागी-तंत्रों द्वारा ओढ़ी गई भूमिकाओं को त्यागकर अपने सहज-जीवी रूप में कुदरत के सामने आकर खड़े हो जाओगे, उसी समय तुम प्रकृति की सहज व्यवस्था में घुल-मिल जाओगे। इसके बाद तुम्हारे दिमागी-तंत्रों का प्रभाव-क्षेत्र कुदरत के प्रभाव-क्षेत्र में विलीन हो जाएगा। तभी तुम प्रकृति के जरिए, मेरा निरंतर एहसास कर पाओगे। मेरी निरंतर अनुभूति होने पर तुम्हारा छोटा-सा जीवन प्रवाह सह-अस्तित्व की सतत धारा में मिल जाएगा।

तुम खुद को श्रेष्ठ या हीन प्राणी मान लेते हो, जिसके कारण तुम्हारे भीतर प्राकृतिक प्रकोप का डर या प्रकृति की कृपा का लालच पैदा हो जाता है। तुम्हारा यह डर और लालच तभी खत्म होगा, जब तुम खुद को एक सहज जीव मानना शुरू कर दोगे। एक सहज जीव बनते ही तुम प्रकृति की सहज व्यवस्था में अंशभागी बन जाओगे। तब तुम्हें किसी भी कुदरती संसाधन पर अपना हक जमाने की जरूरत नहीं पड़ेगी, क्योंकि तब तुम्हारा जीवन-चक्र किसी प्रकार के स्वामित्व या दासता पर नहीं, बल्कि सह-अस्तित्व पर निर्भर होगा। कुदरत इनसान के रूप में तुम्हारे वजूद

को मिटाने की कोई मंशा नहीं रखती है। प्रकृति तुम्हारे इनसानी वजूद की बजाय तुम्हारे ईश्वरीय वजूद से सरोकार रखती है। वह तुम्हें एक व्यक्ति या एक प्रजाति के रूप में नहीं देखती है। वह तो तुम्हें स्वायत्त सूक्ष्मजीवों और पदार्थों के साहचर्य-समायोजन से बनी एक सहज प्रणाली के रूप में देखती है। इस सहज प्रणाली का प्रत्येक सूक्ष्म जीव और घटक स्वतंत्र रूप से कुदरत के साथ सहज लेन-देन करता है। इस सहज लेन-देन को जारी रखने तथा तुम्हारी शारीरिक प्रणाली की सहज जरूरतों को समन्वित करने के लिए तुम्हारे एकल दिमाग का विकास हुआ था। इस एकल दिमाग को तुम्हारी शारीरिक प्रणाली का निर्देशन करना था। जैसे-जैसे इस दिमाग की ताकत और क्षमता बढ़ती गई, वैसे-वैसे यह दूसरी इनसानी शारीरिक प्रणालियों के दिमागों के साथ अपने संपर्क को बढ़ाता चला गया। बहुत सारे एकल दिमागों ने मिलकर कई स्वतंत्र दिमागी-तंत्र स्थापित कर लिये। इन दिमागी-तंत्रों ने ही तुम्हें एक सहज जीव-प्रणाली से एक इनसानी इकाई में बदल दिया। दिमागी-तंत्रों ने अपने शक्तिशाली निर्देशन में इनसानी इकाइयों को धीरे-धीरे पारिवारिक, सामाजिक, धार्मिक, जातीय, राजनीतिक, सांस्कृतिक, आर्थिक और क्षेत्रीय इकाई समूहों में रूपांतरित कर दिया।

एक सहज जीव के रूप में तुम्हारी शारीरिक प्रणाली के साथ कुदरत का सहज लेन-देन आज भी कायम है, पर दिमागी-तंत्र तुम्हारे एकल दिमाग को प्रकृति के साथ तुम्हारे सहज संबंध की अनुभूति नहीं करने देते हैं। यदि तुम्हें कुदरत के साथ अपने सहज-संबंध का एहसास हो गया तो तुम्हें अपनी सहज प्रणाली में मौजूद सूक्ष्म जीव-पदार्थों की स्वायत्त और सहज गतिविधियों का बोध हो जाएगा। ऐसा बोध हासिल करते ही दिमागी-तंत्रों द्वारा निर्मित इनसानी वजूद का भ्रमजाल टूटकर बिखर जाएगा। दिमागी-तंत्र तुम्हारे हाथों कुदरत का अँधाधुंध दोहन करवाकर खुद को शक्तिपोषित करते हैं। ये तुम्हारी खुद की शारीरिक प्रणाली का शोषण करके तुम्हें ऐसे रास्तों पर भटका देते हैं, जहाँ तुम मेरे और कुदरत के ही नहीं, अपनी खुद की शारीरिक-प्रणाली के भी अनैच्छिक शत्रु बन जाते हो।

सारे जीव-पदार्थ, चाहे वे तुम्हारी सहज प्रणाली के घटक हों या प्रकृति के, मेरी सहज व्यवस्था में स्वायत्तता के साथ भागीदारी करते हैं। दिमागी-तंत्र तुम्हारे एकल दिमागों को मोहरा बनाकर उनकी इस स्वायत्तता को छीनने का प्रयास

करते हैं, ताकि उन जीव-पदार्थों को खुद के द्वारा निर्मित कृत्रिम व्यवस्थाओं का हिस्सा बना सकें। दिमागी-तंत्रों की इन कोशिशों के बाद भी ये जीव-पदार्थ तुम्हारी कृत्रिम व्यवस्थाओं की अधीनता को स्वीकार नहीं करते हैं। ये सारे जीव-पदार्थ अपने कृत्रिम संशोधन और दोहन के बावजूद मेरे, तुम्हारे और प्रकृति के बीच रूपांतरित होते रहते हैं। अपनी असफल कोशिशों के औचित्य को साबित करने के लिए दिमागी-तंत्र तुम इनसानों को जीवन की चाह और मृत्यु के डर का हवाला देकर भ्रमित बनाए रखते हैं। इसी भ्रम के कारण तुम अपनी शारीरिक प्रणाली और कुदरत की सहज व्यवस्था के बीच निरंतर चलनेवाले जीव-पदार्थों के रूपांतरण की सहज प्रक्रिया का एहसास नहीं कर पाते हो। तुम अपने जीवन की समाप्ति के डर के साथ-साथ कुदरत के विनाश की आशंका से भी घिरे रहते हो। एक सहज जीव के रूप में प्रकृति और मेरी सहज व्यवस्था का भागीदार बनने के लिए तुम्हें दिमागी-तंत्रों के भ्रमजाल से निकलना होगा। तुम्हें अपने एकल दिमागों का संपर्क दिमागी-तंत्रों से तोड़ना होगा। इस संपर्क के टूटने के बाद तुम्हारे एकल दिमाग का कार्यक्षेत्र तुम्हारी शारीरिक प्रणाली के निर्देशन पर ही केंद्रित हो जाएगा। ऐसा करते ही तुम्हारी शारीरिक प्रणाली मेरे और कुदरत के साथ सहज रूप से एकाकार हो जाएगी। ऐसा करने के लिए तुम्हें सबसे पहले दिमागी-तंत्रों द्वारा बनाए गए समूहों, श्रेणियों और वर्गों के घेरे से बाहर आना है। एक स्वायत्त जीव के रूप में अपनी पहचान को वापस लाते ही तुम्हें अपनी सहज शारीरिक प्रणाली का एहसास होने लगेगा। इनसानों के साथ-साथ बाकी जीव-पदार्थों का वर्गीकरण, श्रेणीकरण, समूहीकरण दिमागी-तंत्रों की शक्ति का आधार है। जब यह आधार ही टूटकर बिखर जाएगा, तब दिमागी-तंत्र अपने आप ही एकल दिमागों की स्वायत्तता को स्वीकार करते हुए विखंडित हो जाएँगे। दिमागी-तंत्रों के विखंडन के बाद तुम में से प्रत्येक इनसान का एकल दिमाग स्वतंत्र होकर प्रकृति और मुझे अपने सहज स्वरूप में अनुभूत करते हुए देख-समझ रहा होगा।

अब तक तुमने कुदरत और बाकी जीव पदार्थों को दिमागी-तंत्रों की नजर से ही देखा है, पर जब तुम्हारे एकल दिमाग मेरे और प्रकृति के साथ एकीकृत हो जाएँगे, तब तुम्हें एक सकल दिमाग यानी ईश्वरीय दिमाग भी हासिल हो जाएगा। इस सकल या ईश्वरीय दिमाग के द्वारा तुम सब को सब की दृष्टि से देखने की सहज क्षमता प्राप्त कर लोगे। इस सहज क्षमता को पाने के बाद आधिपत्य, सत्ता,

शक्ति, विकास, प्रगति और श्रेष्ठता की उपलब्धि के लिए तुम्हें किसी अंधी दौड़ में भाग लेने के लिए मजबूर नहीं होना पड़ेगा। तब तुम कुदरत के जीव पदार्थों के साथ एक ऐसी निरंतर दौड़ में सहभागी बन जाओगे, जिसमें हर कोई सिर्फ दौड़ने के लिए ही दौड़ रहा होगा, हारने या जीतने के लिए नहीं। मेरी सहज व्यवस्था के घेरे में चलनेवाली इस दौड़ में भागीदारों की संख्या इतनी होती है कि पूरा घेरा ही दौड़नेवालों से भरा होता है। ऐसे में किसी भागीदार को दूसरों से आगे या पीछे होने का आभास ही नहीं होता है। इसी अवस्था में तुम्हें जीवों की गति के साथ, पदार्थ कणों की गति के साथ, पृथ्वी की गति के साथ, ध्वनि की गति के साथ, प्रकाश की गति के साथ, ग्रहों और तारों की गति के साथ चलने का एहसास होगा। इसी एहसास के साथ तुम्हारा जीवन इन असंख्य गतियों के बीच एक सहज स्थिरता को प्राप्त कर लेगा।

अनेक गतियों के बीच इस सहज स्थायित्व को पाने के बाद ही तुम अपनी गतिविधियों का तालमेल कुदरत की हलचलों के साथ कर पाओगे। तब तुम्हें प्रकृति को बचाने या नष्ट करने के सवालों से नहीं जूझना पड़ेगा। यह सहज स्थिरता ही तुम्हारी सहज गति बन जाएगी, जिसे पाने के बाद तुम्हें कोई भी दूरी नापने के लिए कृत्रिम साधनों पर निर्भर नहीं रहना पड़ेगा। दिमागी-तंत्रों ने तुम्हें एक ऐसी कृत्रिम दुनिया में कैद करके रखा है, जिसमें कदम-कदम पर छोटे-बड़े अनेक कोटर मौजूद हैं। स्वतंत्र इनसानी वजूद और आधिपत्य का भ्रम तुम्हें इन कोटरों से बाहर नहीं निकलने देता है। कुदरत के दोहन से तुम अपना वैचारिक और भौतिक साजो-सामान इकट्ठा करते हो, जिसका इस्तेमाल दिमागी-तंत्र अपनी कृत्रिम व्यवस्थाओं को सजाने-संवारने में करते हैं। दिमागी-तंत्रों की आभासी जंजीरों में बँधा तुम्हारा एकल दिमाग इतना भी नहीं समझ पाता है कि तुम्हारी कृत्रिम दुनिया और उसके अनगिनत कोटरों की सजावट में इस्तेमाल होनेवाले भौतिक-वैचारिक संसाधन तुम्हारी कृत्रिम दुनिया का हिस्सा बनकर भी मेरे और कुदरत के साथ अपना सहज संबंध निभाना नहीं छोड़ते हैं। प्रकृति के सहज अभिकर्ता के रूप में ये संसाधन तुम्हें उन प्रतिफलों को भोगने के लिए मजबूर करते रहते हैं, जो तुम्हारी इनसानी गतिविधियों के कारण संचित होते हैं। तुम कभी मेरे नाम पर प्रकृति का दोहन करते हो, कभी कुदरत के नाम पर मेरा इस्तेमाल करते हो, तो कभी अपनी कृत्रिम व्यवस्थाओं के नाम पर मेरी और प्रकृति की सहज व्यवस्था का प्रबंधन करने

लगते हो। दिमागी-तंत्र तुम्हें कभी-भी एक सहज जीव की भूमिका को पहचानने, स्वीकारने और निभाने के लिए तैयार नहीं होने देते हैं। जब तुम्हारे एकल दिमागों द्वारा दिमागी-तंत्रों से अपना आभासी संपर्क तोड़ लिया जाएगा तो दिमागी-तंत्रों से जुड़ी तुम्हारी तमाम पहचानें स्वत: मिट जाएँगी। इसके बाद तुम सहज जीव के रूप में अपनी भूमिका को पहचानकर सहज रूप से निभाना शुरू कर दोगे। तभी तुम अपनी कृत्रिम दुनिया के कोटरों की कैद से हमेशा के लिए आजाद हो पाओगे। तुम्हारे बीच मौजूद सारे भौतिक-वैचारिक संसाधन तब मेरे और कुदरत के साथ-साथ तुम्हारे भी सहज संबंधी बन जाएँगे।

मेरे और प्रकृति के साथ इस सहज संबंध में बँधकर ही तुम प्रत्येक जीव और पदार्थ के साथ सह-अस्तित्व की अनुभूति कर पाओगे। इस सह-अस्तित्व में ही तुम्हारी स्वायत्तता का स्वत: संरक्षण होगा। यह स्वायत्तता तुम्हारी उस स्वतंत्रता से भिन्न होगी, जिसे तुम इनसानी ताकत के बल पर हासिल करने का दावा करते रहे हो। इनसानी कौशल और क्षमता के द्वारा अर्जित की गई इस आजादी का खोखलापन उस समय उजागर हो जाता है, जब तुम्हें उन जीव-पदार्थों की गुलामी स्वीकार करने के लिए विवश होना पड़ता है, जिनका दोहन और रूपांतरण खुद तुम्हारे हाथों ही किया गया था। इस विवशता और लाचारी भरे माहौल से तुम हमेशा के लिए तभी बाहर आ सकते हो, जब तुम एक सहज जीव के रूप में अपने वजूद और स्वायत्तता का निरंतर एहसास करने लगो। तुम्हें प्रकृति और अन्य जीव-पदार्थों के साथ सह-अस्तित्व और सह-संबंध को बिना किसी शर्त के स्वीकार करना होगा। तभी प्रकृति एक माध्यम बनकर तुम्हें मेरे अस्तित्व की अनुभूति तक पहुँचाने के लिए उत्साहित और तत्पर होगी।

□

3

मैं और तुम्हारी नैतिकता

नैतिकता एक ऐसा आधार स्तंभ है, जिस पर धर्म, समाज, राज्य, अर्थव्यवस्था और सभ्यता जैसे दिमागी-तंत्र अपना-अपना औचित्य टिकाने का प्रयास करते हैं। दिमागी-तंत्रों ने नैतिकता के रूप में तुम इनसानों के हाथों में एक सहूलियत भरा पैमाना थमा दिया है। इस पैमाने के द्वारा तुम अपनी श्रेष्ठता को बाकी के जीव-पदार्थों की तुलना में मनचाहे ढंग से माप सकते हो। दिमागी-तंत्र नैतिकता को मेरे साथ बाँधने की कोशिश करते हैं, ताकि तुम इनसान आसानी से इसका पालन करते रहो। नैतिकता को तुम्हारे आदर्शों और आकांक्षाओं का स्रोत बना दिया गया है। तुम सभी इनसानों के लिए नैतिकता एक थोपा हुआ काल्पनिक लक्ष्य है, जिसे पाने के लिए हर इनसान को न चाहते हुए भी अपने चारों ओर अनैतिकता की काल्पनिक दीवार खड़ी करनी पड़ती है। इस काल्पनिक दीवार को फाँदकर नैतिकता के काल्पनिक लक्ष्य को पाने की संतुष्टि तुम्हें मानवीय जीवन की सार्थकता का क्षणिक एहसास देती है, पर यही क्षणिक एहसास तुम्हें मेरी सहज और निरंतर अनुभूति से दूर करता जाता चला जाता है।

दिमागी-तंत्रों ने नैतिकता को तुम्हारे इनसानी व्यक्तित्व के विकास और तुम्हारी मानवीय गरिमा को बनाए रखने का साधन और साध्य, दोनों बना दिया है। मेरे तथा बाकी जीव-पदार्थों के लिए नैतिकता या अनैतिकता का कोई महत्त्व या औचित्य नहीं है। मेरी सहज व्यवस्था में किसी जीव या पदार्थ की कोई भी गतिविधि नैतिक या अनैतिक नहीं होती है। दिमागी-तंत्रों ने तुम्हारी हरेक इनसानी गतिविधि को नैतिकता और अनैतिकता के परस्पर विरोधी खाँचों में रख दिया है। तुम इनसानों से जुड़ी प्रत्येक चीज, प्रत्येक गतिविधि और प्रत्येक विचार को नैतिकता के दायरे में

बंद करने का प्रयास किया जाता है। इनसानी श्रेष्ठता और विशिष्टता के भ्रमजाल में डूबकर तुम इन प्रयासों का हिस्सा बन जाते हो। जब तुम्हारे इन प्रयासों का सहज प्रतिफल सामने आता है, तो तुम्हारे चारों ओर अनैतिकता का एक घेरा भी बनता चला जाता है। तुम्हारी सभी चीजें, गतिविधियाँ और विचार धीरे-धीरे नैतिकता के दायरे को तोड़कर अनैतिकता के घेरे में जाकर इकट्ठा होने लगते हैं। तुम्हारे तमाम नियमों, कानूनों, मर्यादाओं, नीतिगत आचारों और निषेधों के बावजूद नैतिकता से अनैतिकता की ओर होनेवाला यह विस्थापन लगातार जारी रहता है। अचरज की बात यह है कि इस विस्थापन के लिए दिमागी-तंत्र खुद की बजाय तुम्हारी कमजोरियों को ही जिम्मेदार ठहराते हैं।

दिमागी-तंत्र नैतिकता को इनसानी सभ्यता का ताज बताकर तुम्हारे सिर पर रख देते हैं, लेकिन यह एक भारी बोझ बनकर तुम्हारे ऊपर लदी रहती है। तुम्हें या तो इस बोझ को सहन करने के लिए अपने जीवन की सहजता का त्याग करना पड़ता है या फिर इसे सिर से हटाने के लिए अनैतिकता की लाठी का सहारा लेना पड़ता है। अलग-अलग दिमागी-तंत्रों की ताकत, आधिपत्य, सत्ता, उद्देश्यों और जरूरतों से जुड़ी धारणाओं के अनुसार नैतिकता अपना रूप बदलती रहती है। एक इनसान के लिए जो कार्य नैतिक होता है, वही कार्य किसी दूसरे इनसान के लिए अनैतिक या किसी तीसरे इनसान के लिए एक सामान्य गतिविधि हो सकता है। दिमागी-तंत्र एक आदर्श साध्य के रूप में नैतिकता को तुम्हारे सामने पेश करते हैं। एक ऐसा साध्य, जो तुम्हारे लिए हमेशा असाध्य बना रहता है। दिमागी-तंत्र आत्मा की आवाज, अंत:करण की प्रेरणा और अंतर्मन की पुकार के रूप में नैतिकता को तुम्हारे इनसानी वजूद और पहचान के साथ मजबूती से जोड़ देते हैं। इसी कारण तुम एक साध्य के रूप में इसे हासिल करने की कोई संभावना न होने के बावजूद नैतिकता के आदर्श का मोह नहीं त्याग पाते हो।

धीरे-धीरे साध्य के रूप में पेश की गई नैतिकता किसी जीव-पदार्थ या विचार को सही-गलत और अच्छा-बुरा साबित करने का साधन बन जाती है। तुम्हारे जीवित और अजीवित, दोनों रूपों में नैतिकता तुम्हारे मूल्यांकन का आधार बनी रहती है।

दिमागी-तंत्र तुम इनसानों के भीतर एक विवेकशील और सर्वश्रेष्ठ प्रजाति होने का दंभ कूट-कूटकर भर देते हैं। इसी दंभ के नशे में तुम अपना जीवन दिमागी-तंत्रों

के अस्तित्व की जरूरतों को पूरा करने में ही खपा देते हो। नैतिक रूप से सही या गलत का निर्धारण किए बिना तुम खुद को विवेकशील साबित नहीं कर सकते। खुद को विवेकशील साबित किए बिना तुम बाकी जीव प्रजातियों से श्रेष्ठ होने का दावा नहीं कर सकते हो। इसीलिए नैतिक मूल्यों का निर्धारण और पालन करना मानवीय श्रेष्ठता की पूर्व शर्त के रूप में तुम्हारे लिए बाध्यकारी बन जाता है। इस पूर्व शर्त के रूप में तुम्हें कभी सही को गलत ठहराना पड़ता है तो कभी गलत को सही सिद्ध करना पड़ता है। इस द्वंद्व के कारण तुम नैतिकता और अनैतिकता के बीच की खोखली लड़ाई में उलझ जाते हो। इस लड़ाई का खोखलापन इस तथ्य से ही स्पष्ट हो जाता है कि तुम्हारे जिन नैतिक मूल्यों को दिमागी-तंत्र सर्वमान्य और सार्वभौमिक करार देते हैं, उन नैतिक मूल्यों का अनुपालन तुम्हारी कुल आबादी का एक प्रतिशत हिस्सा भी नहीं कर पाता है। सत्य बोलना तुम इनसानों के लिए एक सर्वमान्य नैतिक मूल्य है, लेकिन तुम्हारे बीच एक प्रतिशत इनसान भी ऐसे नहीं हैं, जो हमेशा सत्य बोलते हैं। झूठ बोलना एक अनैतिक मूल्य है, लेकिन 99 प्रतिशत इनसानों को कभी-न-कभी झूठ बोलना ही पड़ता है। फिर भी सत्य एक आदर्श के रूप में तुम्हें आकर्षित करता रहता है, जबकि तुम्हारे जीवन की जरूरतें झूठ के द्वारा पूरी होती हैं। सत्य के प्रति तुम्हारा आकर्षण केवल इसलिए है कि दिमागी-तंत्रों ने इसे एक अद्वितीय इनसानी खूबी के रूप में स्थापित कर दिया है। इस खूबी के आधार पर इनसानों को बाकी जीव पदार्थों से अलग और श्रेष्ठ साबित किया जा सकता है। सत्य की इस खूबी पर अपना इकलौता हक जताने की कोशिशों ने तुम्हारी दुनिया में झूठ के अनगिनत रास्ते तैयार कर दिए हैं। जिस नैतिक मूल्य को तुम अपने एक फीसदी हिस्से पर लागू नहीं कर पाते हो, उसी नैतिक मूल्य को तुम अपनी विशिष्ट खूबी के रूप में बाकी जीव प्रजातियों और पदार्थों पर लादने की कोशिश करते हो। सत्य के इसी नैतिक मूल्य के आधार पर तुम खुद को बाकी सबसे बेहतर और काबिल साबित करना चाहते हो। तुम्हारी इस नादानी और बचकानेपन को सारी कायनात बड़े अचरज के साथ देखती रहती है।

मेरी सहज व्यवस्था में तुम इनसानों के साथ-साथ सभी जीव-पदार्थों का मात्र एक सहज कर्म होता है। तुम्हें नैतिकता से ज्यादा लगाव है, इसलिए तुम इस एकमात्र सहज कर्म को एकमात्र नैतिक मूल्य या नैतिक दायित्व कह सकते हो। तुम इनसानों समेत सभी जीव-पदार्थों का एकमात्र नैतिक मूल्य यह है कि अपने जीवन

की बुनियादी जरूरतों को पूरा करने के लिए कुदरत के साथ सहज लेन-देन की गतिविधियाँ संचालित करना और उन गतिविधियों के सहज प्रतिफलों को सहज रूप से स्वीकार कर लेना। मेरी सहज व्यवस्था के इस एकमात्र नैतिक मूल्य को तुम्हारे दिमागी-तंत्रों ने दरकिनार कर दिया। तुम्हारे लिए इस सहज मूल्य का पालन करना असंभव बना दिया गया। तुम्हारी कृत्रिम व्यवस्थाओं और इनसानी सभ्यताओं की नींव भले ही कुछ एकल दिमागों ने रखी हो, लेकिन उनका निरंतर विस्तार दिमागी-तंत्रों को जीवन ऊर्जा देता है। अपने अस्तित्व को कायम रखने के लिए दिमागी-तंत्रों ने तुम्हारी जरूरतों को असीमित बना दिया। इन असीमित जरूरतों को पूरा करने के लिए तुम्हें प्रकृति के साथ अतिरिक्त लेन-देन करने और अपनी गतिविधियों का अँधाधुंध विस्तार करने के लिए लगातार उकसाते रहना जरूरी था। तुम्हारे माध्यम से बाकी जीव-पदार्थों के मनमाने दोहन और शोषण को जायज ठहराने के लिए दिमागी-तंत्रों ने मेरी सहज व्यवस्था के एकमात्र और अंतिम सहज मूल्य को तुम्हारे लिए अव्यावहारिक और अनुपयोगी साबित कर दिया। इसके बदले में दिमागी-तंत्रों ने तुम्हारे लिए कई सारे नैतिक मूल्य और सिद्धांत तय कर दिए। इन नैतिक मूल्यों और सिद्धांतों के अनुपालन पर टिकी नैतिकता और उनके उल्लंघन से पैदा होनेवाली अनैतिकता, दोनों ही तुम इनसानों को मेरी सहज व्यवस्था के एकमात्र नैतिक मूल्य से विमुख कर देती है। दिमागी-तंत्रों द्वारा थोपे गए नैतिक मूल्यों को तुम उस पेशेगत ईमानदारी की तरह अपना लेते हो, जो तुम्हारी दुनिया के कुछ लुटेरे इनसानों द्वारा लूट के माल को बाँटने और अपने गिराहों को संगठित बनाए रखने के लिए अपनाई जाती है।

तुम जिन नैतिक मूल्यों को अपने अंत:करण की आवाज मानते हो, वे दिमागी-तंत्रों द्वारा तुम्हारे दिमागों में रोपी गई धारणाओं से पनपते हैं। इसीलिए तुम्हें बार-बार इन्हें एक पीढ़ी से दूसरी पीढ़ी तक या एक इनसान से दूसरे इनसान तक पहुँचाने का काम करना पड़ता है। ये नैतिक मूल्य अपनी कमजोरी और क्षण-भंगुरता के कारण बीच रास्ते में ही बिखरने लगते हैं। तुम्हारी हर इनसानी पीढ़ी इन बिखरे हुए, नैतिक मूल्यों को फिर से समेटने की कवायद करती है। यदि ये नैतिक मूल्य मेरी सहज व्यवस्था का अंग होते तो तुम्हें इनके बिखराव या समेकन का सामना ही नहीं करना पड़ता। मेरा सहज रूपांतरण चक्र सभी जीव-पदार्थों के साथ केवल एक सहज मूल्य ही हस्तांतरित करता है। इसी मूल्य के स्वत: पालन से उस

जीव या पदार्थ का बाकी जीव-पदार्थों और मेरी सहज व्यवस्था के साथ अनुकूलन बना रहता है। तुम्हारे दिमागी-तंत्र दैवीय कानून या कुदरत के कानून का नाम लेकर नैतिकता को इनसानों के लिए अनुकरणीय घोषित कर देते हैं। तुम दिमागी-तंत्रों के द्वारा बनाए गए नैतिक नियमों को मेरा आदेश समझकर मानते रहते हो। धर्म, राज्य, समाज जैसे दिमागी-तंत्र अपने नियमों, कानूनों और आदेशों को कहीं न कहीं और किसी भी तरह ईश्वरीय या दैवीय जामा जरूर पहना देते हैं। आज मैं तुम्हें बताता हूँ कि मेरी सहज व्यवस्था आदेशों पर नहीं, बल्कि सहज रूप से निरंतर हस्तांतरित होनेवाले संदेशों पर टिकी है।

प्रत्येक जीव और पदार्थ इन संदेशों को ग्रहण करने और संप्रेषित करने की सहज वृत्ति रखता है। तुम्हारी शारीरिक प्रणाली भी इन्हीं संदेशों के सहज आदान-प्रदान पर निर्भर है। दिमागी-तंत्र तुम्हारे एकल दिमाग को तुम्हारी शरीर प्रणाली से अलग कर देते हैं। वे तुम्हारी सहज वृत्ति को हाशिए पर डाल देते हैं। सारे दिमागी-तंत्र मेरी सहज व्यवस्था के संदेशों को अपने कूट आदेशों का रूप दे देते हैं। इन कूट आदेशों का अवकूटन करना तुम्हारी छोटी-सी जिंदगी का बड़ा मकसद बन जाता है। मेरे सहज संदेशों को कठोर और जटिल आदेशों में तब्दील करके दिमागी-तंत्र तुमसे उन आदेशों का पालन करवाना चाहते हैं। तुम्हारी सहज वृत्ति इन आदेशों का मूक प्रतिकार करती रहती है, लेकिन दिमागी-तंत्र नैतिकता के माध्यम से तुम्हारी सहज वृत्ति को हमेशा दबाकर रखते हैं। नैतिकता मेरी सहज व्यवस्था के संदेशों का ऐसा उलझनों भरा कूटवाचन है, जो तुम्हारी कृत्रिम व्यवस्थाओं को अनचाहे नियमों, आदेशों और कानूनों से भर देता है। तुम्हारी सहज शरीर प्रणाली इन नियमों, आदेशों और कानूनों को अवांछित मानती है, लेकिन इनसानी पहचान से बँधे होने के कारण तुम एक यंत्र की तरह इनका पालन करते हो।

नैतिकता का पालन करवाने के लिए दिमागी-तंत्र तुम्हें एक यंत्र में बदल तो देते हैं, लेकिन तुम्हारी शरीर प्रणाली इस यांत्रिक दबाव को ज्यादा देर तक नहीं झेल पाती है। सहज शरीर प्रणाली का प्रतिकार या विद्रोह धीरे-धीरे ऐसी गतिविधियों को अंजाम देने लगता है, जिन्हें दिमागी-तंत्र अनैतिक और अपराध की संज्ञा देते हैं। दिमागी-तंत्र तुम्हारी सहज शरीर प्रणाली पर पड़नेवाले यांत्रिक दबाव को हटाने की बजाय उन अनैतिक गतिविधियों को भी तुम्हारी कृत्रिम व्यवस्थाओं का हिस्सा

बना देते हैं। ये दिमागी–तंत्र अपने आपको मजबूत बनाने के लिए अनैतिकता का भी भरपूर इस्तेमाल करने लगते हैं। समाज, धर्म, सभ्यता, राष्ट्र जैसे दिमागी–तंत्रों के बीच या फिर एक दिमागी–तंत्र की अलग–अलग शाखाओं के बीच एक–दूसरे को नैतिक या अनैतिक ठहराने की छद्म लड़ाई लड़ी जाने लगती है। तुम्हारा एकल दिमाग इस छद्म लड़ाई में उलझकर रह जाता है। इस उलझन में यह तुम्हारी शरीर प्रणाली से कटकर रह जाता है। यह तुम्हारे सामने इस सीधी–सी बात को स्पष्ट नहीं होने देता कि तुम्हारी सहज शरीर प्रणाली में नैतिकता और अनैतिकता, दोनों ही समान रूप से निहित हैं। इन दोनों में से किसका सहज अनुपालन तुम कब, क्यों और कैसे करोगे? इसका निर्धारण मेरी सहज व्यवस्था में संचारित सहज संदेशों द्वारा होता है। ये सहज संदेश तुम्हारी, मेरी और कुदरत की सहज व्यवस्थाओं एवं प्रणालियों की जरूरतों को संतुलित रूप से पूरा करने के लिए सारे जीव–पदार्थों के बीच लगातार प्रसारित होते रहते हैं। तुम्हारे दिमागी–तंत्र इन संदेशों को नैतिक और अनैतिक अर्थ दे देते हैं। जब इन अर्थों को अलग–अलग एकल दिमागों में थोप दिया जाता है तो तुम इनसान नैतिक और अनैतिक के परस्पर विरोधी खेमों में बँट जाते हों। मेरी सहज व्यवस्था के संदेशों को समझनेवाले इकलौते श्रेष्ठ जीव होने का दावा करने के लिए इनमें से किसी एक खेमे में जाकर खड़ा होना तुम इनसानों की मजबूरी बन जाती है।

दिमागी–तंत्रों के भ्रमजाल में फँसा तुम्हारा दिमाग अभी तक यही मानता चला आया है कि सभी जीव–पदार्थों में केवल इनसान के पास ही अंत:करण की चेतना होती है। यही अंतस चेतना–इनसानी नैतिकता का स्रोत है। इसी भ्रम के कारण तुम अन्य जीवों और पदार्थों को चेतना शून्य मान लेते हो। दिमागी–तंत्र तुम्हारी दिमागी क्षमता का दोहन करके बाकी जीव–पदार्थों को मनचाही भाव–अभिव्यक्ति देने लगते हैं। बाकी जीव–पदार्थों के इस मनचाहे भाव–विश्लेषण द्वारा यह एकतरफा निष्कर्ष निकाल लिया जाता है कि अंत:करण की चेतना से पैदा होनेवाली नैतिकता मानव प्रजाति का विशिष्ट गुण है। इसलिए नैतिक नियमों को बाकी के सभी जीव–पदार्थों पर लागू करना मानव प्रजाति का प्राधिकारयुक्त दायित्व है। तुम दिमागी–तंत्रों के आज्ञाकारी सिपाही बनकर इस मनमाने प्राधिकारयुक्त दायित्व को बड़ी संजीदगी से निभाने लग जाते हो। तुम यह निर्धारित करने लगते हो कि कोई जीव या पदार्थ किस अवस्था में और कहाँ रहेगा, उसकी उपयोगिता और महत्त्व क्या और कितना है,

कुदरत में उसकी क्या भूमिका होनी चाहिए, प्रकृति की व्यवस्था में उसकी संख्या और मात्रा कितनी होनी चाहिए तथा नैतिकता के आदर्श को फलीभूत करने में उसे कैसा और कितना योगदान देना चाहिए? अपने नैतिक दायित्व को निभाते हुए तुम जीव-पदार्थों का मनमाफिक विश्लेषण और परीक्षण करते हो। इसी विश्लेषण-परीक्षण के आधार पर उन जीव-पदार्थों के बारे में एकपक्षीय मान्यताएँ विकसित कर लेते हो। दिमागी-तंत्र तुम्हारी इन मान्यताओं की पुष्टि करने में जरा-सी भी देर नहीं लगाते हैं। तुम्हारे इस सारे प्रपंच को मैं, प्रकृति और बाकी सारे जीव-पदार्थ चुपचाप देखते रहते हैं, क्योंकि हम सभी को यह मालूम होता है कि नैतिकता के आदर्श तक पहुँचते-पहुँचते तुम खुद ही बार-बार अनैतिकता का निवाला बन जाते हो।

दिमागी-तंत्रों की मदद से बनाई गई तुम्हारी कृत्रिम व्यवस्था में किसी विचार या गतिविधि को ताकत या बहुमत के आधार पर मान्य ठहराया जाता है। ताकत के आधार पर हासिल की गई मान्यता को अनैतिक तथा बहुमत के आधार पर हासिल की जानेवाली मान्यता को नैतिक समझा जाता है। जब तुम अपनी ताकत और क्षमता के बल पर अपनी मान्यताओं को दूसरे जीव-पदार्थों के ऊपर लादते हो, तब तुम अपनी कृत्रिम व्यवस्था के मानदंडों पर ही अनैतिक साबित हो जाते हो। दूसरी ओर जब तुम मात्र एक प्रजाति के रूप में असंख्य प्रजातियों पर अपनी एकपक्षीय मान्यताएँ लागू करने की कोशिश करते हो, तब तुम बहुमत की कसौटी पर भी पूरी तरह से अनैतिक सिद्ध हो जाते हो। तुम्हारे अनगिनत सिद्धांत, आदर्श, विचारधाराएँ, मान्यताएँ, धारणाएँ, नियम, प्रतिबद्धताएँ, नीतियाँ, कानून और शिष्टाचार भी तुम इनसानों को अनैतिक बनने से नहीं रोक पाते हैं। इसकी वजह यह है कि दिमागी-तंत्र तुम्हारी शरीर प्रणाली में मौजूद नैतिकता और अनैतिकता के सहज संतुलन को बिगाड़ देते हैं। इस बिगड़े हुए संतुलन के कारण तुम्हें अच्छे और बुरे इनसानों के रूप में विभाजित होना पड़ता है। नैतिकता और अनैतिकता का अपना खुद का कोई अस्तित्व नहीं होता, बल्कि दिमागी-तंत्र इन्हें कृत्रिम वजूद दे देते हैं। यदि नैतिकता और अनैतिकता सहज रूप से अस्तित्व में होती तो सारे जीव-पदार्थों द्वारा इन्हें सहज रूप से स्वीकार कर लिया गया होता, लेकिन अपने कृत्रिम वजूद के कारण नैतिकता या अनैतिकता केवल तुम इनसानों पर ही लागू होती है। दिमागी-तंत्रों से जुड़ा तुम्हारा दिमाग नैतिकता या अनैतिकता को तुम्हारी सहज शरीर प्रणाली

पर जबरदस्ती थोपने की कोशिश करता रहता है। दिमागी-तंत्र तुम्हें सबसे श्रेष्ठ, ताकतवर और सभ्य प्रजाति के रूप में पेश करने के लिए तुम इनसानों को कभी नैतिकता का सफेद लबादा ओढ़ने के लिए प्रोत्साहित करते हैं तो कभी अनैतिकता का काला चोगा पहनने के लिए मजबूर कर देते हैं।

तुमने एक श्रेष्ठ और सभ्य प्रजाति के रूप में अपना जीवन जीने के लिए कई तरह के दिमागी-तंत्रों को विकसित किया था, लेकिन दिमागी-तंत्रों ने तुम्हारे लिए जीवन जीने के अलग-अलग तरीके ईजाद कर दिए। इन तरीकों को कारगर बनाने के लिए दिमागी-तंत्रों ने तुम इनसानों के हाथों से ही अनगिनत सिद्धांतों, प्रक्रियाओं और प्रणालियों को पैदा करवाया।

धीरे-धीरे तुम्हारे पास ऐसे सिद्धांतों, प्रक्रियाओं और प्रणालियों का विशाल भंडार जमा हो गया। अब तुम इस भंडार में से अपनी इच्छा, सुविधा और जरूरत के मुताबिक कोई भी सिद्धांत, प्रक्रिया या प्रणाली को चुनने के लिए आजाद थे। जब कोई इनसान या इनसानी समूह इस भंडार में से अपने लिए किसी एक सिद्धांत या प्रणाली को चुन लेता है, तो उसी वक्त कोई दूसरा इनसान या इनसानी समूह अपने लिए किसी दूसरे सिद्धांत या प्रणाली का चुनाव कर रहा होता है। समय के बहाव में अलग-अलग इनसानों या इनसानी समूहों द्वारा चुने गए अलग-अलग सिद्धांत या प्रणालियां एक-दूसरे की विरोधाभासी हो जाती हैं। इसी विरोधाभास के कारण तुम इनसान एक-दूसरे के सिद्धांतों, प्रणालियों और प्रक्रियाओं को नैतिक या अनैतिक साबित करने की होड़ में शामिल हो जाते हो। इस होड़ में शामिल प्रत्येक इनसान जीवन जीने के अपने तरीके को ही नैतिक सिद्ध करना चाहता है। इस कोशिश में एक ओर वह अपनी कुछ गतिविधियों का हद से ज्यादा विस्तार करने लगता है, वहीं दूसरी ओर कुछ गतिविधियों का परित्याग या निषेध कर देता है। गतिविधियों के इस असंतुलित विभाजन से नैतिकता और अनैतिकता के बीच की खाई और अधिक चौड़ी होती जाती है। इसका नतीजा यह होता है कि तुम इनसानों की कृत्रिम दुनिया अनेक स्तरों पर चलनेवाले अच्छाई और बुराई के संघर्ष का अखाड़ा बन जाती है।

संघर्ष के इस अखाड़े में कूदना हर इनसान के लिए अहम और जरूरी हो जाता है, पर किसी इनसान को पक्के तौर पर यह पता नहीं होता कि नैतिकता और अनैतिकता के बीच का मूल अंतर क्या है। इस अंतर को जाने-समझे बगैर ही तुम

इनसानों के बीच से अच्छाई और बुराई की ओर से लड़नेवाले योद्धाओं की फौज तैयार हो जाती है। तुम्हारे कार्य, उद्देश्य, लक्ष्य, सरोकार और परिणाम भी अच्छे-बुरे या नैतिक-अनैतिक में बँट जाते हैं। नैतिकता और अनैतिकता के बीच का संघर्ष और विभेद तुम्हारे सहजजीवी रूप को हाशिए पर खड़ा कर देता है। इसकी वजह से तुम्हारी सहज चेतना को कृत्रिम मानवीय चेतनाओं के सामने मूक और बेबस होना पड़ता है। सहज चेतना की इस मूकता और बेबसी का प्रतिफल तुम्हें और तुम्हारे दिमागी-तंत्रों को भुगतना होता है। तुम्हारे द्वारा दुत्कारी गयी सहज चेतना जब कुदरत के साथ मिलकर मुखर होती है, तब तुम्हारे साथ-साथ तुम्हारे समाज, राष्ट्र, धर्म, अर्थव्यवस्था और सभ्यता, सब के सब मूक-लाचार और अपंग हो जाते हैं। दिमागी-तंत्र अपनी अमूर्तता के कारण इस प्रतिफल को सहन कर जाते हैं, लेकिन तुम इनसानों के लिए यह बहुत ही तकलीफदेह साबित होता है। सहज चेतना की चुप्पी और दमन का एक दूसरा प्रतिफल भी पैदा होता है, जिसकी वजह से तुम्हारी कृत्रिम मानवीय चेतना इतनी अनियंत्रित हो जाती है कि हरेक इनसान नैतिकता और अनैतिकता की अपनी खुद की परिभाषाएँ गढ़ने लगता है। ये अनगिनत परिभाषाएँ तुम्हारी कृत्रिम मानवीय चेतना को कभी-भी एकीकृत नहीं होने देती हैं। इसीलिए तुम एक इनसान के रूप में ईश्वरीय चेतना के साथ एकाकार नहीं हो पाते हो। एक सहज जीव के रूप में तुम्हारी सहज चेतना अखंडित और एकीकृत होती है, इसलिए एक सहज जीव के रूप में तुम्हारा मेरे साथ एकीकरण हमेशा कायम रहता है। इसी एकीकरण की वजह से तुम्हारी तमाम नादानियों के बावजूद तुम्हारे जीवन चक्र को चलाए रखने में अन्य जीव-पदार्थों का साहचर्यपूर्ण सहयोग निरंतर जारी रहता है।

तुम्हारी सहज चेतना तुम्हारे दिमाग की मौजूदा बनावट को आकार मिलने से पहले ही मुखर और सक्रिय रहती है। तुम्हारे दिमाग के विकास के बाद जैसे-जैसे दिमागी-तंत्र तुम्हारी इनसानी पहचान को मजबूती देते हैं, वैसे-वैसे तुम्हारी सहज चेतना धूमिल होती चली जाती है। जब तक तुम सहज चेतना के प्रभाव में रहते हो, तब तक नैतिकता या अनैतिकता का कोई सवाल तुम्हारे सामने पैदा नहीं होता है। कृत्रिम मानवीय चेतना के प्रभाव क्षेत्र में घुसने के बाद से ही नैतिकता या अनैतिकता से जुड़े बहुत सारे काल्पनिक सवाल तुम्हारे सामने आकर खड़े हो जाते हैं। इन सवालों को हल करने के लिए तुम्हें हजारों काल्पनिक उत्तर खोजने पड़ते हैं। काल्पनिक सवालों-जबावों की यह रस्साकशी लगातार चलती रहती है।

धीरे-धीरे यह काल्पनिकता तुम्हारे जीवन की वास्तविकता में बदलने लगती है, जबकि जीवन की सहजता तुम्हारे लिए काल्पनिक बन जाती है। इसके बाद मैं भी तुम्हारी अनुभूति का नहीं, बल्कि तुम्हारी कल्पना का एक हिस्सा बनकर रह जाता हूँ।

तुम्हारे बचपन में तुम्हारी गतिविधियाँ सहज चेतना से प्रेरित होती हैं। इस समय तुम्हारे लिए न तो किसी की जान लेना अनैतिक होता है और न ही किसी की जान बचाना नैतिक होता है, फिर भी तुम बचपन की अवस्था में किसी की जान लेने या किसी की जान बचाने की कोशिश नहीं करते हो। दूसरी तरफ जब तुम एक परिपक्व इनसानी पहचान के साथ जुड़ जाते हो, तब तुम मानवीय चेतना से ओत-प्रोत हो जाते हो। मानवीय चेतना के प्रभाव में आते ही किसी की हत्या करना तुम्हारे लिए पाप या अनैतिक कृत्य बन जाता है, जबकि किसी की जान बचाना तुम्हारा नैतिक दायित्व या पुण्य कर्म बन जाता है, पर यही मानवीय चेतना तुम्हें दो बिल्कुल विपरीत अवस्थाओं में पहुँचा देती है। एक अवस्था में तुम्हारे पास इतनी दया और करुणा होती है कि तुम अपना जीवन दाँव पर लगाकर भी किसी और का जीवन बचाने का जज्बा दिखाते हो। दूसरी अवस्था वह होती है, जिसमें तुम्हारे पास इतनी नफरत और क्रूरता होती है कि तुम बेझिझक किसी की हत्या कर देते हो। दिमागी-तंत्र इन दोनों विपरीत अवस्थाओं में तुम्हारी गतिविधियों के औचित्य को सिद्ध करने के लिए नैतिकता और अनैतिकता को मोहरा बना लेते हैं। धर्म, समाज, देश, न्याय, मर्यादा, सम्मान की रक्षा के लिए की गई हत्या नैतिक हो जाती है। धन, संपत्ति, स्वार्थ, लालच, वासना और प्रतिशोध के लिए की जानेवाली हत्या अनैतिक बन जाती है। इस तरह से दिमागी-तंत्र एक इनसान द्वारा किसी दूसरे इनसान या किसी दूसरे जीव की हत्या को भी नैतिकता और अनैतिकता के सहारे अलग-अलग रूप और अर्थ दे देते हैं।

नैतिकता और अनैतिकता के माध्यम से दिमागी-तंत्र न सिर्फ तुम्हारे जीवन-चक्र को, बल्कि बाकी जीव-पदार्थों के जीवन-चक्र को भी अपने नियंत्रण क्षेत्र में लाने का प्रयास करते हैं। उनकी यह कोशिश अन्य जीव-पदार्थों में संबंध में तो बेकार जाती है, लेकिन तुम इनसानों के मामले में बहुत हद तक कामयाब हो जाती है। दिमागी-तंत्रों द्वारा तुम्हारे दिमाग में पैदा की गयी आकांक्षाएँ तुम्हें अच्छे-

बुरे या नैतिक-अनैतिक मार्गों पर चलने के लिए प्रेरित अथवा बाध्य कर देती हैं। दिमागी-तंत्र तुम्हें नैतिकता और अनैतिकता के अलग-अलग, किंतु समांतर मार्गों पर आगे धकेलते रहते हैं, लेकिन तुम उनके अंतिम छोर पर कभी नहीं पहुँच पाते हो। नैतिकता और अनैतिकता को नष्ट करने की आकांक्षाएँ भी इन कभी न खत्म होनेवाले मार्गों पर हमेशा अधूरी रह जाती हैं।

दिमागी-तंत्र और उनके द्वारा पैदा की गयी कृत्रिम इनसानी पहचान तुम्हें इस अधूरेपन से मुक्ति दिलाने के लिए बार-बार नैतिकता या अनैतिकता के रास्ते पर खींच लाती है। तुम्हें अच्छे या बुरे इनसान के रूप में जीने के लिए मजबूर कर दिया जाता है। चूँकि दिमागी-तंत्रों द्वारा बनाई गयी कृत्रिम व्यवस्थाओं में सहज चेतना का अभाव होता है, इसलिए नैतिकता और अनैतिकता का विभाजन भी खोखला और बनावटी होता है। यह खोखलापन कई स्थितियों में उजागर हो जाता है। ऐसी एक स्थिति तब सामने आती है, जब इनसानों के दो परिवारों के बीच कोई विवाद पैदा हो जाता है। मान लो कि दोनों परिवारों में चार-चार सदस्य हैं। नैतिकता और समाज के मापदंडों पर प्रत्येक परिवार के दो सदस्य अच्छे और दो सदस्य बुरे माने जाते हैं। जब दोनों परिवारों के बीच कोई विवाद या संघर्ष होता है, तब प्रत्येक परिवार के चारों सदस्य या तो अच्छे साबित हो जाते हैं या चारों ही सदस्य बुरे समझे जाने लगते हैं। अब सदस्यों की नैतिकता-अनैतिकता परिवारों की नैतिकता-अनैतिकता में बदल जाती है। इसी तरह से दो जातियों, दो नस्लों, दो धर्मों, दो समुदायों, दो देशों के बीच की लड़ाई में इनसानों की निजी अच्छाई या बुराई का वजूद कैसे खत्म या धुँधला हो जाता है ? इस गुत्थी को तुम अभी तक नहीं सुलझा पाए हो। तुम नैतिकता या अनैतिकता में से किसी का भी दायरा, स्तर, परिभाषा और प्रासंगिकता आज तक तय नहीं कर पाए हो। इसके बाद भी नैतिक या अनैतिक मूल्यों के प्रति तुम्हारा एकतरफा प्यार तुम्हें जीव जगत का एक मनोरोगी प्राणी साबित कर देता है।

तुम्हारी नैतिकता और अनैतिकता दो इनसानों, दो इनसानी समूहों, दो धर्मों, दो क्षेत्रों, दो देशों या दो राष्ट्रसमूहों के बीच में बँटती चली जाती है। इस विभाजन के हरेक स्तर पर अच्छाई और बुराई के अलग-अलग अर्थ और सरोकार होते हैं। एक इनसान के रूप में जिन मूल्यों को तुम नैतिक मानते हो, उन्हीं मूल्यों को समूह, जाति, धर्म या राष्ट्र का सदस्य होने के नाते तुम्हें अनैतिक मानना पड़ता

है। इसी तरह समूह, जाति, धर्म या राष्ट्र के नैतिक मूल्य एक व्यक्ति के स्तर पर अनैतिक मान्य होने के बावजूद तुम्हारे लिए अनुकरणीय हो जाते हैं। नैतिक और अनैतिक मूल्यों का यह खोखलापन तुम्हारे जीवन में जटिलता और भ्रामकता को कूट-कूटकर भर देता है।

नैतिकता और अनैतिकता के भ्रमजाल से निकलने के लिए तुम्हें एक व्यक्तिगत इकाई के रूप में सहज जीवन की ओर लौटना होगा। तुम्हें किसी दूसरे इनसान या जीव या समूह में नैतिक और अनैतिक मूल्यों की तलाश बंद करनी होगी। तुम्हें तो एक सहज जीव के रूप में अपने भीतर मौजूद नैतिकता और अनैतिकता के सहज संतुलन की पहचान करनी है। तुम्हें नैतिकता और अनैतिकता का विभाजन किन्हीं दो इनसानों, दो समूहों, दो नस्लों, दो धर्मों, दो राष्ट्रों या दो सभ्यताओं के बीच लागू नहीं करना है। तुम्हें तो इस विभाजन को कुछ देर के लिए अपने ऊपर लागू करके देखना है। इस विभाजन को अपने सहजजीवी रूप पर लागू करते ही तुम यह जान लोगे कि तुम्हारे शरीर की कोशिकाओं, ऊतकों, अणुओं, परमाणुओं और जीवाणुओं में नैतिकता या अनैतिकता का अंश कितना है। पहले तो इस अंश या भेद को देख पाना ही तुम्हारे लिए कठिन होगा। दूसरे यदि तुमने इस भेद को पहचान भी लिया तो तुम नैतिकता या अनैतिकता में से केवल किसी एक का चयन नहीं कर पाओगे। नैतिकता या अनैतिकता में से किसी एक को चुनकर तुम्हारे शरीर की प्रणाली सहज रूप से काम नहीं कर पाएगी और तुम्हारे जीवन चक्र का पहिया घूम ही नहीं पाएगा। इस तथ्य को जानते ही तुम्हें नैतिकता और अनैतिकता के काल्पनिक संघर्ष की निरर्थकता और खोखलेपन का एहसास होने लगेगा। इस एहसास के साथ ही तुम्हारे जीवन में अच्छाई और बुराई का सहज संतुलन कायम हो जाएगा। इसके बाद तुम्हें बार-बार अच्छाई या बुराई के पक्ष में लामबंद होने की जरूरत नहीं होगी।

जिस तरह से तुम्हारे शरीर के भीतर सूक्ष्म जीवों और पदार्थों को नैतिकता या अनैतिकता के दायरे में नहीं रखा जा सकता, उसी तरह मेरी सहज व्यवस्था में भी जीव-पदार्थों को नैतिक या अनैतिक नहीं माना जा सकता। यदि तुम्हारी शरीर प्रणाली का अस्तित्व अच्छे और बुरे माने जानेवाले सूक्ष्म जीव-पदार्थों पर टिका है, तो मेरा वजूद भी केवल अच्छे या बुरे में से किसी एक जीव या पदार्थ समूह पर निर्भर नहीं हो सकता। इसलिए जब तुम दिमागी-तंत्रों द्वारा बनाई गई

कृत्रिम व्यवस्थाओं को मजबूती देने के लिए नैतिकता या अनैतिकता में से किसी एक के पहरेदार बनकर काम करते हो, तब तुम मेरे वजूद को चोट पहुँचाने की नादान कोशिश कर रहे होते हो। तुम अनैतिकता या नैतिकता के औजार से कृत्रिम व्यवस्थाओं के ढाँचे को मजबूती देने में लगे रहते हो। दिमागी-तंत्र तुम्हें इस बात का आभास तक नहीं होने देते कि यह औजार कृत्रिम व्यवस्थाओं के ढाँचे को सतही तौर पर जितना मजबूत करता है, गहरे तौर पर उनकी नींव को उतना ही खोखला करता चला जाता है। दिमागी-तंत्र तुम इनसानों को बार-बार नए सिरे से इन ढाँचों की मरम्मत के कार्य में लगा देते हैं। अपनी श्रेष्ठता और काबिलियत पर इतरानेवाले तुम इनसान खुद को बाकी के जीव-पदार्थों की नजर में एक अनाड़ी कारीगर साबित कर देते हो।

दिमागी-तंत्रों ने तुम इनसानों को अपने शिकंजे में फँसाए रखने के लिए तुम्हारे ऊपर अनगिनत नैतिक और अनैतिक मूल्य लाद दिए हैं। इन मूल्यों का भार उठाना तुम्हारे लिए असहनीय हो जाता है। इस असहनीय भार को हल्का करने के लिए दिमागी-तंत्र तुम्हें सामूहिक चेतना, सामूहिक आदर्श, सामूहिक लक्ष्य और सामूहिक हित के नाम पर राहत पहुँचाने की कोशिश करते हैं। उनकी ये कोशिश नैतिकता-अनैतिकता, अच्छाई-बुराई, पाप-पुण्य, न्याय-अन्याय, सत्य-असत्य के विभाजन को बड़े पैमाने पर फैला देती है। अपनी कृत्रिम व्यवस्थाओं के साथ इस विभाजन को संतुलित करने के प्रयास में तुम निढाल और बेदम हो जाते हो। पहले लाखों इनसानों के जीवन की कीमत पर अनैतिक मूल्य खुद को स्थापित करते हैं, उसके बाद करोड़ों इनसानों की जिंदगी नैतिक मूल्यों को कायम रखने में खप जाती है। नैतिकता के ढाँचे को जमाने या उखाड़ने के अनवरत संघर्ष में तुम इनसानों का जीवन चाही-अनचाही भेंट चढ़ जाता है। तुम अपनी जिंदगी को मेरी बेशकीमती धरोहर मानते हो, पर जिस तरह से तुम इस धरोहर को बेकार के संघर्षों में लुटा देते हो, उससे तुम्हारे ज्ञान, तुम्हारी आस्था, तुम्हारे विवेक और तुम्हारी क्षमता पर भी सवालिया निशान लग जाता है।

यदि तुम इनसानों ने नैतिकता और अनैतिकता के विभाजन को एक सहज जीव के रूप में अपने आप तक ही सीमित रखा होता, तो नैतिकता और अनैतिकता की बीच की बेमियादी लड़ाई में लाखों-करोड़ों इनसानों का खून नहीं बहा होता।

तुम्हें नैतिकता के आदर्श को पाने के लिए भी अपने जीवन की बलि देनी पड़ती है और अनैतिकता के कारण भी जिंदगी से हाथ धोना पड़ता है। तुम नैतिकता या अनैतिकता में से किसी एक का भी अनुपालन कर लो, तुम्हारा असंतोष और बेचैनी खत्म नहीं हो सकती। नैतिकता के आगोश में जाकर तुम सारी दुनिया को सुधारने के लिए छटपटाते हो। जब तुम अनैतिकता की गोद में जाकर बैठते हो, तब भी तुम सारी दुनिया को अपनी बेलगाम सत्ता के दायरे में लाने के लिए तड़पते रहते हो। दिमागी-तंत्र तुम्हारी इस छटपटाहट और तड़प को बरकरार रखना चाहते हैं, ताकि तुम एक सहज जीव की बजाय एक नैतिक या अनैतिक जीव के रूप में अपनी जिंदगी जीते रहो। जब तक तुम नैतिक या अनैतिक बने रहोगे, तब तक दिमागी-तंत्रों का भ्रमजाल अटूट बना रहेगा। इसी भ्रमजाल के सहारे दिमागी-तंत्र कृत्रिम व्यवस्थाओं के माध्यम से खुद को तुम्हारी जिंदगी का सबसे अहम हिस्सा बनाए हुए है।

नैतिकता और अनैतिकता के संघर्ष से उपजनेवाली बेचैनी और असंतोष केवल तभी खत्म हो सकता है, जब तुम खुद को एक सहज जीव के रूप में स्वीकार कर लो। सहज जीव बनकर तुम नैतिकता या अनैतिकता को केवल खुद के संदर्भ में ही लागू कर पाओगे। बतौर सहज जीव तुम नैतिकता या अनैतिकता का मात्र उतना ही अंश धारण करोगे, जितना कि तुम्हारे सहज जीवन की जरूरतों को पूरा करने के लिए काफी हो। इनसान के रूप में तुम्हारे जीवन की जरूरतों को दिमागी-तंत्रों ने अँधाधुंध बढ़ा दिया है। इसी वजह से तुम जीव-पदार्थों के साथ-साथ विचारों और कल्पनाओं का भी अति से ज्यादा दोहन करने लगते हो। इनसान के तौर पर खुद को सामाजिक, राजनीतिक, धार्मिक, नैतिक, आर्थिक या सभ्य प्राणी मान लेते हो। इनसानी पहचान के साथ तुम नैतिकता या अनैतिकता का संचय और विस्तार इतने बड़े पैमाने पर करने लगते हो कि मेरी सहज व्यवस्था में मौजूद नैतिकता और अनैतिकता का मात्रात्मक संतुलन ही बिगड़ने लगता है। जब तुम एक सहज जीव के रूप में अपने अस्तित्व का अनुभव करना शुरू कर दोगे, तब यह बिगड़ा हुआ मात्रात्मक संतुलन खुद-ब-खुद बनता चला जाएगा। तब इनसान के रूप में तुम्हारे द्वारा इकट्ठा की गई नैतिकता और अनैतिकता की अतिरिक्त मात्रा अपने आप ही सृष्टि के सारे जीव-पदार्थों में बराबर बँट जाएगी। तुम्हारे पास नैतिकता और अनैतिकता का केवल उतना ही अंश बचा रह जाएगा, जो तुम्हारे सहज जीवन की जरूरतों को पूरा करने में काम आ सके। खुद को एक

सहज जीव में बदलने के लिए तुम्हें अच्छाई या बुराई में से कोई एक रास्ता चुनने के लिए मजबूर नहीं होना पड़ेगा। तब तुम अपनी जिंदगी के हरेक रास्ते पर अच्छाई और बुराई को कदम-कदम पर बिखरा हुआ पाओगे।

तुम्हारे वजूद में आने और इनसानी सभ्यता के उभरने से पहले भी अच्छाई और बुराई कदम-कदम पर बिखरी हुई थी। सारे जीव-पदार्थों ने अपने जीवन-चक्र में नैतिकता या अनैतिकता में से किसी को भी कोई अर्थ और महत्त्व नहीं दिया था। तुम इनसानों ने दिमागी-तंत्रों के अधीन रहकर असीमित जरूरतें पैदा कर लीं। दिमागी-तंत्रों ने इन जरूरतों का औचित्य साबित करने के लिए तुम्हें नैतिकता और अनैतिकता के अलग-अलग रास्तों पर धकेल दिया। तुमने किसी रास्ते पर से अच्छाई या नैतिकता को, तो किसी रास्ते पर से बुराई या अनैतिकता को चुन-चुनकर बटोरना शुरू कर दिया। इसका ही नतीजा था कि कुछ रास्तों पर सिर्फ अच्छाई ही नजर आने लगी तो कुछ रास्ते केवल बुराई से भरे हुए दिखने लगे। दिमागी-तंत्रों ने एक सहज जीव के रूप में पैदा होनेवाले शिशु को एक इनसान के रूप में अच्छे या बुरे रास्तों की ओर खींचने के अनगिनत तरीके खोज लिए। हर इनसान के लिये इनमें से किसी एक रास्ते का चुनाव करना लाजिमी हो गया। एक रास्ते को छोड़कर दूसरे रास्ते की ओर मुड़ना कठिन होता गया। अच्छे या बुरे इनसान के तौर पर ही तुम्हारी पहचान धीरे-धीरे अपनी जड़ें जमाती चली गई।

मेरी सहज व्यवस्था में समायोजित होने के लिए तुम्हें अच्छे या बुरे इनसान की बजाय एक सहज जीव के अस्तित्व में वापस लौटना होगा। इसके लिए तुम्हें सबसे पहले नैतिक या अनैतिक इनसान के रूप में अपनी पहचान से छुटकारा पाना होगा। तभी तुम मेरे वजूद में अपने वजूद का और अपने वजूद में मेरे वजूद का एहसास कर पाओगे। नैतिक और अनैतिक मूल्यों से छुटकारा पाते ही तुम दिमागी-तंत्रों के अनावश्यक दबाव से मुक्ति पा लोगे। अपनी कृत्रिम व्यवस्थाओं के मोह को त्यागकर ही तुम अपने अल्पकालिक वजूद को मेरे अनंतकालिक और चिर-स्थायी अस्तित्व का अटूट हिस्सा बना सकते हो। तुम ऐसा तभी कर सकते हो, जब तुम दिमागी-तंत्रों द्वारा निर्मित नैतिकता-अनैतिकता के रास्तों से हटकर सहज चेतना के मार्ग पर चलना शुरू कर दोगे। यही एकमात्र रास्ता है, जो तुम्हें मेरी सहज व्यवस्था में प्रवेश दिला सकता है। जीवन के सहज मार्ग को अपनाना,

मेरे और तुम्हारे विलीनीकरण की प्रक्रिया का पहला और आखिरी कदम होगा। इस कदम को उठाने के लिए एक पल का वक्त भी काफी होगा या फिर हजारों साल भी कम पड़ सकते हैं। इस कदम को उठाने में तुम इनसान जितना चाहो, उतना वक्त ले सकते हो, लेकिन तुम्हारे द्वारा खर्च किया जानेवाला वक्त ही मेरे प्रति तुम्हारी आस्था-अनास्था, प्यार-नफरत और रुचि-अरुचि को हकीकत में बयान कर देगा।

□

4

मैं और तुम्हारी सभ्यता

सभ्यता एक भव्य, चमकीला और काल्पनिक आदर्श है। इस आदर्श को पाने के लिए तुम्हारे दिमागी-तंत्रों ने तुम इनसानों की पैदाइशी सहजता को छीन लिया। इन तंत्रों ने तुम्हें मानव सभ्यता के आदर्श का एक ऐसा रंगीन सपना दिखाया, जिसे हकीकत में बदलने के लिए तुम खुद ही एक कृत्रिम जीव और एक जटिल प्रजाति में बदलते चले गए। सभ्यता तुम्हारी कृत्रिम रचनात्मकता का एक नमूना है। इस नमूने के द्वारा तुम अपने इनसानी वजूद का एक अलग पहचान-पत्र हासिल करना चाहते हो। दिमागी-तंत्रों ने तुम्हारे दिमाग में यह बात कूट-कूटकर भर दी है कि इनसान के अलावा कोई दूसरा जीव सभ्य होने का दावा नहीं कर सकता है। इसलिए तुम्हारे सभ्यता के आदर्श के सामने मेरी और कुदरत की सहज व्यवस्था, असभ्यता का एक असीमित दायरा बन जाती है। अब अपने सभ्यता के आदर्श को प्राप्त करने के लिए असभ्यता के इस असीमित दायरे में रहनेवाले हर एक जीव और पदार्थ को असभ्य ठहराना तुम इनसानों के लिए एक मुहिम बन जाती है। हर एक जीव और पदार्थ को असभ्य से सभ्य बनाने की यह मुहिम धीरे-धीरे एक ऐसे संघर्ष में तब्दील हो जाती है, जो सभ्यता के तुम्हारे आदर्श को हमेशा के लिए अप्राप्य बना देता है।

इस सृष्टि में व्यवस्था और सभ्यता का वजूद तुम इनसानों से पहले भी था और तुम्हारे बाद में भी रहेगा। दिमागी-तंत्रों ने तुम्हें इनसानी श्रेष्ठता के मोहजाल में कैद कर दिया है। इस मोहजाल के कारण तुम्हें हर वह चीज धुँधली नजर आती है, जो तुम्हारी कृत्रिम व्यवस्था और इनसानी सभ्यता की हद से बाहर है। मैं तुम्हें बताना चाहता हूँ कि तुम्हारी सभ्यता से बाहर की ही नहीं, बल्कि इसके दायरे

में आनेवाली सभी दृश्य-अदृश्य चीजें मेरी सहज और स्वचालित व्यवस्था का अटूट हिस्सा हैं। तुम एक नादान बालक की तरह इन चीजों का इस्तेमाल करके अपनी एक कृत्रिम दुनिया बना लेते हो। तुम धीरे-धीरे अपनी इस कृत्रिम दुनिया के प्रति इतने अनुरागी बन जाते हो कि अब तुम्हें मेरी सहज व्यवस्था या मेरी दुनिया काल्पनिक और अविश्वसनीय लगने लगती है। मेरे और प्रकृति के लिए तुम ऐसे जिद्दी बालक बन जाते हो, जो अपने खिलौने की दुनिया से वास्तविक दुनिया में लौटने को तैयार ही नहीं है।

तुम मेरी सहज व्यवस्था को एक भ्रम या कल्पना मानकर अपनी कृत्रिम दुनिया का लगातार विस्तार करते रहते हो। मैं तुम्हारे इस विस्तार को, तुम्हारी भागदौड़ को अपनी सहज व्यवस्था के भीतर चल रहे बच्चों के एक खेल की तरह देखता हूँ। बाकी के जीव और पदार्थ भी मेरी व्यवस्था के भीतर अपना-अपना खेल खेलते रहते हैं। तुम्हारे और उनके बीच बस इतना-सा अंतर है कि वे कुछ देर खेलने के बाद मेरी सहज व्यवस्था में वापस लौट आते हैं, क्योंकि वे मेरी सहज व्यवस्था को ही अपना घर मानते हैं। दूसरी तरफ तुम इनसान हो, जो अपने खेल की जटिलता में उलझ जाते हो। तुम इसे खेल मानने से ही इनकार कर देते हो और इसे ही अपना जीवन मान लेते हो।

इस कायनात में हर एक जीव और पदार्थ की अपनी खुद की एक सभ्यता होती है। यह सभ्यता मेरी सहज व्यवस्था के साथ तालमेल बिठाते हुए कई तरह के रूप और आकार लेती रहती है। तुम इनसानों ने अपनी खुद की सहज व्यवस्था और सभ्यता को दरकिनार कर दिया। दिमागी-तंत्रों के साये में रहकर तुमने अपने लिए एक अलग व्यवस्था और सभ्यता बनाने की कोशिश की है। तुम्हारी ये कृत्रिम व्यवस्था और सभ्यता मेरी सहज व्यवस्था के साथ समायोजित होने में नाकाम रही है। इस नाकामी का नतीजा यह है कि बाकी के जीवों तथा पदार्थों के साथ तुम्हारा संपर्क होते हुए भी तुम उनके साथ साहचर्य कायम नहीं कर पाए हो। इस साहचर्य के बिना तुम्हारी सभ्यता अपने रूप और आकार में सीमित तथा संकुचित रह जाती है।

कई तरह के विभाजनों और विभेदों वाली तुम्हारी सभ्यता तुम इनसानों को भी

एक प्रजाति के रूप में इकट्ठा नहीं रख पाती है। अपनी इस सभ्यता के बल पर तुम अपने खुद के समूहों के बीच एकीकरण और साहचर्य स्थापित नहीं कर पाए हो। ऐसे में अपनी इस सभ्यता के सहारे बाकी के असंख्य जीवों व पदार्थों के साथ तुम्हारा साहचर्य कायम हो पाना अभी दूर की कौड़ी है। जैसे-जैसे तुम्हारे दिमागी-तंत्रों का असर तुम पर बढ़ता गया, वैसे-वैसे इनसान के सबसे काबिल जीव होने की धारणा मजबूत होती गयी। तुमने इस धारणा पर कभी सवाल नहीं उठाया और न ही इसे निष्पक्ष ढंग से परखने की जहमत उठाई। तुम्हारी इस धारणा को थोड़ा-सा कमजोर करने का मतलब था—तुम्हारी सभ्यता के आधार का खिसकना। दिमागी-तंत्रों द्वारा निर्मित धारणाओं पर टिके सभ्यता के खोखले ढाँचे को तुमने अपने वजूद का पर्याय मान लिया। खुद के सर्वश्रेष्ठ होने की धारणा का खंडित होना; अब तुम्हारे अस्तित्व का खंडन था। इसलिए तुम्हें मेरी सहज व्यवस्था के साथ समायोजित होने की बजाय अपनी सभ्यता को कायम रखने की फिक्र ज्यादा थी, क्योंकि तुम्हें अपना इनसानी वजूद हर हाल में बचाना था।

यही चिंता, यही फिक्र तुम्हें सभ्यता और संस्कृति का अगुआ बनने के लिए मजबूर कर देती है। कभी-कभार तुम एक सहज जीव के रूप में पलभर के लिए अपनी इस सभ्यता के खोखलेपन और निरर्थकता का एहसास भी करते हो, पर तुम्हारे दिमागी-तंत्र उस सहजजीवी एहसास को इनसान और इनसानी समूहों के रूप में किए गए तुम्हारे भारी-भरकम चिंतन के बोझ से दबा देते हैं। तुम सभ्यता के किले में नजरबंद कर दिए गए हो। दिमागी-तंत्रों ने तुम्हारे ज्ञान, तुम्हारी अक्लमंदी, तुम्हारे अहंकार, तुम्हारी लालसा और तुम्हारे डर को इस किले की पहरेदारी पर बिठा दिया है। तुम इनसान सुख या दुःख के नशे में चूर रहकर इस कैद को सहूलियत के साथ भोगते हो। यह नशा तुम्हें एक सहज जीव के रूप में खुद की अनुभूति नहीं करने देता है। सर्वश्रेष्ठ प्रजाति होने का भ्रम तुम्हें इस कैद को ही अपनी नियति मान लेने के लिए विवश कर देता है।

खुद को सभ्य बनाने और साबित करने के लिए तुम अनगिनत प्रणालियों, पद्धतियों, व्यवहारों तथा शिष्टाचारों को अपनाते हो। तुम्हारे मूल्य, रुचियाँ, आदतें, रीति-रिवाज, प्रथाएँ और परंपराएँ आपस में गुँथकर सभ्यता और संस्कृति का ताना-बाना बुन लेती हैं। जैसे ही तुम्हारी कोई सभ्यता या संस्कृति मेरी सहज

व्यवस्था में मौजूद साहचर्य के नजदीक पहुँचने लगती है, तभी दिमागी-तंत्र इसके ताने-बाने को उधेड़ देते हैं। तुम्हारी सभ्यता और संस्कृति का स्थायित्व ऐसे अस्थिर मूल्यों, विश्वासों, मान्यताओं और मनोभावों पर टिका होता है, जो समय तथा परिस्थितियों के बंधक होते हैं। तुमने अपने ज्ञान-विज्ञान, अनुभव, विवेक और इच्छाशक्ति के द्वारा तमाम संसाधन जुटा लिये हैं। इसके बाद भी तुम एक टिकाऊ और समग्र मानव सभ्यता की नींव तक नहीं रख पाए हो। मानव सभ्यता के नाम पर तुम्हारे बीच अनगिनत संस्कृतियाँ और सभ्यताएँ पनपी हैं, लेकिन इनका विस्तार तथा सरोकार छोटे-बड़े इनसानी समूहों तक ही सिमटकर रह जाता है।

तुम्हारे लिए सभ्य होने का मतलब सिर्फ इतना है कि तुम आज्ञापालन और अनुकरण पर टिकी किसी व्यवस्था को अपनी मर्जी से या बाध्यता के साथ अपना लो। तुम इनसानों ने अपनी भौतिक, शारीरिक एवं मानसिक जरूरतों को पूरा करने के लिए बहुत सारी सामाजिक, धार्मिक, आर्थिक, सांस्कृतिक, राजनीतिक व नैतिक व्यवस्थाओं का निर्माण और विकास किया था। इन्हीं व्यवस्थाओं के अमूर्त रूपों ने मिलकर धीरे-धीरे विशाल दिमागी-तंत्रों का रूप ले लिया। इन दिमागी-तंत्रों के साये में अपना जीवन गुजारते हुए ही तुम खुद के सभ्य होने का तमगा हासिल कर सकते थे। किसी व्यवस्था या प्रणाली के आधार पर खुद को सभ्य साबित करने का इनसानी चलन धीरे-धीरे असभ्यता को निर्धारित करने का साधन भी बनता चला गया। जिस व्यवस्था या प्रणाली को अपनाकर कुछ समय पहले तुम अपनी सभ्यता का परचम लहरा रहे होते हो, वही प्रणाली या व्यवस्था एक समय के बाद तुम्हारे असभ्य होने की निशानी बन जाती है।

तुम अपनी कृत्रिम सभ्यता के भविष्य को जितना फैलाते हो, असभ्यता का भूत उतने ही विस्तार के साथ तुम्हारे सामने आकर खड़ा हो जाता है। तुम्हारा हर एक विचार और प्रत्येक गतिविधि सभ्यता की एक नई बयार पैदा करती है। लगातार पैदा होनेवाली इन बयारों को समय का तुम्हारा पैमाना असभ्यता के बवंडर में धकेलता जाता है। पुराने विचारों तथा भूतकाल की तुम्हारी गतिविधियों को असभ्यता का यह बवंडर अपने स्मृति भंडार में जमा करता रहता है। यह बवंडर तुम्हारी सभ्यता के क्षणिक झोंके को निगलने के लिए हर वक्त अपना मुँह खोले तैयार रहता है।

अपने जीवनचक्र को पूरा करने के लिए बढ़ाए गए अपने हर कदम को तुम विकास, परिवर्तन या क्रांति की संज्ञा देने लगते हो। वर्तमान में किया गया तुम्हारा हरेक परिवर्तन, विकास या क्रांति, भूत या भविष्य की असभ्यता में बदल जाते हैं। खुद को सभ्य बनाने या कहलाने की चाह में तुम इनसानों ने असभ्यता का विशाल ढेर अपने सिर पर लाद लिया है। तुम्हारे अलावा, किसी जीव या पदार्थ ने अपने द्वारा किए गए किसी बदलाव या विकास को सभ्यता के दंभ का आधार नहीं बनाया। यही वजह है कि उनके बीच सभ्यता-असभ्यता का भेद या संघर्ष पैदा नहीं हुआ। इन जीवों तथा पदार्थों के भूत और वर्तमान में सभ्यता के इतिहास का कबाड़ बिखरा हुआ नहीं पड़ा है। उनके आगे सभ्यता के भावी लक्ष्य का कोई ऐसा पहाड़ भी नहीं है, जिसकी चोटी पर चढ़कर उन्हें तुम इनसानों की तरह अपने सभ्य होने का प्रलाप करना पड़े। सभ्यता-असभ्यता के संघर्ष से दूर रहकर इन जीवों तथा पदार्थों ने अपनी सहजता को बचा लिया है। दूसरी ओर तुम इनसान हो, जो सभ्य होकर भी अपना जीवन सहजता के साथ नहीं जी पाते हो। असभ्यता को मिटाने का जुनून तुम्हारे ऊपर इस कदर सवार हो जाता है कि तुम दूसरों के सहज जीवन को ही चोट पहुँचाने लगते हो। अब तुम मेरी सहज व्यवस्था के इकलौते असभ्य जीव साबित हो जाते हो।

विचारों, मान्यताओं, परंपराओं, पूर्वग्रहों के रूप में दिमागी-तंत्र तुम इनसानों के हाथों में ऐसे हथियार थमा देते हैं, जो सभ्यता और असभ्यता के बीच कभी संघर्ष विराम नहीं होने देते हैं। इस निरंतर संघर्ष को जिंदा रखनेवाले ये हथियार तुम्हारी जिंदगी की सरलता-सहजता को तहस-नहस कर देते हैं। तुम अपने इस भारी नुकसान के बावजूद इन हथियारों का समर्पण नहीं करते हो। सुरक्षा, प्रगति, स्थिरता, शांति, समृद्धि और एक आदर्श व्यवस्था को पाने की अधूरी चाहत हर बार तुम्हें मेरी सहज व्यवस्था के सामने अपने हथियारों का समर्पण करने से रोक देती है।

दिमागी-तंत्रों ने तुम्हारे सामने मानव सभ्यता का एक लक्ष्य रख दिया है। सभ्यता और असभ्यता के बीच कभी न खत्म होनेवाले संघर्ष के बावजूद यह लक्ष्य तुम्हारे हाथों से छिटककर दो-चार सदी दूर जाकर खड़ा हो जाता है। तुम्हारी हजारों पीढ़ियाँ इस लक्ष्य को हासिल करने के संघर्ष में मिट जाती हैं, लेकिन यह अधूरा ही रह जाता है। इस संघर्ष में इस्तेमाल किए जानेवाले अमूर्त हथियार तुम्हारे जीवन को सहज-

सरल बनाने के औजार भी बन सकते थे, बशर्ते तुमने खुद को एक सर्वश्रेष्ठ इनसानी प्रजाति की बजाय एक सहज प्राणी के रूप में देखा, समझा और महसूस किया होता।

दिमागी-तंत्रों ने सभ्यता और असभ्यता के भेद व संघर्ष को व्यापक तथा जटिल बना दिया है। जब भी तुम सभ्यता के किसी प्रतीक को सामने लाते हो, तभी असभ्यता की एक नई पहचान विरोधी बनकर सामने आ जाती है। मानवीय श्रेष्ठता को स्थापित और साबित करने के लिए छेड़ा गया यह संघर्ष बाकी सारे जीवों-पदार्थों को भी अपनी चपेट में ले लेता है। एक तरह से यह मेरी सहज व्यवस्था को भंग करने का प्रयास होता है। इस संघर्ष के कारण मेरी सहज व्यवस्था तो भंग नहीं होती है, लेकिन इन प्रयासों का सहज प्रतिफल पैदा हो जाता है। इस संघर्ष के चाहे-अनचाहे नतीजे और प्रभाव तुम्हारी खुद की कृत्रिम व्यवस्था में अपनी जड़े जमा लेते हैं।

सहज प्रतिफल की जड़ें जब फैलने लगती हैं, तब तुम्हारी सभ्यता में बहुत सारी दरारें पैदा होने लगती हैं। ये दरारें एक सभ्य इनसान को एक असभ्य इनसान का कट्टर दुश्मन बना देती हैं। एक पढ़े-लिखे इनसान और अनपढ़ इनसान के बीच श्रेष्ठता-हीनता की खाई पैदा कर देती हैं। इन्हीं दरारों की वजह से एक अच्छे सूट-बूटवाला इनसान सादा कपड़ेवाले इनसानों को हिकारत की नजर से देखता है। केक खानेवाला इनसान सूखी रोटी खानेवाले को अवांछित मानने लगता है। आलीशान मकान में रहनेवाला बेघर इनसानों को इनसानी सभ्यता और धरती पर बोझ समझने लगता है। ये दरारें तुम इनसानों के बीच अनचाही दुश्मनी, बेकार की नफरत और गैर-जरूरी विभेद-वर्गीकरण के बीज बो देती हैं। इस तरह से सभ्यता-असभ्यता के बीच की यह लड़ाई तुम्हारे जीवन के सहज प्रवाह में सबसे बड़ा अवरोधक बन गई है। तुम्हारे पास अब दो रास्ते हैं। पहला, इस अवरोध को हटाकर सहजता को अपने जीवन में फिर से प्रवाहित करना या दूसरा, इस अंतहीन संघर्ष को जारी रखते हुए एक दरकती हुई सभ्यता का साक्षी बनना। अब फैसला तुम्हारे हाथों में है।

तुम दिमागी-तंत्रों की छत्रच्छाया में जीने के लिए मजबूर हो। इसी मजबूरी के चलते तुम धर्म, समाज, राजनीति, अर्थव्यवस्था, नैतिकता, ज्ञान-विज्ञान जैसे

बुनियादी खंभों पर अपनी सभ्यता का ढाँचा खड़ा करने की कोशिश करते हो। इस ढाँचे को निर्मित करने तथा इसे परिपूर्ण बनाने की आपा-धापी में तुम यह भूल जाते हो कि तुम्हारे बुनियादी खंभों का मजबूत होना या कमजोर होना, दोनों ही तुम्हारे सभ्यता के ढाँचे को अपूर्ण तथा अस्थिर बनाने के लिए जिम्मेदार होते हैं। सभ्यता के इन बुनियादी खंभों में से जब एक या एक से ज्यादा खंभे मजबूत हो जाते हैं तो वे बाकी खंभों को कमजोर करने लगते हैं। इसी कारण से इन खंभों के बीच वह संतुलन और लचीलापन नहीं आ पाता है, जो सभ्यता के ढाँचे को टिकाए रखने के लिए जरूरी होता है।

कभी तुम्हारी नैतिकता तुम्हारे समाज का गला दबाने लगती है, तो कभी तुम्हारा समाज तुम्हारी नैतिकता को धीरे-धीरे कुतरने लगता है। कभी तुम्हारी राजनीति तुम्हारे धर्म को अपने औजार में बदलने की साजिश रचने लगती है, तो कभी तुम्हारा धर्म तुम्हारी राजनीति को घुटनों के बल बैठने के लिए विवश कर देता है। कभी तुम्हारा ज्ञान-विज्ञान तुम्हारी अर्थव्यवस्था को बेकार चीजों का कबाड़घर बनाने लगता है, तो कभी तुम्हारी अर्थव्यवस्था तुम्हारे ज्ञान-विज्ञान को बाजार की सम्मोहक धुन पर नचाने लगती है। तुम आपस की खींचतान में उलझे इन आधार स्तंभों पर ही अपनी सभ्यता के ढाँचे को टिकाने की लगातार कोशिश करते रहते हो। ये असफल प्रयास तुम्हारे सर्वाधिक बुद्धिमान प्राणी होने की धारणा पर प्रश्नचिह्न लगा देते हैं। तुम्हारे आधार स्तंभ अपनी-अपनी मर्जी से तुम्हारी सभ्यता के मानदंड निर्धारित करने की होड़ में लग जाते हैं। उनकी यह होड़ एक टिकाऊ और समग्र मानव सभ्यता के आदर्श की उपलब्धि को असंभव बना देती है। तुम्हारे सामने सभ्यता का आदर्श रखनेवाले दिमागी-तंत्र खुद ही उसकी उपलब्धि में रोड़ा बन जाते हैं। तुम फिर भी उनकी कुटिल चालों से अनजान बने रहते हो।

तुम्हारे अलग-अलग धर्म सभ्यता के अलग-अलग मापदंड तय करते हैं। ऐसा करके वे सभ्यता पर अपने-अपने एकधिकार की पुष्टि करना चाहते हैं। एक धार्मिक-तंत्र अपने भीतर की सभी चीजों को सभ्यता का प्रतीक मान लेता है। दूसरे धार्मिक-तंत्रों की ज्यादातर चीजें उसके लिए असभ्यता की निशानी बन जाती हैं। तुम्हारा हर धर्म सभ्यता की अपनी खुद की परिभाषा गढ़ लेता है। प्रत्येक धर्म सभ्यता के फैलाव को अपने धार्मिक प्रभाव-क्षेत्र के दायरे में सीमित रखने

की चेष्टा करता है। तुम्हारे सभी धर्म अपने-अपने सिद्धांतों, अवधारणाओं, रीतियों तथा कर्मकांडों के माध्यम से खुद को एक सभ्यतामूलक पहचान देने के लिए संघर्ष करते हैं। इस सभ्यतामूलक पहचान से अछूती रह जानेवाली हर चीज को प्रत्येक धर्म असभ्यता के खाते में डाल देता है। प्रत्येक धर्म अपने अनुयायियों को सभ्य, शिष्ट और समझदार मानता है। प्रत्येक धर्म दूसरे धर्मानुयायियों को असभ्य, अशिष्ट और नासमझ मानने की प्रकट या अप्रकट मनोवृत्ति रखता है। इस प्रकार तुम्हारे धर्म एक ओर तुम्हारी सभ्यता के स्वयंभू ठेकेदार बन जाते हैं, वहीं दूसरी ओर सभ्यता और असभ्यता के बीच एक अनावश्यक संघर्ष की पृष्ठभूमि तैयार कर देते हैं।

तुम इनसानों का सामाजिक ढाँचा भी एक ऐसी सभ्यता को वजूद में नहीं आने देता, जो सारे इनसानों का प्रतिनिधित्व करती हो। तुम्हारा समाज कहने भर के लिए एक मानव समाज है। अपने असली रूप में यह असंख्य छोटी-छोटी इकाइयों या इनसानी समूहों में बँटा हुआ है। इन समूहों के बीच बहुत सारे विभेद, मतभेद, असमानताएँ, तनाव और संघर्ष मौजूद हैं। ऐसी स्थिति में सभी इनसानों के लिए एकमात्र सामाजिक ढाँचा तैयार कर पाना संभव नहीं हो पाता है। एक बिखरे हुए समाज की नींव पर एकरूप इनसानी सभ्यता का महल खड़ा करने की कोशिश का कोई अंत नहीं है। अपनी तमाम कोशिशों के बाद भी तुम ऐसे मूल्यों, व्यवहारों, नियमों, मानदंडों और आदर्शों को साफ-साफ निर्धारित नहीं कर पाए हो, जो सभी इनसानी सामाजिक समूहों की मान्यता और स्वीकार्यता हासिल कर सकें। इस सर्वमान्यता और सर्वस्वीकार्यता के बिना एक अविभाजित मानव सभ्यता को वजूद में लाने का विचार ही इनसानों की एक कोरी कल्पना बनकर रह जाता है। तुम्हारे अनगिनत सामाजिक समूह भी तुम्हारे धर्मों की तरह सभ्यता के अलग-अलग मापदंड तय करने लगते हैं। इसके लिए वे अपने-अपने ज्ञानभंडार, समृद्धि, खान-पान, रहन-सहन और मनोरंजन के साधनों को पैमानों के रूप में इस्तेमाल करते हैं। इन पैमानों पर खरा उतरनेवाली चीजें ही इन समूहों द्वारा निर्धारित सभ्यता का हिस्सा बन सकती हैं। यही वजह है कि तुम्हारे ये सामाजिक समूह सभ्यता का निर्धारण करने के साथ-साथ जाने-अनजाने में असभ्यता के निर्धारक भी बन जाते हैं। एक सामाजिक समूह की सभ्यता किसी दूसरे सामाजिक समूह में असभ्यता का प्रतीक बन जाती है।

जब तुम एक सकल और समृद्ध इनसानी सभ्यता के आदर्श को पाने के प्रयास में जुटे होते हो, तब तुम्हारी राजनीतिक व्यवस्थाएँ एक सैद्धांतिक सहयोगी के रूप में तुम्हारे साथ आकर खड़ी हो जाती हैं। तुम्हारे एक हाथ को थामे रहनेवाला यह सहयोगी अपने दूसरे हाथ से सभ्यता-असभ्यता के संघर्ष की आग में लगातार घी डालता रहता है। राजनीति अपनी सत्ता और शक्ति के जोर पर सभ्यता को जबरदस्ती थोपने का प्रयास करती है। यह असभ्य लोगों को सभ्य बनाने के लिए अनेक अभियान चलाती है, लेकिन इन अभियानों में जिन तौर-तरीकों को अपनाया जाता है, वे खुद असभ्यता के पैमानों पर खरा उतरते हैं। किसी को सभ्य बनाने के लिए खुद को असभ्य बनाने का यह विरोधाभास राजनीति के द्वारा हमेशा जिंदा रखा जाता है। इस विरोधाभास के जीवित रहते हुए एक इनसानी सभ्यता के निर्माण की कल्पना करना भी तुम इनसानों के लिए खुद के साथ किया गया एक मजाक ही है। राजनीतिक व्यवस्थाएँ तुम इनसानों के लिए आजादी, समानता, अधिकार, सुरक्षा, शांति और स्थिरता का एक माहौल मुहैया कराने के सच्चे-झूठे वायदे करती हैं। इन वायदों से तुम्हारे भीतर एक समृद्ध इनसानी सभ्यता को हासिल करने की उम्मीद जगी रहती है। यही आशा तुम्हें असंख्य राजनीतिक गुटों का सदस्य और समर्थक बना देती है। ये राजनीतिक गुट सभ्यता-असभ्यता के संघर्ष में पक्ष और विपक्ष, दोनों खेमों से जुड़ जाते हैं। इसी का परिणाम है कि सभ्यता और असभ्यता के बीच का यह संघर्ष कभी भी निर्णायक मोड़ पर नहीं पहुँच पाता है।

नैतिकता को भी सभ्यता के आधार स्तंभ के रूप में प्रयोग करने की कोशिश की जाती है। नैतिकता का धुँधलापन अभी तक नहीं हट पाया है। तुम्हारी नैतिकता अभी भी बदलाव और रूढ़ियों के बीच भटकती रहती है। यह अच्छाई और बुराई के आंतरिक युद्ध का हिस्सा बनकर हिंसा और उन्माद की पोषक बनी रहती है। फिर भी, तुम इनसानों ने नैतिकता पर अपनी उम्मीदों, कसौटियों तथा आदर्शों का इतना बोझ डाल दिया है कि यह हर कदम पर लड़खड़ाने लगती है। तुम ऐसे डाँवाँडोल स्तंभ पर अपनी सभ्यता का एक टिकाऊ ढाँचा खड़ा कराना चाहते हो। यह तुम्हारी नादानी का जीता-जागता सबूत है।

तुम्हारी अर्थव्यवस्था तुम्हारी कृत्रिम सभ्यता को जिंदा रखने के लिए जरूरी खुराक उपलब्ध कराने की गारंटी देती है। यही तुम्हारे सभ्यता को रूप-रंग देने

का प्रयास करती है। अर्थव्यवस्था तुम इनसानों को वेश-भूषा, रहन-सहन, खान-पान, मनोरंजन और आजीविका के साधन मुहैया कराती है। इस प्रकार यह तुम्हारी सभ्यता का एक चेहरा सामने लाती है। यह सभ्यता की पहचान के चिह्नों को तय करती है। तुम्हारी अर्थव्यवस्था मुद्रा, उत्पादन, उपभोग तथा संपत्ति के अनगिनत साधनों के द्वारा इनसानी सभ्यता को रूप-आकार देने की कोशिश करती है, लेकिन इन कोशिशों का नतीजा यह निकलता है कि सभ्यता के सैकड़ों चेहरे सामने आ जाते हैं। अब तुम्हारे लिए एक इनसानी सभ्यता को पहचान पाना भी असंभव हो जाता है। अर्थव्यवस्थाएँ अमीर-गरीब, संपन्न-वंचित, औद्योगिक-कृषिक, पूँजीवादी-समाजवादी जैसे कई खाँचे निर्मित कर देती हैं। इनमें से किसी भी खाँचे में फिट बैठनेवाले इनसान सभ्यता-असभ्यता के संघर्ष में अच्छे योद्धा साबित होते हैं। परिणामत: अर्थव्यवस्थाएँ तुम इनसानों को सभ्यता की काल्पनिक रूपरेखाओं के भ्रमजाल में भटकते रहने के लिए छोड़ देती हैं।

आखिर में, ज्ञान-विज्ञान एक बुनियादी स्तंभ है, जो सभ्यता को टिकाऊपन देने की कोशिश करता है। तुम्हारा यह आधार स्तंभ भी अपनी अंदरूनी कमजोरियों को दूर नहीं कर पाया है। तुम्हारा ज्ञान-विज्ञान बाकी सारे जीवों-पदार्थों के लिए तो अर्थहीन है ही, यह तुम इनसानों के सामने भी अपने औचित्य को अभी तक पूरी तरह से साबित नहीं कर पाया है। इसके औचित्य का सवाल ज्ञान-अज्ञान तथा विज्ञान-अविज्ञान जैसे विभेदों को मिटाकर ही हल हो सकता था, किंतु ये विभेद मिटने के बजाय लगातार बढ़ते ही जा रहे हैं। इसके अलावा भी यह कई प्रकार के विभाजनों का शिकार है। सत्य-असत्य, तर्क-कुतर्क, रचनात्मक-ध्वंसात्मक, मौलिक-कृत्रिम, गंभीर-सतही, सैद्धांतिक-व्यावहारिक, सामान्य-विशिष्ट जैसे विभाजनों ने इसे भ्रामक और उलझन-भरा बना दिया है। इस खंडित और विभाजित आधारस्तंभ के द्वारा एक अखंडित एवं अविभाजित इनसानी सभ्यता को मजबूती देने की कोशिश एक हठधर्मी के सिवाय कुछ नहीं है।

इन आत्मघाती आधारस्तंभों पर सभ्यता के ढाँचे को टिकाने की अपनी जिद को सही साबित करने का असफल प्रयास दिमागी-तंत्र लगातार जारी रखते हैं। इसी हठधर्मी के कारण सभ्यता कभी एक वास्तविक वजूद नहीं ले पाती है। यह एक काल्पनिक मिथक बनकर रह जाती है। इस मिथक् से चिपके रहना तुम इनसानों की

बौद्धिक मजबूरी है, क्योंकि खुद पर सभ्य होने का ठप्पा लगाए बिना तुम अपनी श्रेष्ठता का इजहार नहीं कर सकते। दिमागी-तंत्र तुम्हारी आँखों के सामने लगातार सभ्यता के कृत्रिम बुलबुले बनाते रहते हैं। तुम एक कभी न फटनेवाले बुलबुले की तलाश में उनके इस खेल को टकटकी बाँधकर निहारते रहते हो।

तुम इनसानों ने सभ्यता के जुनून में खुद को पूरी तरह से दिमागी-तंत्रों के हवाले कर दिया है। तुम अपने बच्चों को सभ्य बनाने के लिए उनका व्यवस्थित पालन-पोषण करते हो। फिर भी तुम्हारी नयी पीढ़ियों में सभ्यता का स्तर पुरानी पीढ़ियों की तुलना में नीचे गिरता चला जाता है। तुम्हारी हर आनेवाली पीढ़ी अपने जीवन में असभ्यता के प्रवाह को नहीं रोक पाती है। दिमागी-तंत्रों का सम्मोहन तुम्हें इसकी बुनियादी वजह तक नहीं पहुँचने देता। तुम जब कभी एक-दो पल के लिए दिमागी-तंत्रों के सम्मोहन से बाहर निकलो तो यह जरूर जान लेना कि सभ्यता और असभ्यता सृष्टि के प्रत्येक जीव और पदार्थ की सहज गुण-विशेषताओं का मिश्रण हैं। तुम्हारे दिमागी-तंत्र तुम्हारी कृत्रिम गुण-विशेषताओं को सभ्यता तथा सहज गुण-विशेषताओं को असभ्यता के रूप में स्थापित करने की कोशिश करते हैं। तुम इनसानों तथा बाकी सारे जीवों-पदार्थों के सहज जीवन को इन दिमागी-तंत्रों ने धीरे-धीरे असभ्यता का अंग बना दिया है। तुमने भी इस इस मान्यता को परखे बिना ही स्वीकार कर लिया है। तुम्हारी इसी नादानी का फायदा उठाकर दिमागी-तंत्र तुम्हारे सहज जीवन की असभ्यता को मिटाकर अपनी कृत्रिम सभ्यता को थोपना ही अपना लक्ष्य बना लेते हैं। तुम इनसान दिमागी-तंत्रों के लक्ष्य को अपना एक इनसानी लक्ष्य मान लेते हो और जिंदगी भर इसे पूरा करने के लिए अंधी दौड़ लगाते रहते हो।

तुम्हारी नादानी बस इतनी-सी है कि तुम अपनी जन्मजात सहजता को बेकार समझकर एक कोने में पटक देते हो। इसके बाद तुम अपने जीवन को सरल और सहज बनाने के लिए अपनी पूरी वैचारिक-शारीरिक क्षमता का दोहन करने लगते हो। इस दोहन के द्वारा तुम तमाम तरह के संसाधन, कार्यतंत्र, प्रणालियाँ और व्यवस्थाएँ जुटाने का अथक प्रयास करते हो। इन प्रयासों के परिणामस्वरूप तुम्हारा जीवन सरल-सहज होने की बजाय जटिलतर होता चला जाता है। इन कोशिशों में लगातार जुटे रहने के कारण तुम्हें इतनी फुर्सत भी नहीं मिलती है कि तुम एक कोने में पड़ी अपनी खुद की सहजता पर नजर डाल सको। जिस पल तुम्हारी नजर

अपनी इस सहजता पर पड़ेगी, उसी पल से तुम्हें सभ्यता-असभ्यता का संघर्ष बेमायने लगने लगेगा। तभी तुम्हें यह एहसास होगा कि जिस चीज को तुमने बेकार मानकर कोने में डाल दिया था, वही तुम्हारे जीवन की सबसे कीमती चीज थी। तुम देर-सवेर यह मानने के लिए मजबूर हो जाओगे कि तुम्हारी कृत्रिम व्यवस्था में असभ्यता को मिटाकर सभ्यता को स्थापित कर पाना एक असंभव लक्ष्य है। तुम्हारे दिमागी-तंत्र असभ्यता को मिटाने के जिन तरीकों को अपनाते हैं, वे सभ्यता के मापदंडों के हिसाब से असभ्य होते हैं। इसी विरोधाभास और छलावे के कारण तुम सभ्यता और असभ्यता की पहचान भी नहीं कर पाते हो। जिस सभ्यता या असभ्यता को तुम पहचान भी नहीं सकते हो, उसके लिए अपना पूरा जीवन दाँव पर लगा देना, तुम जैसे स्वघोषित समझदार प्राणी का ही काम हो सकता है।

भाषा तुम्हारी सभ्यता का माध्यम है। शिष्ट व्यवहार तुम्हारी तहजीब की अहम निशानी है, लेकिन यही भाषा और शिष्टाचार जब किसी दिमागी-तंत्र के एकाधिकार को प्रकट करने का जरिया बन जाता है, तब असभ्यता की एक नई इबारत लिख जाती है। तुम इनसानों के लिए आज यह जानना जरूरी हो जाता है कि तुम्हारी इनसानियत को गंभीर खतरा उन इनसानों ने पैदा नहीं किया है, जिन्हें तुम भाषाहीन, अशिष्ट या असभ्य समझते हो। तुम्हारी मानवता और सभ्यता को भाषा-समृद्ध, शिष्ट और तहजीबदार इनसानों ने ही चोटिल किया है। आज तुम जिस विनाश की आशंका से घिरे हो, तुम्हें उसके मुहाने तक पहुँचानेवाले भी तथाकथित सभ्य इनसान ही हैं।

तुम भाषा, शिष्टाचार, सभ्यता के बिना भी केवल अपनी सहजता के सहारे लाखों सालों तक अपना जीवन जीते रहे। उस दौरान तुम्हारी प्रजाति के सामने अस्तित्व का कोई ऐसा संकट पैदा नहीं हुआ, जिसके लिए इनसानों को जिम्मेदार ठहराया जा सकता था। तुमने कुछ हजार साल पहले ही सभ्यता का चोगा पहनना शुरू किया और खुद के वजूद को संकट के हवाले कर दिया। आज तुम इस संकट की छाया में हर वक्त भयभीत और बेचैन रहते हो। तुम्हारे दिमागी-तंत्र तुम्हें केवल यही दिलासा मंत्र देते हैं कि इनसान सृष्टि की सर्वश्रेष्ठ और सर्वाधिक अक्लमंद नस्ल है। अब इस मंत्रजाप से काम चलनेवाला नहीं है।

तुम्हें अब इस खुले तथ्य को समझना होगा कि तुम्हारे द्वारा बुद्धिहीन और असभ्य घोषित की गयी असंख्य जीव-प्रजातियाँ तुम्हारे क्रमिक विकास की गवाह रही हैं। अब वे सभी इस बात की साक्षी होंगी कि उनके बीच मौजूद इनसानी नस्ल खुद को सभ्य, सर्वश्रेष्ठ और बुद्धिमान साबित करने की होड़ में किस हद तक चली गई। ये बेचारी और लाचार जीव प्रजातियाँ तुमको इस होड़ में आगे बनाए रखने के लिए दिमागी-तंत्रों के दोहन चक्र में चुपचाप पिसती रही हैं। उनके दोहन की कीमत पर रची गई अपनी सभ्यता, समृद्धि, प्रगति और साधन-संपन्नता को ही तुमने अपने खुद के विनाश का हथियार बना डाला है। अगर तुम अब भी दिमागी-तंत्रों की भूल-भुलैया से बाहर नहीं निकले, तो ये सारे जीव-पदार्थ तुम्हें अपने ही हथियार से खुद का वजूद मिटाते हुए भी देख रहे होंगे।

मैं तुम इनसानों को लाखों साल पहले के तुम्हारे आदिम जीवन में वापस भेजना नहीं चाहता हूँ। मैं तुम्हारी सभ्यता, संस्कृति, शिष्टाचार, प्रथाओं और परंपराओं को पूरी तरह से मिटाने पर भी आमादा नहीं हूँ। मैं तो तुम्हारे सामने उन दो विकल्पों को रख रहा हूँ, जिनमें से किसी एक का चुनाव करना ही तुम्हारी नियति है। पहला, विकल्प यह है कि तुम अपनी कृत्रिम सभ्यता के अंधाधुंध विस्तार के साथ खुद का ही नहीं, बल्कि बाकी बहुत-सी जीव प्रजातियों का अस्तित्व भी खतरे में डाल दो। दूसरा विकल्प यह है कि तुम अपने सहज जीवन को फिर से हासिल कर लो। तुम अपनी सहजता को हर पल अपने साथ रखकर ही दिमागी-तंत्रों की कृत्रिम सभ्यता से पिंड छुड़ा सकते हो। एक सहज जीव के रूप में खुद को ढालकर ही तुम अपनी बुनियादी और स्वाभाविक सभ्यता के स्वरूप तथा विस्तार को मेरी सहज व्यवस्था के साथ समायोजित कर पाओगे।

एक सहज जीव के रूप में अपने वजूद को स्वीकार किए बिना इनसानी नस्ल को बचाने का तुम्हारा कोई भी प्रयास सार्थक और सफल नहीं होगा। एक सहज जीव बनकर ही तुम अनुभूति की एक अलग दुनिया में दाखिल हो पाओगे। इसी दुनिया में तुम उन असंख्य सभ्यताओं को देख पाओगे, जो तुम्हारी कृत्रिम सभ्यता से सूक्ष्म भी हैं, विशाल भी हैं और उससे ज्यादा परिष्कृत भी हैं। इन सभ्यताओं के कर्ता-धर्ता कभी तुम इनसानों की तरह अपनी काबिलियत का दंभ नहीं भरते हैं। वे अपने या दूसरों के लिए जानबूझकर वजूद का संकट पैदा नहीं करते हैं। इन जीवों ने

अपनी सहजता का दामन नहीं छोड़ा है और न ही अपनी सभ्यताओं को कृत्रिम रूप देकर दूसरे जीवों पर लादने की कोशिश की है। यदि इन जीवों ने भी तुम्हारा रास्ता अपनाया होता, तो तुम्हारी इनसानी सभ्यता का बीजारोपण भी नहीं हो सकता था।

दिमागी-तंत्रों ने खुद को जिंदा रखने के लिए तुम्हें सर्वश्रेष्ठता का एक मंत्र दे दिया। तुम इस मंत्र की मालाएँ लगातार जपते रहो, इसके लिए दिमागी-तंत्रों ने तुम्हें एक भव्य और चमकीली इनसानी सभ्यता का सपना दिखा दिया। इस सपने में तुम इतना खो गए कि अपनी सहज जागरुकता को ही भुला बैठे। सभ्यता के सपने को साकार बनाने के जुनून में तुमने दूसरे जीवों की सहजता को उनकी कमजोरी मान लिया। तुम्हारी खुद की सहजता भी धीरे-धीरे एक दुर्लभ चीज बनती चली गई। इसी सहजता के अभाव में तुम्हारी कृत्रिम सभ्यता विकास के बजाय विनाश के कगार पर पहुँच गई है। इसे विनाश के कगार से वापस खींचने के लिए तुम्हें अपनी सहजता को फिर से एक सर्वसुलभ औजार बनाना होगा।

तुम्हारी कृत्रिम सभ्यता को बचाने का एकमात्र साधन सहजता ही है। इसी के द्वारा तुम अपनी संकटग्रस्त सभ्यता में से कृत्रिमता का गैर-जरूरी अंश हटा सकते हो। सहजता का संचार ही तुम्हारी सभ्यता को एक नया जीवन दे सकता है। सहजता के प्रवाह से तुम्हारी सभ्यता का कृत्रिम मैल धोकर साफ किया जा सकता है। इस साफ-सफाई के बाद तुम्हारी सभ्यता के आंतरिक विभेद, विरोधाभास और विसंगितियाँ हमेशा के लिए मिट जाएँगी।

अपनी सभ्यता को मेरी सहज व्यवस्था के साथ समायोजित करने के लिए तुम्हें दिमागी-तंत्रों द्वारा थोपी गई सभी वैचारिक बंदिशों को तोड़ना होगा। इसके बाद ही तुम अपने सारे संसाधनों और क्षमताओं को एक सहज सभ्यता के अनुकूल इस्तेमाल कर पाओगे। ऐसे अनुकूल इस्तेमाल से बाकी जीवों तथा पदार्थों के साथ तुम्हारे साहचर्य का रास्ता खुलता चला जाएगा। इस रास्ते पर चलते रहने का अर्थ है—मेरी सहज व्यवस्था का अटूट हिस्सा बन जाना। मेरा अटूट हिस्सा बनते ही एक कृत्रिम सभ्यता को बनाने तथा उसे दूसरे जीव-पदार्थों पर थोपने के सारे इनसानी मकसद अपने आप ही खत्म हो जाएँगे। इसके साथ ही वे भौतिक और वैचारिक

परिणाम भी विलीन हो जाएँगे, जो तुम्हारी कृत्रिम सभ्यता की भव्यता और विद्रूपता से उपजे हैं। यह सब होने के बाद तुम इनसानों के बीच एक सहज सभ्यता खुद-ब-खुद प्रकट हो जाएगी। यही वह सभ्यता होगी जिसकी छाँव में तुम इनसानों को श्रेष्ठता की जगह संपूर्णता, संघर्ष की जगह साहचर्य, दंभ की जगह संतुष्टि तथा इनसानियत की जगह ईश्वरत्व का एहसास होगा।

□

5

मैं और तुम्हारा समाज

तुम इनसानों ने अपनी बुनियादी जरूरतों की पूर्ति को सामूहिक प्रयासों द्वारा सुनिश्चित करने के लिए समाज को विकसित किया था। तुम एक इनसान के रूप में अपनी बुनियादी जरूरतें पूरा करने की प्रतिस्पर्धात्मक क्षमता हासिल नहीं कर पाए और लाचारीवश तुम सामूहिकता की शरण में चले गए। तुमने अपने निजत्व को सामूहिकता के शोर में दबाकर रख दिया। जैसे-जैसे समाज का भौतिक और वैचारिक विस्तार होता गया, वैसे-वैसे यह मेरी सहज व्यवस्था और कुदरत के साथ टकराव का रास्ता अपनाता चला गया। तुम्हारी सामाजिक व्यवस्था ने तुम इनसानों को मेरी सहज व्यवस्था के खिलाफ एक मोहरा बनाकर खड़ा कर दिया। समाज ने बदले में तुम्हें सर्वश्रेष्ठ प्रजाति और इकलौते सामाजिक प्राणी जैसे खिताब सौंप दिए। खुद को सामाजिक साबित करने की होड़ में तुम अपने निजत्व की गहराइयों में झाँकने का मौका भी प्राप्त नहीं कर पाए।

अपनी बुनियादी जरूरतों को पूरा करने के लिए तुम इनसानों ने सामाजिक समूहों का गठन किया था। इन सामाजिक समूहों ने तुम्हारी गतिविधियों को व्यापक और तीव्र बना दिया। तुम्हारी व्यापक और तीव्र गतिविधियों ने धीरे-धीरे बहुत सारी अतिरिक्त जरूरतें पैदा कर दीं। इनसानी गतिविधियों और अतिरिक्त जरूरतों ने एक-दूसरे को लगातार फैलाने का काम किया। इन अंधाधुंध गतिविधियों और जरूरतों को प्रंधित करने के लिए सामाजिक समूहों पर दबाव बढ़ता चला गया। इस दबाव से उबरने के लिए इन सामाजिक समूहों ने तुम्हारी शारीरिक और मानसिक क्षमता का अतिरिक्त दोहन करना शुरू कर दिया। इस अतिरिक्त दोहन के बल पर

इन समूहों ने अपना एक स्वतंत्र वजूद धारण कर लिया। समाज द्वारा अपने स्वतंत्र अस्तित्व को कायम रखने के लिए तुम इनसानों की योग्यता, क्षमता और ताकत का दोहन करना अब अपरिहार्य बन चुका था।

जिसे तुम अपना समाज कहते हो या मानते हो, वह असलियत में तुम्हारी अभिधारणाओं, क्षमताओं, विवशताओं और जरूरतों का एक बहुरंगी मिश्रण है। यह बहुरंगी मिश्रण तुम्हारे इनसानी व्यक्तित्व में अलग-अलग रंगों की छटा बिखेरने के लिए तुम्हारे सहजजीवी रूप को बदरंग कर देता है। सामाजिक होने का एहसास तुम इनसानों को केवल इनसानी सरोकारों से चिपकाकर रख देता है। इस चिपकाव के कारण तुम अनजाने ही बाकी जीवों और पदार्थों के विरोधी बन जाते हो। एक ऐसा विरोधी, जो अल्पसंख्यक होकर भी बहुंख्यक जीव-पदार्थों पर अपना आधिपत्य जमाने की कोशिश में लगा रहता है। मेरी सहज व्यवस्था में यदि तुम्हारे सामाजिक मानदंडों को लागू किया जाए तो तुम इनसान ही अकेले ऐसे जीव हो, जो असामाजिकता के पैमाने पर खरा उतरता है।

मेरी सहज व्यवस्था में एक ओर तुम इनसान हो, तो दूसरी ओर बाकी सारे जीव और पदार्थ। इस अलगाव और अकेलेपन के जिम्मेदार तुम खुद हो। बाकी जीव एवं पदार्थों के साथ साहचर्य बनाने के लिए जिन भावनाओं, इच्छाओं, कोशिशों और गतिविधियों की जरूरत होती है, उन्हें तुमने समाज जैसे दिमागी-तंत्रों के आगे पूरी तरह से समर्पित कर दिया है। तुम्हारे पास मेरी सहज व्यवस्था में समायोजित होने का कोई साधन ही नहीं बचा है। तुम इस साहचर्य और समायोजन के लिए अपने दिमागी-तंत्रों पर निर्भर हो जाते हो। यह निर्भरता तुम्हें मेरी सहज व्यवस्था से दूर खड़ा कर देती है। तुम्हारे द्वारा निर्मित ताकतवर दिमागी-तंत्रों में ही तुम्हारी कमजोरी के बीज अंकुरित होते हैं, क्योंकि मेरी सहज व्यवस्था में सहज संतुलन को बनाए रखने का यही तरीका है। तुम्हारे अलग-अलग समाज तुम्हें सामाजिक प्राणी के रूप में स्थापित करने की कोशिशें करते हैं। इन कोशिशों के कारण ये आपस में ही टकराने लगते हैं। समाजों और संस्कृतियों का आपसी टकराव उन्हीं के द्वारा निर्मित मूल्यों, विश्वासों, मानदंडों, प्रथाओं, रीति-रिवाजों और परंपराओं को ही तहस-नहस कर देता है। तुम फिर से नए विश्वासों, नए मूल्यों, नए मानदंडों, नई

प्रथाओं, नए रीति-रिवाजों और नयी परंपराओं की फसल उगाते हो, लेकिन इस फसल पर स्वामित्व का अधिकार जमाने की सामूहिक कोशिशें एक बार फिर से नए सामाजिक-सांस्कृतिक टकरावों का कारण बन जाती हैं। यह लगातार दोहराई जानेवाली प्रक्रिया है, जो एकमात्र इनसानी समाज का आधार बनने ही नहीं देती है। तुम सामाजिकता और असामाजिकता के बीच झूलते रहते हो।

तुम्हारे सामाजिक मूल्य और शिष्टाचार अलग-अलग सामाजिक समूहों के बीच तथा एक सामाजिक समूह के भीतर समन्वय और साहचर्य पैदा करने के लिए तय किए जाते हैं। दिमागी-तंत्र के रूप में कार्य करते हुए समाज इन मूल्यों और शिष्टाचारों को इतना कृत्रिम और विशिष्ट बना देता है कि धीरे-धीरे यही मूल्य और शिष्टाचार तुम्हारी रूढ़ियों और कुरीतियों में तब्दील होने लगते हैं। इस तरह से सामाजिक मूल्य और शिष्टाचार अपने बदले हुए रूप में विभिन्न सामाजिक समूहों के बीच कड़वाहट और वैमनस्य पैदा करनेवाले उत्प्रेरक बन जाते हैं। तुम समाजीकरण, सामाजिक व्यवहार, सामाजिक चेतना, सामाज़िक मर्यादा और सामाजिक संतुलन के अपने रागों को जितना जोर से अलापते हो, सामाजिक रूढ़िवादिता, सामाजिक असंतोष, सामाजिक अस्थिरता और असामाजिकता उतने ही जोर से चीख-चीखकर तुम्हारे उन रागों को बेसुरा बना देती है। बिना सुर-तालवाले इन रागों पर झूमते हुए इकलौते सामाजिक प्राणी होने का जश्न मनाना तुम्हारी श्रेष्ठता को नहीं, तुम्हारी विचित्रता को साबित करता है।

समाज की तुम्हारी अवधारणा एकमात्र इनसानी समाज को नहीं, बल्कि प्याज के छिलकों की भाँति समाज के भीतर समाज की अलग-अलग परतों को सामने लाती है। प्रत्येक परत या श्रेणी अपने आप में एक समाज है और इस परत या श्रेणी से जुड़ा हर इनसान सामाजिक होने का दावा करता है। तुम्हारे अनगिनत समाज अपने संगठन, अपने विस्तार, अपनी क्षमता और अपने वजूद के लिए धर्म, राष्ट्र, संस्कृति, क्षेत्र, जाति, व्यवसाय आदि से जुड़ी पहचानों पर आश्रित होते हैं। जब ये पहचानें धूमिल होने लगती हैं, तब ये समाज भी विघटन की ओर बढ़ने लगते हैं। जैसे-जैसे ये पहचानें मजबूत होती जाती हैं, वैसे-वैसे तुम्हारे समाज भी और अधिक संगठित और कट्टर होते चले जाते हैं। इन पहचानों से जुड़े हितों की संकीर्णता और

व्यापकता तुम्हारे समाजों की रूढ़िवादिता और उदारता को निर्धारित करती है। इस पूरे घटनाचक्र में तुम एक क्षण के लिए भी यह विचार नहीं कर पाते हो कि इस रूढ़िवादिता या उदारता के नफे-नुकसान किसी समाज को नहीं, सिर्फ तुम इनसानों को ही भुगतने पड़ते हैं।

मेरी सहज व्यवस्था में भी सारे जीव और पदार्थ किसी न किसी प्रकार के सामूहिक बंधन से जुड़ते हैं, लेकिन वे सामाजिक या असामाजिक तंत्रों की सीमा में कैद नहीं होते हैं। वे अपने वजूद को किसी सामूहिक तंत्र के अस्तित्व पर निर्भर नहीं बनाते हैं। वे अपने अलग-अलग वजूद को मेरे सहज अस्तित्व के रूप में प्रकट करते हैं। यही इन जीवों की सामाजिकता है, जो किसी जीव या पदार्थ को श्रेष्ठ या हीन होने का एहसास नहीं होने देती है। समय और स्थान की सीमाओं से परे की यह सामाजिकता विकास और विघटन की साझा प्रक्रिया के माध्यम से मेरी सहज व्यवस्था को हर पल नए रूप और आकार देती रहती है। दूसरी ओर तुम्हारी सामाजिक व्यवस्था है, जो विकास और विघटन को परस्पर विरोधी प्रक्रियाओं में बदल देती है। यह तुम्हें इन परस्पर विरोधी प्रक्रियाओं का सक्रिय भागीदार बनाकर दो विपरीत दिशाओं में आगे बढ़ाती रहती है। इसी कारण से तुम इनसानों को मेरी सहज व्यवस्था में लगातार चलनेवाली रूपांतरण प्रक्रिया के साथ-साथ चलने का अवसर ही नहीं मिल पाता है। विकास और विघटन के विपरीत रास्तों पर बढ़ते हुए कभी-कभार तुम्हें इस सहज रूपांतरण की झलक मिल जाती है। यह झलक तुम्हारे लिए तब एक सहज घटना की बजाय रहस्य और चमत्कार का विषय बन जाती है। तुम्हारे कई समाज तो इन्हीं झलकियों से पैदा होनेवाले रहस्यों और चमत्कारों को आधार बनाकर विकसित हुए हैं। इन रहस्यों और चमत्कारों से पनपनेवाला डर, जिज्ञासा, अचरज और लालच इन समाजों को संगठन की डोर में बाँधे रखता है। संगठन की यह डोर इतनी कमजोर होती है कि एक पल का साहस, विरक्ति और सहज दृष्टि इसे आसानी से तोड़ सकती है, लेकिन सामाजिक-तंत्र उस एक पल को तुम्हारे जीवन में दाखिल ही नहीं होने देता है।

परिवार, गोत्र, जाति, वर्ग, समुदाय जैसी सामूहिक इकाइयाँ तुम्हारे समाजों का बुनियादी आधार हैं। जब इन सामाजिक इकाइयों में कोई बदलाव होता है तो

तुम्हारे समाजों की जड़ें भी हिलने लगती हैं। अन्य सभी जीव-पदार्थों के साथ तुम्हारा साहचर्य स्थापित न हो पाने की एक वजह यह है कि तुम सामाजिक विकास के तमाम चरणों से गुजरने के बाद भी यह तय नहीं कर पाते हो कि तुम्हारी सामाजिकता किसके द्वारा जाहिर होगी। परिवार, जाति, वर्ग, समुदाय में से आखिर कौन है, जो तुम्हारी सामाजिकता को प्रकट करेगा। घर से लेकर कार्यस्थल तक और कार्यस्थल से लेकर इनसानी जीवन की विभिन्न गतिविधियों के अलग-अलग केंद्रों तक तुम्हारी सामाजिकता कई छोटी-बड़ी सामाजिक इकाइयों द्वारा अभिव्यक्त होती है। सामाजिकता की ये अलग-अलग अभिव्यक्तियाँ इनसानी समाज को एक निश्चित रूप, आकार, परिभाषा और अर्थ से वंचित कर देती हैं। इसी अनिश्चितता को अपना हथियार बनाकर समाज एक दिमागी-तंत्र के रूप में तुम्हारा मनमाने ढंग से शोषण और दोहन करते रहते हैं।

तुम अपने जीवन का अधिकांश हिस्सा परिवार, जाति, वर्ग, समुदाय, क्षेत्र, धर्म और राष्ट्र के परस्पर विरोधी हितों को पूरा करने में खपा देते हो। इनमें से प्रत्येक हित की पूर्ति करना तुम्हारा सामाजिक दायित्व बन जाता है। इस दायित्व को निभाते हुए तुम परिवार के लिए अपनी शारीरिक प्रणाली को दाँव पर लगा देते हो। दूसरे धर्मों या जातियों के खिलाफ एक अकारण पैदा होनेवाली नफरत का जहर उगलते हो। दूसरे राष्ट्र या क्षेत्र के इनसानों के साथ एक परग्रही अतिक्रमणकर्ता की तरह पेश आते हो। एक-दूसरे की संस्कृतियों को पिछड़ी और हीनतर साबित करने के बहुरूपी संघर्ष में एक योद्धा की भूमिका को बड़ी तत्परता के साथ स्वीकार कर लेते हो, यहाँ तक मेरी सहज व्यवस्था और प्रकृति के सहज संतुलन को भी तोड़ने पर आमादा हो जाते हो। अपने परिवार, अपने समुदाय, अपने धर्म, अपनी जाति, अपनी संस्कृति और अपने राष्ट्र के हितों की रक्षा करना तुम्हारा निजी और सामूहिक दायित्व है। यह सामूहिक और निजी दायित्व उस वक्त एक असामाजिक गतिविधि या कार्य में बदल जाता है, जब अपने से भिन्न सामूहिक इकाइयों से जुड़े लोग भी इस दायित्व को सक्रिय रूप से निभाना शुरू कर देते हैं।

तुम्हारा समाज एक खारे पानी के महासागर की तरह है, जो राष्ट्र, धर्म, क्षेत्र, संस्कृति, समुदाय, जाति, वर्ग जैसी छोटी-बड़ी नदियों को अपने में समाहित तो

कर लेता है, लेकिन तुम इनसानों की प्यास को नहीं बुझा पाता। तुम्हें अपनी निजी और सामूहिक तृप्ति के लिए इन्हीं छोटी-बड़ी नदियों के किनारों पर बार-बार जाना पड़ता है। इस प्रकार इनसानी समाज की व्यापक अवधारणा तुम्हें सामाजिक प्राणी का नाम तो दे देती है, लेकिन सामाजिक होने की संतुष्टि तुम्हें राष्ट्र, धर्म, जाति, समुदाय, वर्ग, संस्कृति जैसी अवधारणाओं को गले लगाकर ही मिल पाती है। तुम इनसान अभी तक अपने समाज का चेहरा स्पष्ट नहीं देख पाए हो, क्योंकि सामूहिक हितों एवं जरूरतोंवाली तमाम संरचनाएँ समाज का मुखौटा पहनकर तुम्हारे सामने आती-जाती रहती हैं।

कभी नागरिक समाज, सभ्य समाज, शिक्षित समाज, धार्मिक समाज, वैज्ञानिक समाज, पेशेवर समाज, औद्योगिक समाज, कुलीन समाज, विकसित समाज, उदारवादी समाज तुम्हारे सामने अपना आकर्षक रूप लेकर आते हैं तो कभी असभ्य समाज, अराजक समाज, रूढ़िवादी समाज, अपराधी समाज, वंचित समाज, दलित समाज, पिछड़ा समाज, श्रमिक समाज, निरक्षर समाज, जनजातीय समाज की अनियंत्रित भीड़ तुम्हें अपने आगोश में ले लेती है। समाजों की इस भीड़ में एक इनसानी समाज का चेहरा देख पाना तुम्हारे लिए संभव नहीं है। इन परस्पर विराधी समाजों का संघर्ष तुम्हारे लिए केवल अनगिनत दीवारें बना सकता है, न कि सभी इनसानों के लिए एक छत। सभी इनसानों को आसरा देनेवाली एक छत का निर्माण किए बिना तुम सामाजिक प्राणी होने का ठोस दावा नहीं कर सकते। एकमात्र इनसानी समाज के रूप में निर्मित ऐसी छत के नीचे खड़े होकर तुम्हें राजनीति, धर्म, जाति, समुदाय, वर्ग, संस्कृति की छतरियों को थामने की जरूरत नहीं पड़ेगी। इसी छत के ऊपर खड़े होकर तुम मेरी और प्रकृति की अनंत चादर में खुद को लपेट सकते हो। इस चादर को लपेटने के बाद वे सारे कृत्रिम आवरण अपने आप ही उतर जाएँगे, जो तुमने अपनी सुरक्षा के लिए दिमागी-तंत्रों से माँगकर पहने हैं। तभी जाकर तुम्हें सुरक्षा के साधनों की बजाय सुरक्षा का चिरस्थायी बोध प्राप्त होगा। तुम इनसानों ने एकमात्र इनसानी समाज की छत बनाने से पहले ही कई दीवारें और सोपान निर्मित कर लिये, जो तुम्हारे मार्गदर्शक की बजाय तुम्हारे पैरों की बेड़ियाँ बनते चले गए। ये दीवारें और सोपान छोटे-बड़े अनेक दिमागी-तंत्रों के रूप में तुम्हारे प्रतिनिधि बन गए। इन स्वयंभू प्रतिनिधियों की लगातार बढ़ती संख्या के कारण एकमात्र इनसानी

समाज को मानव प्रजाति का इकलौता प्रतिनिधि बना पाना संभव नहीं था। यदि एक मानव समाज के रूप में तुम केवल एक दिमागी-तंत्र का हिस्सा बन गए होते, तब मेरी सहज व्यवस्था के साथ तुम्हारा साहचर्य आसानी से कायम हो सकता था। उस स्थिति में तुम और तुम्हारा एकमात्र समाज मेरे और कुदरत के सामने एक इकाई के रूप में अपना प्रतिनिधित्व कर सकते थे। तुम्हारे कई सारे दिमागी-तंत्रों के कारण आज कुदरत तथा उससे जुड़े सारे जीव और पदार्थ यह तय नहीं कर पाते हैं कि इनसानी नस्ल का वास्तविक प्रतिनिधि किसे माना जाए।

❖

मेरे और प्रकृति के साथ अपने संबंधों को एक सहज स्पर्श देने और इन संबंधों को अपनी बदलती जरूरतों के मुताबिक तय करने के लिए तुम्हें अपने समाजों का रूपांतरण करना होगा। अपने विभिन्न समाजों की परिभाषाओं, अवधारणाओं, मान्यताओं और मूल्यों को बाकी सारे जीव-पदार्थों की जरूरतों को ध्यान में रखकर बदलना होगा। इस रूपांतरण की प्रक्रिया में तुम्हारे अलग-अलग समाजों के बीच मौजूद विभेद अपने आप ही मिट जाएँगे। इन विभेदरहित समाजों के एकीकरण से तुम्हें एक सहज सामाजिक व्यवस्था हासिल होगी। यह सामाजिक व्यवस्था बड़ी सरलता के साथ बाकी जीव-पदार्थों के साथ साहचर्य स्थापित कर लेगी। इन जीव पदार्थों के साथ ऐसा साहचर्य स्थापित किए बिना तुम मेरी सहज व्यवस्था के सामने सामाजिक होने का दावा पेश नहीं कर सकते हो। तुम एक सामाजिक प्राणी होने का दावा तभी कर सकते हो, जब तुम्हारे पास बाकी जीव-पदार्थों के साथ साहचर्य की सहज अनुभूति का अनुभव प्रमाण-पत्र मौजूद हो। तुम इनसानों ने अब तक अपनी मर्जी के मुताबिक शेष जीव-पदार्थों को उपयोगी और अनुपयोगी होने के प्रमाण-पत्र जारी किए हैं। तुमने कभी इस बात पर गौर ही नहीं किया कि बाकी जीव-पदार्थों के लिए तुम इनसानों की उपयोगिता कितनी और क्या है? इस बात की अनदेखी का कारण तुम्हारी सामाजिक व्यवस्था है, जो तुम्हें केवल इनसानी सरोकारों के साथ ही उलझाए रखती है। इनसानों के हितों पर केंद्रित होने के बावजूद तुम्हारी सामाजिक व्यवस्था सारे इनसानों की मान्यता और स्वीकृति हासिल नहीं कर पाती है। यह बाकी जीवों और पदार्थों की लगातार उपेक्षा का ही सहज प्रतिफल है।

❖

तुम्हारी सामाजिकता साहचर्य पर नहीं, बल्कि श्रेष्ठता के आधार पर टिकी है।

समाज ने जब एक दिमागी-तंत्र का रूप ले लिया, तब उसने तुम इनसानों को एक सहज जीव से एक उन्नत सामाजिक प्राणी में बदल दिया, क्योंकि तुम एक श्रेष्ठ और उन्नत सामाजिक प्राणी बनकर ही समाज के स्वतंत्र वजूद को कायम रख सकते थे। समाज ने तुम्हें श्रेष्ठता और विशिष्टता के नशे में इतना चूर कर दिया कि तुम प्रकृति और मेरी सहज व्यवस्था के सामने ही अपनी ताकत का प्रदर्शन करने लगे। समाज बार-बार तुम्हारे दिमागी पटल से इस तथ्य को मिटा देता है कि प्रकृति या मेरी खुद की कोई ताकत नहीं है। मेरी और कुदरत की ताकत तो सभी जीवों और पदार्थों की मिली-जुली क्षमताओं और शक्तियों की परछाईं मात्र है। तुम अपनी सामूहिक चेतना और सामूहिक प्रयासों द्वारा कुछ शक्तियाँ और क्षमताएँ अर्जित कर लेते हो। जब समाज तुम्हारी इन शक्तियों और क्षमताओं का प्रयोग, परीक्षण और प्रदर्शन बाकी के जीव-पदार्थों पर कर रहा होता है, उस वक्त उन जीव-पदार्थों की अलग-अलग सूक्ष्म चेतना और मामूली शक्तियाँ मुझमें तथा प्रकृति में संकेंद्रित हो रही होती हैं। जब यह संकेंद्रण मेरे या प्रकृति के द्वारा किसी न किसी रूप-आकार में प्रकट होता है, तब तुम्हें और तुम्हारे सामाजिक ढाँचे को इसके आगे नतमस्तक होना पड़ता है।

तुम्हारे सामाजिक मूल्यों और मर्यादाओं को एक असामाजिक इनसान नहीं तोड़ता है। इन मूल्यों और मर्यादाओं को तो उन अति सूक्ष्मजीवों और पदार्थों द्वारा तार-तार कर दिया जाता है, जिन्हें तुम्हारी सामाजिक चेतना अपने संज्ञान में भी नहीं ले पाती है। इन जीवों और पदार्थों का आपसी साहचर्य ऐसी भौतिक, रासायनिक और जैविक क्रिया-प्रतिक्रियाओं को पैदा कर देता है, जो तुम इनसानों के भावनात्मक आवेगों को बेकाबू और तीव्र कर देती हैं। ये बेकाबू और तीव्र भावनात्मक आवेग एक सामाजिक और सभ्य इनसान को पल भर में असामाजिक या असभ्य बना सकते हैं। एक आदर्श समाज की चाह में तुमने हजारों सदियाँ गुजार दीं, लेकिन इनमें से एक सदी भी ऐसी नहीं थी जिसमें सारे इनसानों ने सामाजिक साहचर्य के साथ अपना वक्त गुजारा हो। वहीं दूसरी ओर तुम्हारे सामने ऐसे असंख्य जीवों के उदाहरण मौजूद हैं, जिन्होंने करोड़ों सालों से साहचर्यपूर्ण जीवन जिया है। इन जीवों ने जो जीवन व्यतीत किया है, वह तुम्हारे लिए अनुकरणीय होकर भी अछूता रहा है। ये जीव आज भी अपने साहचर्यपूर्ण जीवन के साथ तुम्हारी सामाजिक चेतना का मूक उपहास उड़ा रहे हैं। ये जीव एक संतुलित और समग्र समाज निर्मित करने की तुम्हारी कोशिशों को सवालिया नजरों से देख रहे हैं। एक

सभ्य, संतुलित और परिपूर्ण इनसानी समाज को रूप-रंग एवं आकार देने की कोशिशों का प्रभाव और परिणाम तुम इनसानों को खुद भी नहीं मालूम है। तुम्हें बस इतना मालूम है कि तुम इन कोशिशों के द्वारा खुद को सामाजिक प्राणी और श्रेष्ठ प्रजाति साबित कर सकते हो, इसलिए इन कोशिशों का जारी रहना तुम्हारे लिए बेहद जरूरी है। यही जरूरत तुम्हें कई छोटे-बड़े दिमागी-तंत्रों के मोहजाल में फँसा देती है। ये दिमागी-तंत्र आदर्श समाज की खाल ओढ़कर तुम्हारी सहजता, निष्ठा, विश्वास, विवेक, लगनशीलता और दूरदर्शिता को छलपूर्वक हासिल कर लेते हैं। इसके बाद ये दिमागी-तंत्र जीवन को सहज रूप से जीने का तुम्हारा हक आसानी से छीन लेते हैं।

जब मैं तुमसे तुम्हारे सहज जीवन या निजत्व में झाँकने के लिए कहता हूँ, तो तुम्हारी सामाजिक चेतना के साथ-साथ तुम्हारी राष्ट्रीय भावना, तुम्हारी धार्मिक आस्था, तुम्हारी आर्थिक कुशलता, तुम्हारा सांस्कृतिक बोध, तुम्हारी नैतिक मान्यता और तुम्हारी तार्किक बुद्धि भी तुम्हें मेरे विरोध में खड़ा कर देती है। ये सब मिलकर तुम्हें परमार्थ का पाठ पढ़ाने लगते हैं या तुम्हें स्वार्थी या व्यक्तिवादी घोषित करने लगते हैं। परोपकार और निःस्वार्थ सेवा का पाठ पढ़कर तुम खुद को अकेला परोपकारी जीव मानकर मन-ही-मन मुग्ध होने लगते हो। अब तुम्हें इस मंत्रमुग्धता से बाहर निकलना होगा। तभी तुम जान पाओगे कि तुम्हारा निजत्व एक अकेले इनसान या सामाजिक इकाई के रूप में मौजूद इनसान नहीं है, जो अन्य इनसानों या समाज से जुड़कर ही अपना वजूद साबित कर सकता है। मैं तुम्हें जिस निजत्व में वापस लौटने के लिए कहता हूँ, वह एक व्यक्तिगत इकाई नहीं है, बल्कि एक प्रणाली है। तुम इस सहज प्रणाली के साथ ही पैदा होते हो। इस प्रणाली के भीतर असंख्य जीव और पदार्थ मौजूद हैं, जो रूपांतरण के द्वारा इस प्रणाली को जीवंत बनाए रखते हैं। इस सहज प्रणाली में प्रत्येक जीव और पदार्थ अपने बीच तथा प्रणाली के बाहर मौजूद जीव-पदार्थों के साथ अटूट साहचर्य को निभाते हुए मेरे और प्रकृति के साथ तारतम्य स्थापित करता है। दिमागी-तंत्र इस साहचर्य की अनुभूति में सबसे बड़ी बाधाएँ बन जाते हैं।

इस साहचर्य को अनुभव न कर पाने के कारण तुम अपनी खुद की सहज

प्रणाली से हमेशा के लिए अलग कट जाते हो। इस साहचर्य के अभाव में तुम सामाजिक बनने की कोशिश में असामाजिक भी बन जाते हो। राष्ट्रवादी बनते-बनते कभी राष्ट्रद्रोही भी बन जाते हो। एक धर्म के प्रति आस्थावान बनकर दूसरे धर्मों के प्रति नफरत के स्रोत बन जाते हो। संसाधनों के कुशल प्रबंधक बनने के फेर में कुदरत के सबसे अपव्ययी जीव बन जाते हो। खुद को बुद्धिजीवी और तर्कशील साबित करने की अफरा-तफरी में सनकी और कुतर्की साबित हो जाते हो। सुसंस्कृत और सभ्य बनने की प्रक्रिया में खुद को संस्कारहीन और असभ्य बनने से भी नहीं रोक पाते हो। नैतिक विवेक के इकलौते मालिक होने का दावा करने पर भी अनैतिकता के सबसे आसान शिकार बन जाते हो।

तुम्हारे समाज तुम्हें इनसानी सरोकारों के दायरे में बाँधकर तुम्हारे लिए अनेक लक्ष्य और उद्देश्य निर्धारित कर देते हैं। केवल इनसानी समाजों के लिए तय किए गए ये लक्ष्य और उद्देश्य तब तक पूरे नहीं किए जा सकते, जब तक कि बाकी जीव-पदार्थों को इन लक्ष्यों और उद्देश्यों के निर्धारण में सहभागी न बनाया जाए। इनसानों को सामाजिक और बाकी जीवों को असामाजिक मानकर तुम्हारे समाज मेरी सहज व्यवस्था के साथी-संगी बनने से इंकार कर देते हैं। इस तरह से तुम्हारे ये समाज तुम्हें मेरा ही नहीं, प्रकृति का भी अनचाहा दुश्मन बना देते हैं। अब तुम्हें यह जान लेना चाहिए कि सामाजिकता तुम इनसानों का अद्वितीय गुण या विशेषता नहीं है। पूरी कायनात सूक्ष्म-स्थूल जीवों, लघु-विशाल पिंडों, छोटी-बड़ी इकाइयों और संकुचित-व्यापक चेतनाओं के सहज साहचर्य पर आधारित सामाजिकता का खुला सबूत है। तुम्हारी कृत्रिम और एकाधिकारवादी सामाजिकता तुम्हारे ही विवेक और बुद्धि का इस्तेमाल करके इस जीते-जागते सबूत पर पर्दा डाल देती है। तुम इनसान सामाजिकता के एहसास या अपने सामाजिक बोध को प्राप्त करने के लिए सभ्यता, संस्कृति और इतिहास के पुराने खँडहरों में भटकते हो। अपने अतीत की इस यात्रा में तुम्हें पूर्वग्रहों, धारणाओं, मान्यताओं, प्रथाओं, परंपराओं और रीति-रिवाजों के भारी बोझ से दबा हुआ एक सामाजिक बोध हासिल होता है। यह सामाजिक बोध एक जीव के रूप में तुम्हारे सहज बोध को उभरने का मौका ही नहीं देता है। इसी कारण तुम्हारी सामाजिक प्रणालियाँ एक कृत्रिम यंत्र की तरह से काम करने लगती हैं।

सहज सामाजिकता का पाठ सीखने के लिए तुम्हें अतीत के पन्नों को नहीं पलटना है। इसके लिए तो तुम्हें बस एक स्थिर दर्शक बनकर अपनी खुद की शारीरिक प्रणाली को काम करते हुए देखना भर है। तुम्हें अति सूक्ष्म कणों से लेकर स्थूल मांसपेशियों तक के निरंतर चलनेवाले रूपांतरण पर नजर डालनी है। तभी तुम्हें एक शुक्राणु और एक अण्डाणु का वह सहज बोध दिखाई देगा, जो रूपांतरण के कई सारे चरणों से गुजरते हुए एक इनसानी संरचना का रूप-आकार ले लेता है। इस रूपांतरण में इनसानी शरीर के भीतर मौजूद घटक ही नहीं, बल्कि शरीर के बाहर मौजूद घटक भी जिस साहचर्यपूर्ण सहज सामाजिकता को दर्शाते हैं, वह तुम्हारे लिए अनुकरणीय है। अचरज की बात यह है कि तुम दिमागी-तंत्रों का पिछलग्गू बने रहने की वजह से अपनी खुद की सहज प्रणाली का अवलोकन और अनुकरण नहीं कर पाते हो।

अपने इसी पिछलग्गूपन के कारण तुम इनसान ज्ञान-विज्ञान, पदार्थ, चेतना और जगत के बारे में काफी कुछ जानते हुए भी उस सहज साहचर्य बोध से अनजान बने रहते हो, जो प्रत्येक पदार्थ और प्रत्येक जीव को रूपांतरण के अबाध चक्र का सहज समर्पित भागीदार बना देता है। यही भागीदारी इन जीवों और पदार्थों को उस व्यापक एवं मूलभूत सामाजिक भावना से ओत-प्रोत कर देती है, जो तुम्हारे अथक प्रयासों के बावजूद तुम्हारे लिए अप्राप्य रही है। जीव और पदार्थ जगत् में तुम अकेले ऐसे प्राणी बन जाते हो, जो सामाजिक होने का दावा करते-करते असामाजिकता की गोद में जाकर बैठ जाता है।

यदि तुम बाकी जीव-पदार्थों की तरह सामाजिक और असामाजिक के अर्थ और भेद से अनजान होते, तो तुम्हारी गतिविधि और कार्यों का कोई सामाजिक मूल्य तय नहीं होता। उस स्थिति में तुम्हारे भूत, वर्तमान और भविष्य का कोई सामाजिक लेखा-जोखा भी तैयार नहीं होता। अपने विभेदात्मक और चयनात्मक ज्ञान के द्वारा तुमने आज इतना विस्तृत सामाजिक लेखा-जोखा निर्मित कर लिया है कि तुम उसकी लेखा परीक्षा में ही उलझकर रह जाते हो। तुम्हारे भूतकालीन समाजों की सीख और भावी समाजों की माँग के बीच की खाई लगातार चौड़ी होती चली जाती है। तुम्हारा मौजूदा समाज इस खाई को पाटने की कोशिश में बेदम और पस्त हो

जाता है। तुम अपने प्रत्येक कालखंड में एक बेदम और पस्त समाज का हिस्सा बने रहने के लिए अभिशप्त हो जाते हो।

तुम्हारी बेदम सामाजिक व्यवस्था खुद को जीवंत बनाने के लिए कई तरह के सामाजिक निषेधों और बंधनों का जाल बुनती चली जाती है। इस तरह के निषेध और बंधन समय के प्रवाह में सामाजिक रूढ़ियों और कुरीतियों का रूप ले लेते हैं। अब इन रूढ़ियों और कुरीतियों को मिटाने के लिए फिर से नए निषेधों और बंधनों को लागू करना ही सामाजिक व्यवस्था के जिंदा रहने की निशानी बन जाता है। तुम्हारी सामाजिक व्यवस्था साहचर्य और समायोजन से नहीं, बल्कि संघर्ष और तनाव से अपनी प्राणवायु हासिल करती है। यह उत्तरजीविता के लिए जीवों के सीमित द्वंद्व को खींचतान कर सभ्यताओं, नस्लों, राष्ट्रीयताओं और समाजों के असीमित संघर्षों में बदल देती है। मेरी सहज व्यवस्था में उत्तरजीविता के लिए दो जीवों के बीच होनेवाला संघर्ष अल्पकालिक और सीमित होता है। दूसरी ओर तुम्हारी सामाजिक व्यवस्था है, जिसमें मात्र दो इनसानों के हितों, लालसाओं, महत्त्वाकांक्षाओं, विचारों और दृष्टिकोणों का टकराव विश्वव्यापी युद्ध का रूप ले लेता है।

तुम इनसानों के उन्नत सामाजिक प्राणी होने का सबसे अटूट प्रमाण बस यही है कि तुम अपनी बहुस्तरीय सामाजिक व्यवस्था के हर स्तर पर कई तरह के संघर्षों में प्रत्यक्ष या अप्रत्यक्ष भागीदारी निभाते हो। तुम अपने परिवार के लिए लड़ते हो, अपने गाँव के लिए लड़ते हो, अपने शहर के लिए लड़ते हो, अपने क्षेत्र के लिए लड़ते हो, अपने देश के लिए लड़ते हो, अपने समुदाय के लिए लड़ते हो, वहीं दूसरी तरफ मेरी और प्रकृति की सहज व्यवस्थाएँ हैं, जहाँ प्रत्येक जीव अपने जीवन की रक्षा के लिए महज तात्कालिक लड़ाई लड़ता है। अगर ये सारे जीव भी तुम्हारी तरह से खुद को उन्नत सामाजिक प्राणी में विकसित कर लेते, तो तुम इनसानों के लिए पृथ्वी पर एक पल काटना भी दूभर हो जाता।

तुम अपनी सामाजिक व्यवस्था द्वारा तय किए गए आचार-व्यवहार, नियम-निषेधों तथा रीति-रिवाजों को स्वीकार करते चले गये। तुमने कभी इस बात पर

ध्यान ही नहीं दिया कि इन सबका अनुपालन उन जीवों और पदार्थों की मूक या बलात् सहमति पर टिका है, जिन्हें तुम्हारे समाज तुच्छ या हीन मानते हैं। तुम्हारे खान-पान, रहन-सहन, पहनावे, फैशन, साज-सज्जा और जीवनशैलियों की सारी विशिष्टताएँ और विद्रूपताएँ इन्हीं हीनतर और तुच्छ जीव-पदार्थों द्वारा निर्मित एवं निर्धारित होती हैं। समाज जैसे दिमागी-तंत्र तुम इनसानों को यह सहूलियत देते हैं कि तुम इन विशिष्टताओं और विद्रूपताओं को मानवीय प्रयासों की सफलता या विफलता के रूप में स्वीकार करने की आदत डाल लो। समाज द्वारा मुहैया कराई गई इस सहूलियत की कीमत तुम्हें अपनी सहज और निर्बाध चेतना की बलि देकर चुकानी पड़ती है। समाज तुम्हारी सहज चेतना को तुम्हारे ही दिमाग की आजीवन कैद में डाल देता है। तुम्हारे एकल दिमाग और शरीर की ऊर्जा सामाजिक-तंत्र की चहारदीवारी को लाँघने के लिए कभी संकेंद्रित नहीं हो पाती है। तुम एक इनसान के रूप में अशक्त और अक्षम हो जाते हो। आखिर में इस कैद से तुम्हें आजाद करने का काम भी तुच्छ बाहरी जीव-पदार्थों को ही करना पड़ता है। ये जीव और पदार्थ अपने सहज या कृत्रिम रूपांतरण द्वारा तुम्हारी शारीरिक और मानसिक संरचना को विघटित कर देते हैं। इसके बाद तुम्हारी सहजजीवी चेतना मेरी सहज व्यवस्था में निर्बाध विचरण के लिए मुक्त हो जाती है। यह सहज चेतना फिर से इन्हीं जीवों और पदार्थों की सहायता से एक नई शारीरिक और मानसिक संरचना को निर्मित करके अपना ठिकाना बना लेती है। इस प्रकार ये तुच्छ जीव-पदार्थ ही हैं, जो तुम्हें मेरे और कुदरत के साथ एकाकार होने का मौका बार-बार उपलब्ध कराते हैं।

तुम्हारी सामाजिक संरचना शुरुआत में कुछ इनसानी दिमागों के सामूहिक प्रयासों द्वारा विकसित किया गया एक तंत्र थी। इसे अपने समग्र एवं क्रमिक विकास का प्रतीक तथा अपनी सामूहिक चेतना का आदर्श मॉडल बनाने की चाहत में तुमने अपना सर्वस्व इस तंत्र को सौंप दिया। तुम समाजों की खातिर मरने-मिटने लगे। धीरे-धीरे सामाजिक-तंत्र ने इतना विस्तार ले लिया कि तुम इनसान इसके यंत्र मात्र बनकर रह गए। तुम समाज के ऐसे यंत्रों में बदल गए, जो अपनी सहज चेतना और ऊर्जा द्वारा नहीं अपितु सामूहिक चेतना और सामूहिक ऊर्जा में अपनी हिस्सेदारी के आधार पर संचालित होते हैं। सामाजिक-तंत्र ने तुम्हारी इस अनिर्धारित, अनिश्चित और असंतुलित हिस्सेदारी को ही तुम्हारी शक्ति और क्षमता का स्रोत बना दिया। इस

तरह से तुम खुद के द्वारा बनाए गए तंत्र का औजार बन गए। अब यही दिमागी-तंत्र तुम्हारे जीवन का नीति-नियंता है और तुम इस नियंता के आदर्श मॉडल हो। तुम एकमात्र ऐसे जीव हो, जिसने अपनी सहज चेतना का अनंत साम्राज्य खोकर सामाजिक चेतना की छोटी-छोटी जागीरें हासिल कर ली हैं।

सामूहिक चेतना को अन्य कई जीवों और पदार्थों ने भी अपनी शक्ति और सामर्थ्य को बढ़ाने का साधन बनाया है, लेकिन उन्होंने सहज चेतना की उस डोर को कभी नहीं तोड़ा, जो मेरे और प्रकृति के साथ उन्हें बाँधे रखती है। उन जीव-पदार्थों ने सामूहिक चेतना को अपनी शक्ति-सामर्थ्य को बढ़ाने या घटाने का एक्सीलरेटर तो बना लिया, किंतु इसे शक्ति उत्पन्न करने का इंजन कभी नहीं बनाया। सामाजिक-तंत्र ने तुम इनसानों को सामाजिक विकास की दौड़ में इतना जुनूनी बना दिया कि तुमने सहज चेतना के तार को ही तार-तार करके फेंक दिया। सहज चेतना का यह तार ही एक्सीलरेटर को इंजन से जोड़ता था। अब तुम्हारा समाज एक ऐसी गाड़ी बन चुका है, जिसमें न तो इंजन है और न ही एक्सीलरेटर। तुम्हारे सामूहिक प्रयासों का धक्का इस गाड़ी को जैसे-तैसे आगे बढ़ाता है। तुम धक्का लगाकर जैसे ही इसकी सवारी करने का आनंद लेने के लिए इस पर बैठने की कोशिश करते हो, यह गाड़ी फिर से रुक जाती है। तुम्हें इसे चलाए रखने के लिए बार-बार उतरकर धक्का लगाना पड़ता है। तुम इसी मुगालते में रहते हो कि तुम इनसान समाज की शानदार सवारी कर रहे हो। तुम्हें यह आभास भी नहीं होता कि अब समाज एक सवार बन चुका है और तुम इनसान उसकी किफायती सवारी।

तुमने समाज का निर्माण कुछ चीजों, संसाधनों और उद्देश्यों को हासिल करने के लिए किया था। तुम्हारे समाज ने आज उन्हीं चीजों, संसाधनों और उद्देश्यों को इनसानों की बीच लगातार चलनेवाले संघर्ष का कारण बना दिया है। एक इनसान या एक जीव के रूप में तुम्हारी जरूरतें सीमित थीं, लेकिन एक समाज का सदस्य बनते ही तुम्हारी जरूरतें असीमित हो जाती हैं। कभी किसी समाज को तोड़ने के लिए, कभी किसी समाज को संगठित करने के लिए, कभी सामाजिक प्रगति के लिए, कभी समाज में प्रदर्शन करने के लिए, कभी समाज में खुद को साबित करने के लिए, तो कभी समाज में अपना स्तर उठाने के लिए तुम इनसान विभिन्न संसाधन

जुटाते हो। ये संसाधन एक इनसान के रूप में तुम्हारी जरूरतों की पूर्ति करने लायक संसाधनों से कई गुना अधिक मात्रा में होते हैं। यह समाज द्वारा तुम इनसानों का अतिरिक्त दोहन है। इस दोहन से बचने का एकमात्र उपाय यही है कि तुम समाज की अपनी अवधारणा को बदल दो। तुम्हें समाज की अपनी अवधारणा में से विकास, प्रतिस्पर्धा और संघर्ष को निकालकर साहचर्य, समायोजन और अनुकूलन को वरीयता देनी होगी। ऐसा करते ही समाज द्वारा तुम्हारे अतिरेक दोहन की गति अपने आप ही थमती चली जाएगी। साहचर्य, समायोजन और अनुकूलन के प्रभाव में तुम्हारी निजी और सामूहिक जरूरतों का दायरा सिमटता चला जाएगा। इसके परिणामस्वरूप तुम इनसानों द्वारा बाकी के जीव-पदार्थों का दोहन भी सीमित होता चला जाएगा। अब तुम्हारे ऊपर लदा हुआ प्रतिफलों का बोझ हल्का होने लगेगा और तुम सहज जीव के रूप में अपना जीवन आसानी से जी सकोगे।

तुम्हें खुद को सामाजिक साबित करने के लिए असामाजिकता को खत्म करने या जिन्दा रखने की प्रवृत्ति को त्यागना होगा। तुम्हें सामाजिकता को चोट पहुँचाने या समाज से प्रतिकार लेने मात्र के लिए खुद को असामाजिकता के खेमे में जाने से रोकना होगा। सारे इनसानों को सामाजिक या फिर असामाजिक प्राणियों में बदलना संभव ही नहीं है। अतः तुम्हें अपनी सहज दृष्टि को वापस पाना है। तभी तुम इनसान एक-दूसरे को सामाजिक या असामाजिक प्राणी के रूप में नहीं, बल्कि एक सहज जीव के रूप में देख सकोगे। इसके लिए तुम्हें फिर से किसी समाज सुधार, किसी सामाजिक क्रांति, किसी सामाजिक परिवर्तन या किसी सामाजिक आंदोलन के लिए लामबंद होने की जरूरत नहीं है। तुम्हें तो केवल अपनी सहजजीवी चेतना को निजी स्तर पर इतना फैलाव देना है कि तुम्हारी सहज चेतना सारे जीवों और पदार्थों को अपने परास में समेट ले तथा 'स्व' और 'पर' के सारे विभेदों को आपस में घोलकर रख दे।

धर्म, जाति, राष्ट्र, सभ्यता, समाज जैसे दिमागी-तंत्र शाश्वत और अविनाशी नहीं हैं, इसलिए इनके निर्माण और विघटन को अपने गंभीर सरोकारों में शामिल करना तुम्हारी नासमझी का परिचायक है। तुम्हें अपने प्रत्येक दिमागी पटल से कृत्रिम समाज की अवधारणा को मिटाकर एक ऐसी लचीली सामाजिक अवधारणा को अंकित करना है, जो सहज चेतना के माध्यम से सर्वत्र व्याप्त हो सके। यह

अवधारणा तुम्हें स्वचालित और सार्वभौमिक सामाजिक प्रणाली उपलब्ध कराएगी। इस नई सामाजिक प्रणाली में प्रत्येक जीव और पदार्थ के साथ तुम्हारा सहज संबंध स्वतः जुड़ता चला जाएगा। तब मैं और प्रकृति तुम्हारे अस्तित्व में घुल-मिल जाएँगे। इस स्वचालित और स्वाभाविक सामाजिक प्रणाली के भीतर ही तुम्हें सुरक्षा का वह एहसास हासिल होगा, जो असुरक्षित होने के सारे कारणों को ही खत्म कर देगा। कृत्रिम समाज की अवधारणा के मिट जाने पर तुम्हारी जरूरतों के मायने ही बदल जाएँगे। अब प्रत्येक जीव और पदार्थ तुम्हारा सहयोगी और साझीदार होगा। तभी तुम अकेलेपन और लाचारी की उस छाया से बाहर निकल पाओगे, जो तुम्हारे एकल दिमागों को दिमागी-तंत्र का खिलौना बनने के लिए मजबूर कर देती है।

□

6

मैं और तुम्हारी अर्थव्यवस्था

मेरी सहज व्यवस्था में सारे जीव और पदार्थ आपसी लेन-देन की एक सहज प्रणाली को अपनाते हैं। सहज लेन-देन की प्रक्रिया के माध्यम से इन जीव-पदार्थों के जीवनचक्र का पहिया घूमता रहता है। उनके लिए यह पहिया केवल घूमता है, लेकिन तुम इनसानों के लिए जीवनचक्र का यह पहिया कभी आगे की ओर, तो कभी पीछे की ओर घूमता है। जीवनचक्र के सहज घुमाव को आगे या पीछे घूमने की प्रक्रिया के रूप में तुम इनसानों के दिमागों में बिठा देना ही अर्थतंत्र का कमाल है। पहिये का आगे की ओर घूमना विकास का सूचक है तो उसका पीछे की ओर घूमना अवनति का प्रतीक है। आगे और पीछे की दिशाएँ भी तुम्हारा अर्थतंत्र ही तय करता है। तुम्हारी अर्थव्यवस्थाएँ विभिन्न प्राकृतिक और कृत्रिम चीजों के लेन-देन को विनियमित और नियंत्रित करती हैं। चीजों का यह परस्पर विनिमय केवल इनसानों तथा उनके छोटे-बड़े समूहों के बीच होता है। इस लेन-देन का आधार इन चीजों की कीमत है। यह कीमत इस बात से तय होती है कि इनसानों के लिए किसी चीज का महत्त्व और उपयोगिता कितनी है। तुम इनसानों ने अपनी मूलभूत जरूरतों को पूरा करने और अपनी प्रजाति के विस्तार को गति देने की आकांक्षा के साथ कीमत निर्धारण के इस फार्मूले को आँख मूँदकर स्वीकार कर लिया। तुम्हारी अर्थव्यवस्था ने मुद्रा, वस्तु विनिमय, व्यापार और वाणिज्य की तमाम छोटी-बड़ी प्रणालियों के माध्यम से खुद को विशाल आकार दे दिया।

इस विशाल दिमागी-तंत्र ने खुद को जीवित रखने के लिए तुम्हारे चारों ओर प्रबंधन, विनियमन और नियंत्रण के कई घेरे निर्मित कर दिए। इन विस्तृत और जटिल घेरों से बाहर जाकर अपना जीवन निर्वाह कर पाना अब किसी इनसान के बूते की बात

नहीं रह गई है। तुम्हारी अर्थव्यवस्था प्रगति-अवनति, विकास-पिछड़ापन, संवृद्धि-ह्रास और उत्थान-पतन जैसी परस्पर विरोधी अवधारणाओं को नित नए रूप एवं आकार देती रहती है। इसके बाद खुद ही इन विरोधाभासों को पैदा करने और खत्म करने की अंतहीन प्रतियोगिता की प्रायोजक बन जाती है। रोटी, कपड़ा और मकान की मूलभूत जरूरतों तथा इनसानी तरक्की के अनगिनत सपनों को पूरा करने की उम्मीद तुम इनसानों को इस अंतहीन प्रतियोगिता में लगातार भागीदारी करते रहने के लिए मजबूर कर देती है। तुम्हारी बुनियादी जरूरतें मेरी सहज व्यवस्था में भी उत्तरजीविता की सहज स्पर्द्धा के साथ पूरी हो रही थीं। तुमने अन्य जीवों से आगे रहने तथा ज्यादा से ज्यादा संसाधनों को अपने हिस्से में रखने की हड़बड़ी दिखाई। तुम्हारी इसी हड़बड़ी का फायदा उठाते हुए अर्थव्यवस्था तुम्हारी आँखों के सामने ही एक विशाल तंत्र में बदलती चली गई। इस तंत्र में तुम्हारी बुनियादी जरूरतों को हाशिए पर धकेला जाने लगा। तुम्हारे लिए कृत्रिम जरूरतें उगाई जाने लगीं। ये कृत्रिम जरूरतें तथा इनकी पूर्ति तुम इनसानों की बजाय विशाल अर्थतंत्रों के जिंदा बने रहने के लिए जरूरी थी। अर्थव्यवस्था ने प्रकृति के सारे संसाधनों पर तुम्हारा फर्जी मालिकाना हक थोप दिया। तुम इस मालिकाना हक को पाने की खुशी में मदमस्त हो गए और अपनी बुनियादी जरूरतों को पूरा करने का अपना सहज अधिकार भी तुमने अर्थव्यवस्था के हाथों में थमा दिया। तुम्हारे इस सहज अधिकार को तुमसे छीन लेने के बाद अर्थव्यवस्था मनमाने ढंग से तुम्हारी जीविका के साधनों को निर्धारित करती चली गई।

खुद को बचाए रखने के लिए अर्थव्यवस्था ने तुम इनसानों के बीच विभाजनों और वर्गीकरणों की बहुत-सी दीवारें खड़ी कर दीं। इन दीवारों में से अमीरी-गरीबी के विभाजन की दीवार सबसे मजबूत और टिकाऊ थी। इस दीवार ने तुम इनसानों के बीच साहचर्य की संभावना को पनपने ही नहीं दिया। अर्थव्यवस्था ने धर्म, राजनीति, समाज, सभ्यता, नैतिकता जैसे अन्य दिमागी-तंत्रों के साथ मिलकर गरीबी को अभिशाप और अमीरी को वरदान घोषित कर दिया। गरीबी के अभिशाप से मुक्ति पाने की छटपटाहट तथा अमीरी का वरदान प्राप्त करने की हसरत तुम्हें अर्थव्यवस्था और उसके साथी दिमागी-तंत्रों के भ्रामक जाल में फँसाए रखती है। इस जाल में फँसने के बाद मुझ तक पहुँचने का सीधा और सुगम रास्ता तुम्हारे सामने होते हुए भी तुम्हारी नजर से ओझल बना रहता है।

तुम्हारी अर्थव्यवस्था तुम्हारे ऊपर कीमतों का एक मुद्रा-आधारित वर्गीकरण थोप देती है। इस वर्गीकरण का सहारा लेकर यह कुदरत में मौजूद हरेक पदार्थ और जीव का मूल्य तथा उसकी मूल्यहीनता तय करने लगती है। प्रकृति का कोई अन्य जीव इस तरह के आत्मघाती वर्गीकरण को नहीं अपनाता है। अर्थव्यवस्था के भ्रमजाल में फँसे तुम इनसान इस वर्गीकरण को न सिर्फ खुद अपनाते हो, बल्कि एक मशीनी सिपाही की तरह अन्य जीव-पदार्थों पर भी इसे जबरन लादने की कोशिश करते हो। तुम अपने लिए किसी जीव या पदार्थ की उपयोगिता और महत्त्व के मद्देनजर उसकी कीमत तय कर देते हो। इस मनमाफिक मूल्य निर्धारण से तुम्हें यह भ्रम हो जाता है कि ये जीव और पदार्थ भी तुम्हारी अर्थव्यवस्था तथा उसके मुद्रा-आधारित वर्गीकरण का हिस्सा बन गए हैं। तुम्हारी अर्थव्यवस्था इस भ्रम को जिंदा रखकर ही तुम इनसानों को तमाम तरह की आर्थिक गतिविधियों में उलझा देती है। जब इन गतिविधियों का सहज प्रतिफल सामने आता है तो अर्थव्यवस्था उस प्रतिफल को भुगतने का भार भी तुम इनसानों पर ही डाल देती है। इस सहज प्रतिफल के तहत सारे जीव और पदार्थ मुद्रा-आधारित मूल्य वर्गीकरण को चुपके से तुम्हारे ऊपर ही लाद देते हैं, क्योंकि असलियत में वे कभी भी तुम्हारी अर्थव्यवस्था का हिस्सा नहीं बनते हैं। यह सहज प्रतिफल तुम्हारी पीठ के ऊपर ही लदा रहता है। इसके बाद जीवों और पदार्थों के लिए तय किए गए मूल्य तुम इनसानों की कीमत, हैसियत, सम्मान, समृद्धि, उन्नति, शक्ति और प्रभाव को मापने का पैमाना बनते चले जाते हैं। इस सहज प्रतिफल को तुम्हें अपनी इच्छा या अनिच्छा के साथ स्वीकार करना पड़ता है।

तुम्हारी अर्थव्यवस्था तुम्हें हर चीज को मुद्रा के माध्यम से हासिल करने का आदी बना देती है। तुम कुदरत की सहज व्यवस्था में से अपनी तमाम जरूरतों के हिसाब से चीजों को बटोरते चले जाते हो। इसके एवज में तुम्हारे पास देने के लिए सिर्फ मुद्रा होती है। तुम्हारी यह मुद्रा किसी भी दूसरे जीव या पदार्थ की जरूरतों को पूरा नहीं कर पाती है। मुद्रा की यह प्रणाली कुदरत में मौजूद परस्पर लेन-देन की सहज प्रणाली को लगातार चोट पहुँचाती है। प्रकृति का सहज कार्यचालन जीवों तथा पदार्थों के परस्पर लेन-देन पर टिका है। इस आपसी लेन-देन में प्रत्येक जीव या पदार्थ किसी दूसरे जीव या पदार्थ से अपनी जरूरत की चीज लेता है और बदले में उसकी जरूरत की चीज देता है। अर्थव्यवस्था ने तुम इनसानों की

जरूरतों को बेलगाम और असीमित बना दिया है। अपनी इन जरूरतों को पूरा करने के लिए तुम कुदरत में उपलब्ध अनगिनत चीजों को इकट्ठा करते हो और बदले में मुद्रा थमा देते हो। इस मुद्रा को भी लेन-देन के प्रतीक के रूप में इनसानों के पास ही जमा कर लिया जाता है, हालाँकि कभी जान-बूझकर तो कभी अनजाने में या मजबूरीवश तुम्हारे मुद्रा भंडार का कुछ हिस्सा बाकी जीव-पदार्थों की सहज जरूरतों को पूरा करने के काम आ जाता है। लेकिन इसका अधिकांश हिस्सा केवल इनसानी सरोकारों के लिए ही इस्तेमाल होता है। तुम इस मुद्रा भंडार से सिर्फ अपनी जरूरतें पूरी नहीं करते हो, बल्कि अर्थव्यवस्था के उद्देश्य भी पूरा करने लगते हो। भव्यता, वैभव, विलासिता, महत्त्वाकांक्षा, संकल्प तथा तमाम मानवीय उद्देश्यों से जुड़ी जरूरतें असल में तुम्हारी नहीं, बल्कि दिमागी-तंत्रों की जरूरतें हैं। तुम्हारा अधिकांश श्रम, समय और धन इन्हीं जरूरतों को पूरा करने में खर्च होता है। अर्थव्यवस्था तुम्हें अपना बंधुआ मजदूर बना लेती है और इस मजदूरी को तुम अपनी कर्मठता मान लेते हो।

प्रकृति में मौजूद आपसी लेन-देन की सहज प्रणाली के संतुलन को अपने पक्ष में झुकाने के प्रयास तमाम तरह के प्रतिफल पैदा कर देते हैं। अनगिनत शारीरिक और मानसिक बीमारियाँ, प्राकृतिक आपदाएँ ऐसे ही प्रतिफलों के रूप में तुम्हारे सामने आती हैं। इसके अलावा समानता-असमानता, अमीरी-गरीबी, रोजगारी-बेरोजगारी जैसी भेदमूलक समस्याएँ तुम इनसानों को बेमियादी तौर पर जकड़ लेती हैं। अर्थव्यवस्था के इन प्रतिफलों को भोगना तुम इनसानों का भाग्य या दुर्भाग्य बन जाता है। इन प्रतिफलों का सामना बाकी सारे जीव-पदार्थ भी करते हैं, लेकिन वे इन प्रतिफलों को सहजता के साथ स्वीकार कर लेते हैं। उनकी गतिविधियाँ उनकी मूल जरूरतों तक सीमित होती हैं। इसी कारण उनके प्रतिफल भी सीमित होते हैं। अगर तुम इनसानों ने भी अपने लेन-देन, अपनी जरूरतों तथा अपनी गतिविधियों को सीमित रखा होता और अपने प्रतिफलों को लगातार नकारने की कोशिश न की होती, तो आज तुम्हें बीमारियों, आपदाओं और संकटों के निरंतर प्रवाह से नहीं जूझना पड़ता।

अर्थव्यवस्था ने जीवों तथा पदार्थों से निर्मित या रूपांतरित होनेवाली वस्तुओं के लेन-देन को अपनी सैकड़ों छोटी-बड़ी प्रणालियों के अधीन मनमाने ढंग

से परिभाषित और संचालित किया है। ऐसा करते हुए अर्थव्यवस्था आपदाओं और संकटों के अनगिनत प्रवाहमार्ग तैयार करती चली जाती हैं। इसके बाद यही अर्थव्यवस्था दूसरे दिमागी-तंत्रों के साथ मिलकर इन प्रवाहमार्गों को अवरुद्ध करने की खोखली कोशिशें करती हैं। इन खोखली कोशिशों में भी तुम इनसानों की शारीरिक एवं मानसिक क्षमताओं का दोहन किया जाता है। तुम अपनी श्रेष्ठता और महानता की खातिर इस दोहन में पिसने के लिए हमेशा तत्पर रहते हो। तुम जीवनभर इन प्रवाह मार्गों को रोकने में जुटे रहते हो, लेकिन कभी प्रवाह के स्रोत तक पहुँचकर उसे बंद करने की जहमत नहीं उठाते हो। यही तुम्हारी अर्थव्यवस्था की विसंगति है। तुम्हारी अर्थव्यवस्था जीव-पदार्थों को संशोधित और रूपांतरित करके उत्पाद निर्मित करती है। इसके बाद अन्य दिमागी-तंत्रों के साथ मिलकर तुम्हारे लिए नई-नई जरूरतें और उपभोग पैदा करती है। अंत में अपनी बाजार प्रणाली के माध्यम से तुम इनसानों को इन कृत्रिम जरूरतों और उपभोगों के लिए तैयार किए गए उत्पादों का आदी बना देती है। इस पूरी प्रक्रिया का मूल उद्‌देश्य होता है—लाभ अर्जित करना। इस उद्‌देश्य की पूर्ति करते-करते लाभ-हानि की संकल्पना इतनी अहम् बन जाती है कि यह तुम्हारे जीवन के सारे पहलुओं को अपने घेरे में समेट लेती है।

अर्थव्यवस्था के वजूद में आने से पहले तुम अपनी मूल जरूरतों के लिए उत्पादन करते थे। जैसे-जैसे अर्थव्यवस्था और बाकी के दिमागी-तंत्रों का फैलाव होता गया, वैसे-वैसे उत्पादन के लिए जरूरतों के निर्माण का सिलसिला आगे बढ़ता गया। अर्थव्यवस्था के विस्तार से पहले तुम्हारी बहुत सारी जरूरतों के लिए एक उत्पाद ही पर्याप्त था, किंतु अर्थव्यवस्था के तेज फैलाव ने तुम्हारी एक जरूरत के लिए बहुत सारे उत्पादों को भी नाकाफी बना दिया है। उत्पादों की यह भरमार तुम इनसानों के बीच नई दुविधाएँ और दुश्वारियाँ पैदा कर देती है। इसके कारण बहुत सारे इनसान अपनी मूल जरूरतों को पूरा करने में भी लाचार हो जाते हैं, तो वहीं बहुत से इनसान अनगिनत उत्पादों में से चयन करने की दुविधा का सामना करने लगते हैं। कुछ इनसानों को यह चिंता रहती है कि कौन सी ड्रेस पहनी जाए, कौन सी चीजें लंच में खायी जाएँ, रात को डिनर कहाँ किया जाए या रहने के लिए बेहतर मकान कैसे और कहाँ बनाया जाए। दूसरी तरफ अनेक इनसान इसी फिक्र में डूबे रहते हैं कि भरपेट रोटी, तन ढँकने के लिए कपड़े तथा एक रहने लायक

आशियाने का इंतजाम कैसे किया जाए। इस तरह तुम्हारी अर्थव्यवस्था का यह विरोधाभास कुछ इनसानों को जीविका के अनेक विकल्प और साधन मुहैया करा देता है, तो कुछ इनसानों को पूरी तरह से विकल्परहित और साधनहीन बना देता है। यह तुम्हारी मूलभूत जरूरतों को गौण बनाता है और कृत्रिम जरूरतों को बुनियादी बना देता है।

तुम्हारी अर्थव्यवस्था क्रय-विक्रय, माँग-पूर्ति, लाभ-हानि, उत्पादन-उपभोग, स्वामित्व-श्रम के परस्परपूरक विभेदों पर टिकी है। यह जीवों तथा पदार्थों को ही नहीं, अपितु ज्यादा से ज्यादा इनसानों को भी बाजार और अर्थ-प्रबंधन की परिधि के भीतर खींचने में जुटी रहती है।

अर्थ-प्रबंधन और बाजार के तंत्र तुम इनसानों को खरीद और बिक्री के नए-नए नुस्खे बताते रहते हैं। ये तुम्हारे लिए असीमित माँगें निर्मित करते हैं तथा इन माँगों की पूर्ति के सीमित साधन पेश करते हैं। ये तुम्हें हानि से बचाने और लाभ कमाने के कई सारे मंत्र और गुर सिखाते हैं। ये तंत्र तुम्हारे लिए उत्पादन-उपभोग के कभी न रुकनेवाले एक चक्र का निर्माण करते हैं। आखिर में ये स्वामित्व और श्रम के द्वंद्व का एक ऐसा अखाड़ा तैयार कर देते हैं, जिसमें हारने तथा जीतनेवाले, दोनों ही अर्थव्यवस्था की सोची-समझी चालों का आसान शिकार बन जाते हैं।

मेरी सहज व्यवस्था में लेन-देन के बीच कोई ऋणात्मक या धनात्मक अंतर नहीं होता है। अर्थव्यवस्था तुम इनसानों के बीच होनेवाले आपसी लेन-देन को क्रय-विक्रय का नाम देकर उसमें लाभ-हानि का अंतर पैदा कर देती है। यह अंतर तुम इनसानों के बीच मुद्रा के असमान वितरण की एक बड़ी वजह बन जाता है। तुम्हारे पास इस वजह को अपनी नियति के रूप में स्वीकार करने के अलावा कोई और चारा नहीं बचता है। अर्थव्यवस्था खुद को तथा बाकी के दिमागी-तंत्रों को मजबूती के साथ संचालित करने के लिए इस अंतर को हर हाल में बनाए रखती है। लाभ-हानि का यह अंतर दिमागी-तंत्रों को जीवनदायी ऊर्जा के साथ-साथ उनके लक्ष्य और उद्‌देश्य भी प्रदान करता है। अर्थव्यवस्था के साथ-साथ धर्म, राजनीति, समाज, सभ्यता जैसे दिमागी-तंत्र सुख, समृद्धि, विलासिता, भव्यता और आडंबर के ईंधन से ही गतिशील होते हैं। यह ईंधन लाभ-हानि के अंतर से पैदा होनेवाले असमान बँटवारे से तैयार होता है। ऐसे ईंधन से गतिशील होनेवाले दिमागी-तंत्र

दु:ख, निर्धनता, अल्पता को मिटाने तथा संयम, सादगी व मिताचार को अपनाने के लक्ष्य और उद्देश्य निर्धारित करते हैं। तुम्हारी अर्थव्यवस्था का एक जिम्मेदारी भरा काम यह होता है कि वह हमेशा अधूरे रहनेवाले इन लक्ष्यों और उद्देश्यों को हासिल करने की दिशा में किए जा रहे अथक् एवं निरर्थक प्रयासों को जारी रखने में मदद करती रहे। इस प्रकार अर्थव्यवस्था अपने और अन्य दिमागी-तंत्रों के लिए जीवनऊर्जा के प्रवाह को लगातार बनाए रखती है।

तुमने अपनी बुनियादी जरूरतों को सलीके के साथ पूरा करने के लिए अर्थव्यवस्था को विकसित किया था। अपने फैलाव के साथ-साथ यह कब, कैसे और क्यों बुनियादी की बजाय कृत्रिम जरूरतों की बेतरतीब पूर्ति का जरिया बन गई, तुम्हें इसकी भनक तक नहीं लग पाई। मेरी और प्रकृति की सहज व्यवस्था में सारे जीव-पदार्थ अपनी बुनियादी जरूरतों को पूरा करने के लिए सहज लेन-देन की प्रक्रिया में हिस्सेदार होते हैं। तुम्हारी अर्थव्यवस्था इन जीव-पदार्थों को लेन-देन की प्रक्रिया में भागीदार नहीं बनाती है, बल्कि उन्हें इस प्रक्रिया को चलाए रखने का साधन बना देती है। इस प्रक्रिया में लेनेवाले और देनेवाले, दोनों ही इनसान होते हैं। अर्थव्यवस्था जीव-पदार्थों को उत्पादों में बदलकर उनकी भागीदारी को जबरन छीन लेती है। इसके बाद तुम इनसानों को भी उत्पादक-उपभोक्ता, मालिक-मजदूर, शासक-शासित, कामकाजी-बेकार जैसे परस्पर विरोधी समूहों में बाँट देती है। तुम आजीवन इन समूहों के सदस्य बने रहने के लिए बाध्य कर दिए जाते हो। यह बाध्यता एक सहज जीव के रूप में ही नहीं, बल्कि एक इनसान के रूप में भी तुम्हारी पहचान को धुँधला कर देती है।

अर्थव्यवस्था जिन जीव-पदार्थों को फेर-बदल करके तुम्हारे लिए नए-नए उत्पाद बनाती है, उन जीव-पदार्थों के मूक प्रतिरोध का प्रतिफल तुम इनसानों को ही भुगतना पड़ता है। ये उत्पाद धीरे-धीरे तुम्हारी ताकत, तुम्हारी कमजोरी, तुम्हारी प्रतिष्ठा, तुम्हारी हीनता, तुम्हारे सम्मान, तुम्हारे अपमान, तुम्हारे वैभव और तुम्हारे पराभव को निर्धारित करने लग जाते हैं। इन उत्पादों की उपलब्धता और अनुपलब्धता के आधार पर इनसानी नस्ल छोटे और बड़े इनसानों में बँटने लगती है। उत्पाद तुम्हारे जीवन का साधन बन जाते हैं। साधनसंपन्न और साधनहीन इनसानों की खेमेबंदी के फलस्वरूप कई तरह के असंतोष, वैमनस्य, तनाव और संघर्ष

उभरने लगते हैं। सारे दिमागी-तंत्र इन उभारों को दबाने तथा इनके प्रसार को रोकने के लिए अपनी सारी ताकत, क्षमता और कौशल झोंक देते हैं। अपनी इस कवायद के द्वारा दिमागी-तंत्र तुम्हारी निष्ठा और आस्था का कूट दोहन करते रहते हैं। इसी कवायद में अर्थव्यवस्था बाकी सारे दिमागी-तंत्रों पर अप्रत्यक्ष रूप से हावी हो जाती है।

अर्थव्यवस्था मुद्रा और उत्पाद के अपने दो हथियारों से ही राजनेताओं, धर्मगुरुओं, सामाजिक अगुआओं और नैतिक मार्गदर्शकों को अपना बंधक बना लेती है। मुद्रा एवं उत्पादों को अर्जित करना इनसानों का प्राथमिक कार्य बन जाता है। धार्मिक, राजनीतिक, सांस्कृतिक और सामाजिक गतिविधियाँ द्वितीयक श्रेणी के कार्यों में आ जाती हैं। अन्य दिमागी-तंत्र एक ओर इसे दौलत की भूख या भौतिकता का जाल करार देते हैं, वहीं दूसरी ओर इस भूख को बढ़ाने तथा इस जाल को और अधिक घना बनाने में अर्थव्यवस्था की मदद करते हैं। ऐसी स्थिति में एक साधनसंपन्न इनसान न तो अपने साधनों का त्याग कर पाता है और न ही एक साधनहीन इनसान साधनों को अर्जित करने की इच्छा या कोशिशों को त्याग पाता है। मुद्रा और उत्पादों को ज्यादा से ज्यादा जमा करने की प्रवृत्ति को अर्थव्यवस्था खाद-पानी देती रहती है। यह प्रवृत्ति सारे इनसानी गुणों तथा आदर्शों पर भारी पड़ जाती है। इसी इनसानी प्रवृत्ति का शोषण करके अर्थव्यवस्था बाकी के दिमागी-तंत्रों को अपने नियंत्रण में रखने की स्थायी ताकत हासिल कर लेती है।

फिर भी, मेरी और प्रकृति की सहज व्यवस्था के सामने तुम्हारी ये ताकतवर अर्थव्यवस्था बार-बार बौनी साबित हो जाती है। जीव-पदार्थों के बीच चलनेवाली सहज विनिमय की प्रक्रिया को बाधित करने की हर कोशिश आखिर में तुम्हें असंतोष, निराशा और संकट की सौगात ही देती है। अर्थव्यवस्था तुम्हारी सहूलियत का हवाला देकर बाकी जीव-पदार्थों के लिए असुविधाएँ पैदा करती चली जाती है। अर्थव्यवस्था तुम्हारे लिए बैंकिंग प्रणाली, शेयर बाजार, संवृद्धि दर, प्रति व्यक्ति आय, सकल घरेलू उत्पाद और आर्थिक कायदे-कानून जैसी तमाम संरचनाएँ और अवधारणाएँ बनाती है। ये संरचनाएँ और अवधारणाएँ तुम्हारे जीवन की सबसे बड़ी दुविधाओं में बदल जाती हैं। मिसाल के तौर पर अर्थव्यवस्था तुम्हें शेयर, बैंकिंग, बीमा के द्वारा मुद्रा की बचत करने को प्रेरित करती रहती है। इस बचत को तुम्हारे

जीवन तथा भविष्य की सुरक्षा गारंटी के बतौर प्रचारित किया जाता है, लेकिन यह बचत ही तुम्हारे जीवन और भविष्य के लिए सबसे बड़ा खतरा बनकर खड़ी हो जाती है। यदि कोई इनसान इस बचत के बलबूते अपने जीवन या भविष्य को सुरक्षित मान भी ले, तो भी उसकी यह बचत बहुत सारे इनसानों के साथ-साथ असंख्य जीव-पदार्थों के जीवन और भविष्य को असुरक्षा के गर्त में धकेलने लगती है। अर्थव्यवस्था एक इनसान की आर्थिक सुरक्षा को किसी दूसरे इनसान की आर्थिक असुरक्षा पर निर्भर बना देती है। यह निर्भरता उन गतिविधियों का सहज प्रतिफल है, जिनके द्वारा बाकी जीव-पदार्थों का जीवन और भविष्य खतरे में पड़ जाता है। तुम इनसानों को सुरक्षा की खोखली गारंटी देकर अर्थव्यवस्था तुम्हें इन्हीं विध्वंसक गतिविधियों को अंजाम देने का प्रगतिशील काम सौंप देती है।

अर्थव्यवस्था दूसरे जीव-पदार्थों के सहज जीवनचक्र में रुकावटें खड़ी करती है। यह उत्पादन, परस्पर विनिमय, व्यापार-वाणिज्य और रोजगार से जुड़े सैकड़ों नियम-कानूनों के द्वारा तुम इनसानों के सहज जीवन-यापन को भी दुष्कर बना देती है। यह अनाज उगानेवाले किसान को ही रोटी से वंचित कर देती है। यह एक दर्जी से खुद के सिले हुए कपड़ों को पहनने की आजादी छीन लेती है। यह एक आलीशान मकान बनानेवाले कारीगर और मजदूरों को कभी भी उस मकान में रहने का मौका नहीं देती है। इसके बावजूद यह सभी इनसानों के लिए रोटी, कपड़ा और मकान मुहैया कराने का नारा बुलंद किए रहती है। यही इस अर्थतंत्र की सबसे बड़ी धूर्तता है। इस धूर्तता के प्रभाव में आकर तुम इनसान धर्म, समाज, राजनीति, नैतिकता और सभ्यता से जुड़ी विभिन्न प्रणालियों की ओर आकर्षित होते हो। तुम इन प्रणालियों को जीवन-निर्वाह की अपनी रणनीतियों को कारगर बनाने का माध्यम बना लेते हो। अर्थव्यवस्था की धूर्तता सभी दिमागी-तंत्रों की अलग-अलग प्रणालियों के सिद्धांतों, लक्ष्यों और आदर्शों में बारीकी से घुसी होती है। अर्थव्यवस्था एक तरफ परोपकार, परमार्थ, जनकल्याण तथा दीन-हीन इनसानों की मदद का आधारस्रोत बन जाती है, वहीं दूसरी तरफ गलाकाट प्रतिस्पर्द्धा, परस्पर वैमनस्य, अपव्यय, खोखले आडंबर तथा कमजोर लोगों के शोषण-उत्पीड़न को भी बढ़ावा देती है। पैसों को लूटकर एक इनसान बेरहम अपराधी बन जाता है, जबकि पैसा लुटाकर दूसरा इनसान परोपकारी और दयावान कहलाने लगता है। अर्थव्यवस्था धन के लूटने तथा लुटाने के बीच एक गहरी सीमारेखा

खींच देती है। सारे दिमागी-तंत्र इस सीमारेखा के दोनों ओर खड़े इनसानों पर नैतिकता की तमाम परिभाषाएँ लाद देते हैं।

जब एक बंदर किसी फलदार पेड़ की टहनियों को झकझोरता है, तो उस पेड़ से गिरनेवाले फलों को बहुत सारे जीव खाते हैं। इस घटना में वह बंदर खुद के परोपकारी होने का दावा नहीं करता है। फलों को खानेवाले बाकी सारे जीव भी बंदर की उस सहज गतिविधि को परोपकार की मान्यता नहीं देते हैं। इसी तरह से जब कोई बंदर किसी दूसरे जीव से कोई फल छीनकर खा जाता है, तो कोई भी जीव इसे लूट या अपराध की संज्ञा नहीं देता है। परोपकार और लूट केवल दिमागी-तंत्रों द्वारा पैदा की गई अवधारणाएँ हैं। जब अर्थव्यवस्था कुदरत के संसाधनों पर इनसानों का अनाधिकृत और आभासी स्वामित्व थोपती है, तब ये दोनों अवधारणाएँ सहज प्रतिफल के रूप में सामने आ जाती हैं। इस अनधिकृत और आभासी स्वामित्वाधिकार का झाँसा देकर अर्थव्यवस्था अनेक नियम-कायदे निर्मित कर लेती है, लेकिन मेरी सहज व्यवस्था के दायरे में आनेवाला कोई जीव-पदार्थ इन नियम-कायदों को अपनी मंजूरी नहीं देता है। प्रत्येक जीव और पदार्थ द्वारा बार-बार नामंजूर किए जाने के बाद भी तुम इनसान इस आभासी और अनधिकृत स्वामित्वाधिकार से चिपके रहते हो। तुम्हारा इस तरह चिपके रहना अर्थव्यवस्था में जान फूँकता रहता है। यही तुम्हारे उद्यमशील होने की वास्तविक पहचान बन जाती है।

अर्थव्यवस्था उद्यमशीलता को एक महान इनसानी गुण में बदल देती है और तुम इनसानों के हाथों उद्योगों का विकास और प्रबंधन करवाती है। इससे अर्थव्यवस्था का क्षेत्र लगातार बढ़ता चला जाता है। तुम्हें इन उद्योगों के द्वारा उत्पादन, रोजगार और प्रगति का मोहक दृश्य दिखाया जाता है। तुम इस मोहक दृश्य में खो जाते हो और इस बात को अनदेखा कर देते हो कि तुम्हारी अनुत्पादकता, बेरोजगारी और अवनति के मूल कारण भी इन्हीं उद्योगों में छिपे रहते हैं। मेरी सहज व्यवस्था में उद्यमशीलता का मतलब सिर्फ इतना-सा है कि कोई जीव अपनी सहज प्रणाली और मेरी सहज व्यवस्था के सहज संचालन तथा दोनों के बीच समायोजन के लिए अपनी जीवनऊर्जा को अलग-अलग या एक ही तरह की गतिविधियों में खर्च करता रहे। इन गतिविधियों के माध्यम से होनेवाला कोई उद्यम या उत्पादन किसी न किसी रूप में मेरी सहज व्यवस्था को संतुलन

प्रदान करता है। यह उद्यम या उत्पादन उस जीव को आजीविका, आय, लाभ या प्रगति का कोई सुफल नहीं देता है। जब एक रेशमकीट रेशम का निर्माण करता है, तो यह उस रेशमकीट की आय, रोजगार या प्रगति का जरिया नहीं बनता है। यह रेशम तो मेरी सहज व्यवस्था में उस कीट द्वारा की गई सहज गतिविधियों का प्रतिफल मात्र होता है। तुम्हारी अर्थव्यवस्था एक जीव की सहज गतिविधि को भी अपने एक उद्योग का मूल आधार बना देती है।

जब तुम एक सहज जीव के रूप में किसी दूसरे जीव या पदार्थ की सहज गतिविधियों में हस्तक्षेप करते हो, तब यह हस्तक्षेप उतना ही प्रतिफल उत्पन्न करता है, जितना कि तुम्हारी और दूसरे जीव-पदार्थ की सहज प्रणाली आसानी से वहन कर सके, किंतु जब यह हस्तक्षेप अर्थव्यवस्था जैसे विशाल दिमागी-तंत्रों के स्तर पर किया जाता है, तो इसके प्रतिफल को एक इनसान की सहज प्रणाली वहन नहीं कर पाती है। तुम इस बात को अपनी खुद की सहज प्रणाली के आधार पर भी समझ सकते हो। तुम्हारी शरीर प्रणाली में मौजूद एक कोशिका जब एक सूक्ष्मजीव के रूप में उत्पादन करती है तो तुम्हारी प्रणाली सुचारू ढंग से चलती रहती है, जैसे ही बहुत सारी कोशिकाएँ समूह तंत्रों से जुड़कर उत्पादन गतिविधियाँ करने लगती हैं तो वे कैंसर का रूप ले लेती हैं। इस कैंसररूपी प्रतिफल को तुम्हारी शारीरिक प्रणाली अधिक समय तक नहीं झेल पाती है। इसी प्रकार से एक सहज जीव के रूप में तुम्हारा उद्यम तुम्हारी सहज व्यवस्था को सुचारू बनाए रखता है, लेकिन जब यह अर्थव्यवस्था और अन्य दिमागी-तंत्रों से जुड़ जाता है, तो यह तुम्हारी सहज व्यवस्था के नियंत्रण से बाहर हो जाता है। अनियंत्रित औद्योगिक विस्तार और बेतहाशा उत्पादन तुम्हारी सहज व्यवस्था को लाचार बना देता है। तुम्हें खुद के शरीर की जरूरतें पूरा करने के लिए अर्थव्यवस्था को अपनी बैसाखी बनाना पड़ता है। भोजन तुम्हारे सामने रखा होता है, लेकिन मुद्रा या धन के बिना तुम इसे हाथ भी नहीं लगा पाते हो।

तुम्हारी अर्थव्यवस्था समूहों के स्तर पर जितनी फैलती चली जाती है, इसकी जटिलताएँ और विकृतियाँ उतनी ही तेजी से बढ़ती चली जाती हैं। यह परिवार के स्तर पर जितनी सरल और साफ-सुथरी होती है, भू-मंडलीय स्तर पर यह उतनी ही कठिन और दूषित हो जाती है। शेयर बाजार की छोटी-छोटी हलचलें, किसी

बैंक के दिवालिया होने की अफवाहें अथवा किसी साख निर्धारण एजेंसी द्वारा रेटिंग बढ़ाने-घटाने की कागजी कसरतें राष्ट्रों की अर्थव्यवस्थाओं तथा अंतरराष्ट्रीय अर्थव्यवस्था को थर्राने या झकझोरने के लिए काफी होती हैं। अर्थव्यवस्था अपने इस डर और कमजोरी को समूहतंत्रों से जुड़ी अपनी सभी इकाइयों में हस्तांतरित कर देती है। ऊपर से थोपी गई कमजोरी और डर परिवार जैसी इकाई को हमेशा के लिए आर्थिक संकट के साये में रहने के लिए मजबूर कर देते हैं।

अर्थव्यवस्था ने मुद्रा को तुम इनसानों के बीच एक कृत्रिम ईश्वर के रूप में स्थापित कर दिया है। धन-संपदा तुम्हारी सबसे बड़ी संरक्षक बन गई है। अर्थव्यवस्था के इस कृत्रिम ईश्वर ने तुम्हारे धार्मिक देवताओं, तुम्हारे राजनीतिक आकाओं और तुम्हारे सामाजिक महामानवों से भी ज्यादा शक्ति-क्षमता हासिल कर ली है। यह मुद्रारूपी ईश्वर बाकी के दिमागी-तंत्रों को ताकत और क्षमता बाँटनेवाला स्रोत बन चुका है। यह किसी भी मानवनिर्मित प्रणाली या व्यवस्था की चमक को तेज या फीका कर सकता है। तुम इनसानों ने अपने जीवननिर्वाह को आसान बनाने के लिए मुद्रा को एक माध्यम के रूप में स्वीकार किया था, किंतु अर्थव्यवस्था ने इसे एक घातक हथियार का रूप दे दिया है। यह हथियार तुम्हारे सहज और सरल जीवन-यापन की संभावनाओं को तहस-नहस करने में जुटा है। इस घातक हथियार की मारकता से बचने का अब केवल एक ही उपाय बचा है। यह एकमात्र उपाय है—मेरी सहज व्यवस्था में तुम्हारा विलय। तुम्हें इनसानी वजूद की हनक को छोड़कर इस उपाय को अपनाना होगा।

अर्थव्यवस्था तुम्हारे वजूद की इमारत को मुद्रा, धन, संपत्ति, व्यापार-वाणिज्य, उत्पादन और मानवीय संसाधन के आधारों पर खड़ा करना चाहती है। तुम्हें इन आधारों को लचीला करके अपने वजूद को अनंत सीमाओं के भीतर फैलाना और सिकोड़ना होगा। तुम्हें माँग और पूर्ति के आर्थिक सिद्धांतों का दायरा बाकी के जीव-पदार्थों तक बढ़ाना होगा। तुम्हारी अर्थव्यवस्था केवल इनसानी माँगों तथा उनकी पूर्ति तक ही सीमित रह जाती है। अब वक्त आ चुका है कि तुम अन्य जीव-पदार्थों की माँगों तथा उनकी पूर्ति को भी अपनी अर्थव्यवस्था के सरोकारों से जोड़ दो। तुम्हें अमीरी-गरीबी, रोजगार-बेरोजगारी, उत्पादन-श्रम, क्रय-विक्रय, व्यय-संचय, माँग-पूर्ति, संवृद्धि-ह्रास जैसी परस्पर विभेदात्मक अवधारणाओं को

समस्त जीव-पदार्थों के परिप्रेक्ष्य में देखना-समझना होगा। जब ये अवधारणाएँ सर्वव्यापी सरोकारों, अर्थों और लक्ष्यों के साथ जुड़ जाएँगी, तब ये अर्थव्यवस्था के नियंत्रण का औजार नहीं बनेंगी। तब ये तुम्हारे तथा बाकी के जीव-पदार्थों के बीच सहज साहचर्य का कारगर माध्यम बन जाएँगी।

इस परिवर्तन के बाद तुम्हारी दुनिया में सबसे अमीर तथा सबसे गरीब इनसान के बीच का कृत्रिम भेद जीवों और पदार्थों के बीच मौजूद सहज विभेद में रूपांतरित हो जाएगा। इस सहज विभेद का एहसास तुम्हारे भीतर अमीरी के घमंड या गरीबी की हीनभावना को पैदा नहीं होने देगा। मेरी सहज व्यवस्था के साथ खुद का एकीकरण करने के बाद तुम ईश्वर के रूप में अपने स्वामित्व का चरम विस्तार और संकुचन करने की सहज क्षमता हासिल कर लोगे। इस अवस्था में पहुँचने के बाद एक तरफ तुम एक सहज जीव के रूप में सृष्टि के सारे संसाधनों का स्वामित्व प्राप्त कर लोगे, वहीं दूसरी तरफ तुम इस तथ्य को भी जान लोगे कि एक इनसान के रूप में तुम्हारी खुद की शारीरिक प्रणाली असंख्य जीवों और पदार्थों के कर्ज तले दबी हुई है। इस प्रकार तुम एक साथ एक ही पल में अमीरी और गरीबी की चरम सीमाओं को छूने की सहज अनुभूति कर सकोगे।

तुम्हारी अर्थव्यवस्था ने स्वावलंबन और आत्मनिर्भरता को तुम्हारे जीवन में हद से ज्यादा महत्व दिया है। इसी का नतीजा है कि तुम इनसान बाकी जीव-पदार्थों के साथ पारस्परिक निर्भरता और सह-अवलंबन को अपनाने में शर्म और संकोच महसूस करते हो। तुम 'आत्म' और 'स्व' के बारे में ज्यादा जान-समझ भी नहीं पाए थे, उससे पहले ही अर्थव्यवस्था ने आत्मनिर्भरता और स्वावलंबन को अपने बुनियादी सिद्धांतों में शामिल कर लिया, लेकिन यह आत्मनिर्भरता और स्वावलंबन तुम इनसानों के लिए नहीं था। अर्थव्यवस्था बाकी के जीव-पदार्थों की आपसी निर्भरता और सह-अवलंबन की कीमत पर अपनी खुद की आत्मनिर्भरता को हासिल करना चाहती थी। इसके लिए तुम इनसानों से ज्यादा अच्छा माध्यम कोई और नहीं हो सकता था। अर्थव्यवस्था ने खुद की चाह को पूरा करने के लिए तुम्हें कुदरत का अनैच्छिक बंधक बनाकर रख दिया। तुम अपनी हरेक मूलभूत और मामूली जरूरत के लिए कुदरत पर निर्भर रहते हो, फिर भी तुम खुद को

आत्मनिर्भरता के मोहजाल से बाहर नहीं निकाल पाते हो। यही तुम्हारी अनचाही और अदृश्य दासता का खुला प्रमाण है।

इस दासता से मुक्त होने का सबसे कारगर और सरल तरीका यही है कि तुम आत्मनिर्भरता और स्वावलंबन जैसे सिद्धांतों का खोखलापन जल्द से जल्द महसूस कर लो। इसके बाद ही तुम मेरी सहज व्यवस्था में उपलब्ध पारस्परिक निर्भरता और सह-अवलंबन की अटूट शृंखला के साथ खुद-ब-खुद जुड़ते चले जाओगे। तुम इस अटूट कड़ी के साथ जुड़कर ही पैदा होते हो, लेकिन दिमागी-तंत्र इस सहज जुड़ाव को तुम्हारे बचपने में ही तोड़ना शुरू कर देते हैं। आज तुम्हें फिर से इस शृंखला के साथ जुड़ना होगा। इस सतत शृंखला के साथ दोबारा जुड़ते ही तुम अर्थव्यवस्था द्वारा थोपी गई सारी मान्यताओं, अवधारणाओं, परिभाषाओं, नियमावलियों, बंदिशों और बाध्यताओं को दरकिनार रखने की ताकत जुटा लोगे। इस ताकत को हासिल करने के बाद ही तुम्हें पता चलेगा कि अमीर होने की लालसा और गरीब होने की आशंका के बीच कोई बुनियादी फर्क नहीं है। तभी तुम यह जान पाओगे कि जहाँ अमीरी में संसाधनों के बाहुल्य की बजाय स्वामित्व के विस्तार का जुनून ज्यादा होता है, वहीं गरीबी में संसाधनों की अल्पता के बजाय वंचित होने का एहसास अधिक होता है।

यदि तुम गरीबी, भुखमरी, बेरोजगारी, मंदी, आय की असमानता जैसी संकटकारक स्थितियों से बचना चाहते हो, तो तुम्हें अमीरी, विलासिता, रोजगार सुरक्षा, संवृद्धि, आर्थिक समता जैसी सुखद स्थितियों को हासिल करने का लालच भी छोड़ना होगा। इसके लिए तुम्हें एक संतुलित नजरिया चाहिए, जो इनसान की बजाय एक सहज जीव के रूप में ही हासिल किया जा सकता है। इस नजरिये को अपनाने के बाद ही तुम अर्थव्यवस्था से कृत्रिमता का चोला उतारकर उसे सहजता की पोशाक पहना सकोगे। सहजता की पोशाक पहनते ही एक दिमागी-तंत्र के रूप में अर्थव्यवस्था का वजूद मिट जाएगा। अपने नए रूप में यह सर्वव्यापी सरोकारों को आसानी से अपना लेगी। तभी यह उदारीकरण और भू-मंडलीकरण जैसी इनसानी अवधारणाओं को सारे जीव-पदार्थों के संदर्भ में लागू करने की हिम्मत और क्षमता अपने अंदर पैदा कर पाएगी। तुम्हारी यह नई और सहज अर्थव्यवस्था तुम्हारी नियंत्रक नहीं, बल्कि तुम्हारी सहभागी होगी।

यह एक सचेतक के रूप में तुम्हें इस बात का एहसास कराती रहेगी कि बाकी जीव-पदार्थों के साथ तुम्हारा सहज लेन-देन मेरी सहज व्यवस्था में मौजूद साहचर्य के अनुकूल हो रहा है या नहीं। इस रूपांतरित अर्थव्यवस्था के साथ ही तुम बिना किसी डर या आशंका के कुदरत के प्रतिफलों का सामना आसानी से कर पाओगे। ऐसी सहज अर्थव्यवस्था ही तुम्हारे इनसानी जीवन को विस्तार के एक अगले चरण में दाखिल करा सकती है।

□

7

मैं और तुम्हारी राजनीति

तुम इनसानों ने अपने बीच में व्यवस्था, सुशासन, अनुशासन और सुप्रबंधन को लागू करने के लिए राजनीति के विचार को जन्मा था। इस अमूर्त विचार ने तुम इनसानों के साथ मिलकर धीरे-धीरे ढाँचागत आकार ग्रहण कर लिया। तुम्हारी गोद में बैठकर राजनीतिक व्यवस्था ने तुम्हारी नैतिकता और सभ्यता को स्थापित करने का जिम्मा भी ले लिया। इसके बाद यह तुम्हारी महत्त्वाकांक्षाओं, आदर्शों, उम्मीदों, लक्ष्यों, सपनों और कल्पनाओं के मिश्रित ईंधन से चलनेवाला ताकतवर दिमागी-तंत्र बन गई। इस दिमागी-तंत्र की ताकत का अंदाजा इस बात से लगाया जा सकता है कि यह तुम्हारी आस्था और निष्ठा को छल या बल के द्वारा हर हाल में प्राप्त कर लेता है। यह तुम्हारे भीतर पृथ्वी और आकाश या उनके कुछ हिस्सों का संप्रभु बनने की आकांक्षा को जिंदा रखता है। इसके लिए राजनीति खुद को एक साधन के रूप में पेश करती है। तुम्हारी आकांक्षा की पूर्ति का साधन बनकर यह तुम्हारी मानसिक और शारीरिक क्षमताओं का जमकर दोहन करती है। इस दोहन से अर्जित किए गए भौतिक और वैचारिक संसाधनों को यह अपने अदृश्य कब्जे में ले लेती है। यह तुम्हारे द्वारा कानूनों का निर्माण करती है और इन कानूनों का इस्तेमाल तुम पर ही नहीं, बाकी जीव-पदार्थों पर अपना प्रभुत्व जमाने में करती है।

राजनीतिक व्यवस्था तुम इनसानों के जीवन की सरलता-सहजता को अपने वैचारिक और ढाँचागत बोझ से दबाकर चूर-चूर कर देती है। यह सहज अवस्था में लौटने की तुम्हारी सारी संभावनाओं पर पानी फेरती रहती है। तुमने कभी सद्जीवन की उपलब्धि के लिए तो कभी अराजकता को खत्म करने के लिए, कभी असभ्यता को मिटाने के लिए तो कभी सभ्यता का प्रसार करने के लिए, कभी समानता-

स्वतंत्रता-अधिकार को हासिल करने के लिए तो कभी इन्हें कुचलने के लिए, कभी संगठन के लिए तो कभी विघटन के लिए, कभी विकास के लिए तो कभी ठहराव के लिए, कभी क्रांति के लिए तो कभी यथास्थिति को कायम रखने के लिए, कभी युद्ध के लिए तो कभी शांति के लिए अलग-अलग तरह की राजनीतिक व्यवस्थाओं, प्रणालियों, अवधारणों और विचारधाराओं को पैदा किया है। इनमें से प्रत्येक व्यवस्था, प्रत्येक प्रणाली, प्रत्येक अवधारणा और प्रत्येक विचारधारा तुम इनसानों को कई तरह के छोटे-बड़े समूहों में इकट्ठा करती है। दूसरी ओर, यह तुममें से प्रत्येक इनसान को एक अलग सोच, एक अलग महत्त्वाकांक्षा, एक अलग संकीर्णता, एक अलग अपेक्षा और एक अलग हित भी प्रदान करती है। इस अलगाव की वजह से तुम एक ही समूह का हिस्सा होकर भी व्यक्ति के रूप में हमेशा विभाजित और अलग-थलग ही रहते हो। यह विभाजन सभी इनसानों के लिए एकमात्र राजनीतिक व्यवस्था को वजूद में नहीं आने देता है।

मेरी सहज व्यवस्था के भीतर सभी जीवों और पदार्थों के बीच का आपसी साहचर्य कुछ सहज प्रतिफल पैदा करता है। ये प्रतिफल ही मेरी सहज व्यवस्था में अनुशासन, शांति और सुरक्षा को लागू करने के तरीकों में बदल जाते हैं। सभी जीव और पदार्थ इन प्रतिफलों को स्वीकार करने या नकारने के लिए आजाद होते हैं। इस प्रतिफल को स्वीकार करने या नकारने के बाद फिर से कुछ प्रतिफल पैदा होते हैं और प्रतिफलों की यह श्रृंखला लगातार आगे बढ़ती रहती है। यह सतत श्रृंखला मेरी सहज व्यवस्था में अनुशासन-अराजकता, शांति-अशांति तथा सुरक्षा-असुरक्षा के बीच एक स्वचालित संतुलन स्थापित कर देती है।

मेरी सहज व्यवस्था का यह स्वचालित संतुलन तुम इनसानों पर भी लागू होता है, लेकिन तुम्हारी राजनीतिक व्यवस्था तुम्हें एक कृत्रिम संतुलन के अधीन लाना चाहती है। मानव निर्मित इस कृत्रिम संतुलन के नाम पर तुम अपनी आस्था, निष्ठा, विश्वास और अपने सहज अस्तित्व को राजनीतिक व्यवस्था के आगे आसानी से समर्पित कर देते हो। तुम इस समर्पण के लिए हरदम तैयार रहते हो, क्योंकि इनसानी श्रेष्ठता का तुम्हारा दंभ व्यक्तिगत की बजाय सामूहिक आधार पर टिका है। व्यक्ति के रूप में खुद को हीन मानने की तुम्हारी प्रवृत्ति तुम्हें सामूहिकता में श्रेष्ठता को खोजने और हासिल करने के लिए उकसाती रहती है। राष्ट्र, राष्ट्रसंघ, परिसंघ,

क्षेत्र, प्रांत, निकाय, सरकार जैसी सारी संकल्पनाएँ तुम्हारी इसी प्रवृत्ति का दोहन करके अपना साकार रूप प्राप्त करती हैं। तुम व्यक्ति के रूप में अपनी हीनता की भरपाई राष्ट्र, राज्य, सरकार या संघ की श्रेष्ठता के द्वारा करना चाहते हो। इन्हीं संकल्पनाओं की आड़ में दिमागी-तंत्र अपनी खुद की ताकत और उपलब्धियों को इनसान की सर्वश्रेष्ठता के रूप में प्रचारित करते रहते हैं। इस प्रचार से भ्रमित होकर ही तुम राजनीतिक व्यवस्था के मशीनी कार्यकर्ता की भूमिका और दायित्व लगातार निभाते रहते हो। जब कभी तुम एक राजनीतिक समूह के कार्यकर्ता की भूमिका को त्याग देते हो, उसी वक्त कोई दूसरा राजनीतिक समूह तुम्हें उस पुरानी भूमिका को ही नए कलेवर में सौंपने के लिए तैयार खड़ा होता है। मानवता की खातिर तुम्हें इस पेशकश को मंजूर करना ही पड़ता है।

तुम इनसानों ने खुद को एक सामूहिक इकाई के रूप में अनुशासित, व्यवस्थित और नियंत्रित करने के लिए राष्ट्र-राज्य की अवधारणा को विकसित किया था। यह तुम्हारे सहयोग और विरोध के साथ-साथ अलग-अलग रूप और आकार लेती चली गई। इस दौरान तुमने इस बात को ध्यान में नहीं रखा कि मेरी सहज व्यवस्था में कोई भी पदार्थ या जीव या कोई विचार रूपांतरित अथवा उत्पन्न होने के बाद अपना खुद का स्वतंत्र वजूद धारण कर लेता है। अपने नए वजूद में वह जीव या पदार्थ या विचार अपने उत्पत्तिकर्ता के नियंत्रण क्षेत्र से स्वत: ही बाहर चला जाता है। तुम इनसान मेरी सहज व्यवस्था की इस प्रक्रिया को कभी अपनी नादानी, तो कभी दिमागी-तंत्रों की कुटिलता के कारण समझ पाने में विफल रहे हो।

राष्ट्र-राज्य अपने जन्म के साथ ही स्वतंत्र अस्तित्व धारण करते गये। तुम अपनी नासमझी के चलते उन्हें अपने नियंत्रण क्षेत्र के भीतर ही मानते रहे। राष्ट्र-राज्य को अपना यंत्र बनाने के फेर में तुम इनसान खुद ही राष्ट्र-राज्य की कठपुतली बनते चले गए। राष्ट्र-राज्य की प्रणाली ने कई सारे नकाब ओढ़कर तुम्हारे संकल्प, साहस, निष्ठा, पराक्रम, विवेक, बुद्धिमत्ता, भावना, संवेदना, सहिष्णुता, आकांक्षा का जमकर दोहन किया है। अपनी जड़ों को मजबूती से जमाने के लिए इन प्रणालियों ने तुम्हारे लालच, अंधविश्वास, उदासीनता, डर, क्रूरता, कुटिलता और निष्ठुरता का भी मनमाना इस्तेमाल किया है। सैकड़ों सालों से राष्ट्र-राज्य के हाथों की कठपुतली बने रहने का ही नतीजा है कि आज तुम राजनीतिक अवधारणाओं द्वारा खींची गई

परिसीमाओं के यांत्रिक अनुपालनकर्ता बनकर रह गए हो। आज तुम्हारी कल्पना की उड़ानें राष्ट्र-राज्य की भौगोलिक सीमाओं के पार जाने में असमर्थ हैं। राष्ट्र-राज्य ने अपनी भौगोलिक सीमाओं के भीतर रहनेवाले इनसानों के भौतिक विस्तार को ही नहीं, बल्कि उनके वैचारिक वितान को भी अपनी राजनीतिक-भौगोलिक सीमाओं की परिधि में समेट दिया है।

मेरी सहज व्यवस्था में किसी भी जीव या पदार्थ की गतिविधियाँ किसी कृत्रिम तंत्र द्वारा प्रदान की गई स्वतंत्रताओं या उसके द्वारा लादी गई बंदिशों के अधीन संचालित नहीं होती हैं। कृत्रिम रूप से निर्मित किसी वैचारिक या भौतिक तंत्र की गैर-मौजूदगी में प्रत्येक जीव और पदार्थ का वैचारिक या भौतिक संचरण असीम और अबाध होता है। तुम्हारे राजनीतिक तंत्र की भौगोलिक-सामरिक सीमाएँ भी इस असीम और अबाध संचरण को अपने दायरे में सीमित नहीं कर पाती हैं। तुम्हारे राजनीतिक तंत्र केवल तुम इनसानों को ही अपना ऐच्छिक या अनैच्छिक कैदी बना पाते हैं। इसका कारण यह है कि तुम इकलौते ऐसे जीव हो, जो बिना किसी बाहरी पुष्टिकरण के राजनीतिक तंत्रों का यह दावा मान लेता है कि बुद्धि और विवेक का अनमोल खजाना केवल इनसानों के पास ही है। इस अमूल्य खजाने के मालिक होने का छलावा तुम्हें राजनीतिक तंत्र की आजीवन कैद में डाल देता है। तुम निरंकुश राजतंत्र के चंगुल से निकलकर उदार राज्यतंत्र के मोहजाल में फँस जाते हो। पूँजीवादी राज्य से नाता तोड़कर साम्यवादी राज्य का हिस्सा बन जाते हो। राज्य से पीछा छुड़ाकर अराजक तंत्र का शिकार बन जाते हो। राष्ट्र की छाया से निकलकर अंतरराष्ट्रीय निकाय का झंडा थाम लेते हो, लेकिन खुद को विवेकशील साबित करने के लिए तुम्हें किसी न किसी तंत्र का हिस्सा बनना ही पड़ता है।

बेहतर जीवन, सुख-समृद्धि, मानवीय विकास, शांतिपूर्ण सामंजस्य तथा न्याय-आधारित सुरक्षा की उम्मीदों का खाद-पानी लेकर राजनीतिक तंत्र खुद को विशालकाय बना लेते हैं। तुम इनसान अपने विवेक, बुद्धि, कल्पना, संयम, संकल्प, विचारशीलता और न्यायशीलता का भारी निवेश इन राजनीतिक तंत्रों में करते हो। इस निवेश का बदला तुम्हें परस्पर कटुता, अशांति, हिंसा, संघर्ष, असंतोष, वाद-विवाद, असमानता, शोषण, भ्रष्टाचार, अन्याय और मानवीय मूल्यों के पतन की सौगात के रूप में मिलता है। तुम इनसानों ने राजनीतिक चिंतन-मनन में हजारों साल

गुजार दिए हैं। तुमने राजनीतिक व्यवस्थाओं और प्रणालियों को लेकर अनगिनत व्यावहारिक प्रयोग किए हैं। फिर भी, तुम इस बात को समझने में नाकाम रहे हो कि एक इनसानी समूह अपने समर्थन से सींचकर जिस प्रणाली या विचारधारा को अस्तित्व में लाता है, वही प्रणाली या विचारधारा उस इनसानी समूह की उम्मीदों को सबसे ज्यादा चोट पहुँचाती है। एक इनसानी समूह की उम्मीदों और आदर्शों का केवल वही प्रणाली या विचारधारा जिंदा रखती है, जिसका उस इनसानी समूह ने कड़ा विरोध या प्रतिरोध किया हो। एक पूँजीवादी राजनीतिक व्यवस्था में रहनेवाले इनसानों की उम्मीदों और सपनों को पूँजीवाद ही नुकसान पहुँचाता है, न कि साम्यवाद। फिर भी, साम्यवाद का विरोध और पूँजीवाद का समर्थन करना उस व्यवस्था में रहनेवाले इनसानों की वैचारिक मजबूरी बन जाती है।

इस मजबूरी के पीछे छिपा मूल कारण यही है कि तुम्हारी एक विचारधारा या प्रणाली अपनी मजबूती पर नहीं, बल्कि अन्य दूसरी विचारधारा या प्रणाली के विरोध पर टिकी होती है। एक विचारधारा या प्रणाली को संचालित करनेवाला दिमागी-तंत्र तुम इनसानों का समर्थन उस विचारधारा या प्रणाली की देने की क्षमता के आधार पर प्राप्त नहीं करता है। यह समर्थन तो इस बात का डर दिखाकर हासिल किया जाता है कि दूसरी विचारधाराएँ या प्रणालियाँ प्रभावी होने के बाद तुम्हारी उम्मीदों, सपनों, अवसरों और तुम्हारे पास बचे थोड़े-बहुत संसाधनों को भी छीन सकती हैं। यह छद्म डर तुम्हारी सारी आजादियों और हकों को कुंद करके उन्हें सजावटी सामान में तब्दील कर देता है।

मेरी सहज व्यवस्था प्रत्येक जीव और पदार्थ से सरोकार रखती है, जबकि तुम्हारी राजनीतिक व्यवस्था केवल इनसानों के जीवन को बेहतर बनाने की बात करती है। राजनीति तुम इनसानों की जिंदगी को खुशहाल बनाने की गारंटी देकर बाकी जीव-पदार्थों को बदहाल बनाने से गुरेज नहीं करती है। राजनीति इस मूल तथ्य को हाशिए पर डाल देती है कि तुम इनसान मेरी सहज व्यवस्था में मौजूद असंख्य जीवों में से एक जीव मात्र हो। तुम्हारी श्रेष्ठता, शक्ति और महत्त्व सिर्फ तुम इनसानों तक ही सीमित है। तुम्हारी राजनीति शक्ति के लिए संघर्ष को जन्म देती है, जबकि मेरी सहज व्यवस्था में शक्ति या ऊर्जा का निरंतर हस्तांतरण होता है। जीवों और पदार्थों के बीच शक्ति के लगातार हस्तांतरण के द्वारा ही मेरी सहज व्यवस्था

में शक्ति का सहज संतुलन कायम रहता है। यदि कोई जीव या पदार्थ बाकी के जीव-पदार्थों की तुलना में अधिक शक्ति हथिया भी लेता है तो कमजोरी की उतनी ही मात्रा उस जीव या पदार्थ के साथ खुद-ब-खुद जुड़ जाती है। इस अंदरूनी कमजोरी का एहसास तभी होता है, जब जरूरत से ज्यादा शक्ति इकट्ठा करनेवाले जीव या पदार्थ शक्ति के सोपानों से नीचे की ओर देखते हैं। शक्ति की जितनी सीढ़िया चढ़ी जाती हैं, गिरने का डर उतना ही बढ़ता जाता है। यही डर कमजोरी का स्रोत बन जाता है। सारे जीव एवं पदार्थ शक्ति के इस सहज संतुलन को स्वाभाविक रूप से अंगीकार कर लेते हैं। तुम्हारी राजनीति शक्ति के संघर्ष द्वारा शक्ति का एक कृत्रिम संतुलन बनाने की जुगत में लगी रहती है। शक्ति के इस कृत्रिम संतुलन को स्थापित करने के लिए राजनीति प्रत्येक इनसान को सत्ता के संघर्ष में उलझा देती है। यह सत्ता के संघर्ष को एक खेल का रूप दे देती है। तुम पूरी रुचि और उत्साह के साथ इस खेल में भागीदार बन जाते हो। सत्ता के इस खेल में पैदा होनेवाली ऊर्जा ही राजनीति को जीवित रखती है, इसलिए इस खेल का जारी रहना राजनीति के लिए सबसे ज्यादा जरूरी होता है।

राजनीति सत्ता के खेल को अति आकर्षक और लुभावना बना देती है। यह खेल प्रत्येक इनसान के लिए अपनी ताकत और वजूद को जाहिर करने का सबसे आसान जरिया बन जाता है। राजनीति सत्ता के खेल को सर्वोच्च प्रभुसत्ता हासिल करने का साधन घोषित कर देती है। इस प्रकार हर इनसान संप्रभु होने की सुखद कल्पना में खो जाता है। सारी राजनीतिक व्यवस्थाएँ इस सुखद कल्पना में खोए हुए इनसानों की बदौलत ही खुद को क्रियाशील रख पाती हैं। शक्ति और सत्ता के खेल में भागीदार तो तुम इनसान बनते हो, लेकिन विजेता का खिताब राजनीतिक प्रणालियों और विचारधाराओं को ही मिलता है। जब कहीं तानाशाही को उखाड़कर लोकतंत्र की स्थापना की जाती है, तो वह किसी इनसान की नहीं, बल्कि विचारधारा या प्रणाली की जीत होती है। तुम इनसान तानाशाही के चंगुल से बाहर निकल सकते हो, साम्यवाद की बंदिशों को तोड़ सकते हो, लोकतंत्र की आजादी और अधिकारों का ढिंढोरा पीट सकते हो, लेकिन विचारधारा के चक्रव्यूह से बाहर निकलना तुम्हारे लिए नामुमकिन है। तुम्हें खुद की भलाई और हितों का हवाला देकर इस चक्रव्यूह में फँसाया जाता है। तुम्हारी तीक्ष्ण और प्रखर बुद्धि यह समझ पाने में नाकाम रह जाती है कि प्रत्येक राजनीतिक विचारधारा या प्रणाली तुम्हारे हितों और तुम्हारी

भलाई को एक भिन्न अर्थ तथा एक अलग परिभाषा प्रदान करती है। एक मानव प्रजाति के हित की असंख्य परिभाषाएँ और अर्थ, सृष्टि के बाकी जीवों के लिए हास्य-मिश्रित अचरज का विषय बन जाते हैं। तुम अपनी कागजी संप्रभुता में लीन होकर राजनीतिक तंत्रों की कैद को ही अपनी आजादी, अधिकारों और हितों का आश्रय मान बैठते हो।

तुम राजनीति के अदृश्य बंधन में रहने के अभ्यस्त हो चुके हो। तुम्हें अपनी आजीविका की सुरक्षा के लिए उस राजनीतिक तंत्र के सामने हाथ फैलाकर खड़ा होना पड़ता है, जिसे तुमने खुद ही रोजगार पैदा करने की जिम्मेदारी सौंपी थी। तुम्हें एक ऐसी राजनीतिक व्यवस्था के सामने न्याय की गुहार लगानी पड़ती है, जिसे तुमने सामूहिक तौर पर अन्याय को मिटाने का बीड़ा सौंपा था। तुम्हें एक ऐसी राजनीतिक प्रणाली के भ्रष्टाचार और अत्याचार को सहन करना होता है, जिसका बीजारोपण ही भ्रष्टाचार और उत्पीड़न को खत्म करने के मकसद से किया गया था। तुम्हें एक ऐसे शासन में भी खुद को असुरक्षित और भयभीत महसूस करना पड़ता है, जिसने तुम्हारी आय और श्रम के एक तयशुदा हिस्से के बदले में तुम्हें सुरक्षा और शांति की गारंटी दी थी। आखिर में, तुम्हें अपने जीवन की बेहतरी और अपने व्यक्तित्व के विकास के लिए उस राजनीति पर निर्भर रहना पड़ता है, जो सामूहिकता की आड़ में तुम्हारे सहज जीवन और निजी वजूद को ही नष्ट करने पर आमादा रहती है।

मेरी सहज व्यवस्था में भी प्रत्येक जीव-पदार्थ अपनी बुनियादी जरूरतों के हिसाब से वैचारिक और प्रणालीगत ढाँचों को अपनाता है, पर तुम इनसानों की तरह वह इन ढाँचों से चिपकता नहीं है। यही कारण है कि इन जीव-पदार्थों द्वारा विकसित किए गए ढाँचे अपना स्वतंत्र अस्तित्व धारण करने से पहले ही मेरी सहज व्यवस्था में रूपांतरित या विलीन हो जाते हैं। इस प्रकार इन जीव पदार्थों की मूलभूत आवश्यकताएँ भी पूरी हो जाती हैं और उनके बीच विशाल दिमागी-तंत्रों को पनपने का मौका भी नहीं मिलता है। तुम इनसानों ने अपनी बुनियादी जरूरतों से इतर जरूरतें पैदा करने की होड़ में अपने वैचारिक और प्रणालीगत ढाँचों को निरंतर विस्तार दिया है। अपनी अतिरिक्त जरूरतों की पूर्ति के लिए तुमने इन ढाँचों को मेरी सहज व्यवस्था में रूपांतरित या विलीन नहीं होने दिया। ये ढाँचे धीरे-धीरे स्वतंत्र वजूद हासिल करते गए। राज्य, सरकार, लोकतंत्र, तानाशाही, अफसरशाही,

संघ, परिसंघ, अंतरराष्ट्रीय संघ जैसे प्रणालीगत ढाँचे अब तुम्हारी मूल जरूरतों को पूरा नहीं करते हैं। अब ये ढाँचे अपने स्वतंत्र वजूद की जरूरतों को पूरा करने के लिए तुम इनसानों को ही साधन के रूप में इस्तेमाल करते हैं। राष्ट्रवाद, क्षेत्रवाद, पूँजीवाद, समाजवाद, उदारवाद, फासीवाद, उग्रवाद, प्रभुसत्ता, शक्ति, शांति, सुरक्षा, राष्ट्रीय हित, लोक कल्याण जैसी वैचारिक अवधारणाएँ खुद के विस्तार और संरक्षण-पोषण को इनसानों की तरक्की का पर्याय बना चुकी हैं। मजे की बात यह है कि इनसानी तरक्की के सफर का आखिरी पड़ाव इन ढाँचों से जुड़े किसी भी इनसान को मालूम नहीं है।

तुम्हारी राजनीतिक व्यवस्थाएँ कहीं शांति स्थापित करने को, कहीं अराजकता समाप्त करने को, कहीं सुशासन लागू करने को, कहीं प्रभुत्व जमाने को, कहीं शक्ति संतुलन कायम रखने को अलग-अलग सरोकार और रंग-रूप धारण करती रहती हैं। राजनीतिक व्यवस्थाओं के इन विभिन्न सरोकारों तथा रूप-रंगों के कारण इनसानी तरक्की की बहुत-सी परिभाषाएँ और मार्ग निर्मित हो जाते हैं। प्रत्येक राजनीतिक व्यवस्था एक दिमागी-तंत्र के रूप में तरक्की की अपनी परिभाषा और अपने रास्ते को ही उचित और आसान मानती है। प्रत्येक इनसान को अब इनमें से कोई न कोई परिभाषा और कोई न कोई मार्ग चुनना ही पड़ता है। अब तुम एक देश को छोड़कर दूसरे देश के नागरिक बन सकते हो, एक विचारधारा को त्यागकर दूसरी विचारधारा को अपना सकते हो, लेकिन देश और विचारधारा, दोनों से अलग होकर एक सहज जीव के रूप में जीना तुम्हारे लिए संभव नहीं रहा है। राष्ट्र-राज्य और विचारधारा को कायम रखना तुम्हारा बाध्यकारी उत्तरदायित्व बन चुका है। जब तुम लोकतंत्र जैसी व्यवस्था में अपने मताधिकार का प्रयोग करते हो, तब तुम अपने अमूल्य और शक्तिशाली वोट का प्रयोग खुद के लिए नहीं, बल्कि खुद को लोकतांत्रिक व्यवस्था का अभिन्न हिस्सा साबित करने के लिए कर रहे होते हो। अपने सहज जीवन की कुर्बानी देकर तुम लोकतंत्र या किसी दूसरी राजनीतिक व्यवस्था के सेनानी का तमगा हासिल कर लेते हो। बाकी सारे जीव-पदार्थ आज भी इन तमगों के प्रति तुम इनसानों की दीवानगी को नहीं समझ पाए हैं।

तुम्हारी राजनीतिक व्यवस्था न्याय, अनुशासन, सुरक्षा, व्यवस्थापन और

विकास की दुहाई देकर तुम्हारी सारी जरूरतों के प्रबंधन का जिम्मा अपने हाथों में ले लेती है। यह तुम इनसानों से तुम्हें ही नियंत्रित करने की ताकत हासिल करती है। इस ताकत के बल पर यह तुम्हारी बुनियादी जरूरतों को भी गैर-जरूरी ठहरा सकती है। तुम्हें खाने, पहनने और रहने के लिए राजनीतिक व्यवस्था की पूर्व अनुमति लेनी पड़ती है। तुम्हें अपने विचारों और कल्पनाओं को प्रकट करने और उन्हें व्यावहारिक रूप देने के लिए राष्ट्र-राज्य की मंजूरी लेनी पड़ती है। तुम्हें एक जगह से दूसरी जगह तक जाने के लिए, विवाह करने और बच्चे पैदा करने के लिए, अपना और बच्चों का पालन-पोषण करने के लिए, खेलने-कूदने और मनोरंजन करने के लिए, पढ़ने-लिखने और रोजगार पाने के लिए, यहाँ तक कि अपना जीवन समाप्त करने के लिए भी राजनीतिक व्यवस्था की कृपा या अनुशंसा पर निर्भर रहना पड़ता है। इतनी सारी बंदिशों के बावजूद खुद की स्वतंत्रता और विवेकशीलता पर इतरानेवाले तुम कायनात के इकलौते जीव हो।

सारे जीव-पदार्थों में तुम ही अकेले ऐसे जीव हो, जो राजनीतिक व्यवस्था जैसे खुद के बनाए हुए दिमागी-तंत्र की सरपरस्ती में शक्ति, आजादी, समानता और अधिकार के लिए सबसे ज्यादा हाय-तौबा मचाता है। राजनीति भी तुम्हारी इस हाय-तौबा का लाभ उठाकर तुम्हारे इनसानी दिमाग की क्षमताओं का भरपूर दोहन करती है। इस दोहन के द्वारा यह अनेक तरह के कृत्रिम ढाँचों को खड़ा करती चली जाती है। इन ढाँचों में फंसकर तुम सृष्टि की सबसे कमजोर, परतंत्र, असमान और वंचित प्रजाति बनकर रह जाते हो। राजनीति द्वारा तुम्हारे लिए तैयार की गई शक्ति की सैद्धांतिक परिभाषाएँ और प्रायोगिक निष्कर्ष 99 प्रतिशत इनसानों को शक्ति के दायरे से बाहर खड़ा कर देते हैं। राजनीति 1 प्रतिशत इनसानों को शक्ति के साधनों का प्रबंधक बना देती है, बाकी के 99 प्रतिशत इनसान शक्तिहीन बनकर जीते हैं। शक्तिशाली इनसान भी राजनीति द्वारा पैदा किए गए शक्ति के आभास को ही अपनी शक्ति का नमूना मानकर मदमस्त रहते हैं। दूसरी ओर शक्तिहीन इनसान शक्ति पाने की लालसा और शक्ति के प्रयोग से पैदा होनेवाले डर के बीच पिसते हुए राजनीति की गोद में बैठे रहते हैं।

राजनीति ने हमेशा से शक्ति का निर्धारण और मापन किसी इनसान या इनसान द्वारा निर्मित किसी साधन की मारक क्षमता के आधार पर किया है। किसी को नष्ट

करने, किसी का शोषण करने या उत्पीड़न करने की क्षमता किसी इनसान को राजनीतिक शक्ति का स्वामी बना देती है। यह राजनीतिक शक्ति कभी-कभी इतने चरम पर पहुँच जाती है कि महज एक इनसान के पास पूरी धरती को नष्ट करने की ताकत इकट्ठा हो जाती है। तुम्हारी सारी इनसानियत का वजूद एक ही इनसान के विवेक और बुद्धि पर निर्भर हो जाता है। कुछ चुनिंदा इनसानों के हाथों में शक्ति और आजादी का संचय बाकी इनसानों के बीच शक्तिहीनता, गुलामी, असमानता और असंतुलन का विशाल ढेर जमा कर देता है। इस विशालकाय ढेर में से जननायक, जननेता जैसे लोग बहुसंख्यक इनसानों की उम्मीद और आवाज बनकर प्रकट होते रहते हैं, लेकिन राजनीतिक व्यवस्था दूसरे दिमागी-तंत्रों के साथ मिलकर इन लोगों को भी किसी न किसी तंत्र से चिपका ही देती है।

तुम्हारी राजनीतिक व्यवस्था बाकी सारे जीव-पदार्थों की ताकत और क्षमताओं को सिरे से नकार देती है। इस प्रकार यह मेरी सहज व्यवस्था की शक्ति और क्षमता को लगातार निरर्थक चुनौती देती रहती है। यह चुनौती निरर्थक इसलिए होती है, क्योंकि राजनीतिक व्यवस्था खुद की ताकत के प्रभाव को तुम इनसानों के दिमाग में जमाने के लिए उन धार्मिक-तंत्रों का सहारा लेती है, जो लगातार मेरा महिमामंडन करके अपनी ताकत इकट्ठा करते हैं। इस दोहरी चाल का प्रतिफल दो तरह से राजनीतिक व्यवस्था के सामने आकर खड़ा हो जाता है। एक तरफ, बाकी के शक्तिहीन समझे गए जीव और पदार्थ जैविक, रासायनिक, आग्नेय और नाभिकीय हथियारों के रूप में बदलकर राजनीति की शक्ति का केंद्र बन जाते हैं। दूसरी तरफ, धार्मिक-तंत्र अपने-अपने देवताओं और सिद्धांतों को सर्वशक्तिमान और औचित्यपूर्ण साबित करने की जिद भरी होड़ में राजनीति के ढाँचों को ही तहस-नहस करने लगते हैं। राजनीति की कोख से निकले इन दोनों तरह के प्रतिफलों का भुगतान तुम इनसानों को ही करना पड़ता है। तुम्हारे जैसी विवेकशील प्रजाति इतना भी नहीं समझ पाती कि जिन साधनों को राजनीति द्वारा अपनी शक्ति का आधार बनाया जाता है, वे साधन या हथियार किसी अन्य जीव या पदार्थ को डराने या मारने के लिए, बल्कि तुम इनसानों को ही नुकसान पहुँचाने का काम करते हैं। ये दिमागी-तंत्रों द्वारा जीव-पदार्थों के दोहन का सहज प्रतिफल हैं। राजनीति जैसे दिमागी-तंत्र अपने इन प्रतिफलों को इनसानी उपलब्धियों में बदलकर तुम्हारे माथे मढ़ देते हैं। गोली, बम या परमाणु बम के इस्तेमाल से

राजनीतिक ढाँचे या विचारधाराएँ ध्वस्त नहीं होती हैं, केवल तुम इनसानों को ही क्षति पहुँचती है।

तुम्हारी राजनीतिक व्यवस्था अपने किए का प्रतिफल छिपाने के लिए इन प्रतिफलों को आर्थिक, सामाजिक, धार्मिक और नैतिक व्यवस्थाओं के प्रभावों-परिणामों के साथ अपमिश्रित कर देती है। इस अपमिश्रण से आतंकवाद, अलगाववाद, नस्लवाद, क्षेत्रवाद, जातिवाद, संप्रदायवाद जैसे छोटे-छोटे दिमागी-तंत्रों का जन्म होता है। राजनीति जैसे परिष्कृत और विशाल दिमागी-तंत्र इन छोटे दिमागी-तंत्रों को मानवता का दुश्मन करार देते हैं। खुद को प्रगतिशील और छोटे दिमागी-तंत्रों को विध्वंसक साबित करने की होड़ में राजनीति तुम इनसानों को एक और विभाजन का शिकार बना लेती है। तुम चाहे राजनीति को अपना लो, या फिर उसकी अपमिश्रित संतानों को, पिसना तुम इनसानों को ही पड़ता है। प्रगतिशील और विध्वंसक दिमागी-तंत्रों का यह कृत्रिम विभाजन तुम्हें मेरी सहज व्यवस्था में दाखिल होने से रोकता है। चाहे राष्ट्रवाद हो या अलगाववाद, ये तुम्हारे दिमाग की सीमित सक्रियता को सामूहिकता के धागे में पिरोकर एक ऐसी माला का रूप दे देते हैं, जिसे तुम मानव जाति की शोभा और सम्मान का प्रतीक समझ बैठते हो।

तुम्हारी राजनीतिक व्यवस्था तुम्हारे एकल दिमाग के विकास की सूचक नहीं है। यह तो अल्प-विकसित दिमागों के असंख्य समूहों का फैला हुआ तंत्र है। यही वजह है, जो राजनीति को पूरी मानव प्रजाति का प्रतिनिधि बनने से रोकती है। मेरी सहज व्यवस्था में प्रत्येक जीव एक पृथक इकाई है। प्रत्येक जीव अपने कार्यों व गतिविधियों का प्रतिफल स्वयं भुगतता है। राजनीति तुम इनसानों को अनगिनत समूहों में बाँट देती है। प्रतिफल की मेरी सहज प्रणाली इनमें से प्रत्येक समूह को एक पृथक इकाई के रूप में ही देखती है। इसलिए तुम्हें एक जीव के रूप किए गए कार्यों के अलावा उन कार्यों का प्रतिफल भी भुगतना पड़ता है, जो तुम सामूहिक इकाइयों के रूप में करते हो। किसी एक राष्ट्र के कुछ निर्णयकर्ता यदि किसी दूसरे राष्ट्र के खिलाफ युद्ध छेड़ देते हैं तो उस निर्णय का प्रतिफल उन दोनों राष्ट्रों के आम इनसानों को भी भोगना पड़ता है। ये आम इनसान भले ही युद्ध के निर्णय में भागीदार नहीं थे, लेकिन राष्ट्र जैसे समूहतंत्र से जुड़े होने की कीमत उन्हें चुकानी होती है।

दिमागी-तंत्रों के कारण तुम इनसानों को प्रतिफलों का दोहरा बोझ उठाना पड़ता है। तुम्हारे ऊपर अपने प्रतिफलों का अतिरिक्त भार डालनेवाली ये दिमागी-तंत्र तुम्हें इस बात का लालच भी देते हैं कि वे तुम्हारी निजी गतिविधियों के प्रतिफलों से तुम्हें बचा सकते हैं। ये दिमागी-तंत्र इन प्रतिफलों के इस दोहरे बोझ को उतारने के लिए तुम्हें कई तरीके सुझाते हैं। ये तरीके कभी स्थायी रूप से कारगर साबित नहीं होते हैं। इसकी बुनियादी वजह यही है कि ये तरीके केवल दिमागी-तंत्रों की छत्रच्छाया में हासिल किए गए ज्ञान और अनुभव पर टिके होते हैं, न कि मेरी सहज व्यवस्था के बारे में तुम इनसानों की समझ पर। तुम राजनीति जैसे जटिल दिमागी-तंत्र की नजरबंदी से तभी मुक्ति पा सकते हो, जब तुम एक सहज जीव इकाई के रूप में खुद को मान्यता दोगे। तुम्हें राजनीति द्वारा पैदा किए गए सारे सामूहिक तंत्रों से अपने एकल दिमाग को अलग करना होगा। तुम्हें अपने इस एकल दिमाग को मेरी सहज व्यवस्था से जोड़ना होगा। ऐसा करने के लिए तुम्हें न तो कोई आंदोलन करना है, न कोई विद्रोह भड़काना है और न ही किसी क्रांति को अंजाम देना है। तुम्हें तो थोड़े-से समय के लिए अपने दिमाग और शरीर को राजनीति के भौतिक और वैचारिक ढाँचों से दूर रखना है। ऐसा करते ही इन ढाँचों को लगातार मिलनेवाली भावनात्मक व वैचारिक ऊर्जा की आपूर्ति बंद हो जाएगी। इसके बाद तुम इनसानों पर इन ढाँचों की पकड़ खुद-ब-खुद ढीली होती चली जाएगी। अब तक तुम किसी एक ढाँचे को नष्ट करने के लिए किसी दूसरे ढाँचे को खड़ा करने का तरीका अपनाते आए हो। तुमने इस बात पर कभी गौर नहीं किया कि इन ढाँचों का किसी न किसी रूप में बने रहना राजनीति की असली ताकत है। इस ताकत को खत्म किए बिना तुम राजनीति के चंगुल से बाहर नहीं आ सकते। तुम्हें राजनीति से दूर रहकर मेरी सहज व्यवस्था की अनुभूति करनी होगी।

तुम में से हर इनसान को सहज भावना से यह स्वीकार करना होगा कि तुम्हारे साथ-साथ प्रत्येक जीव और प्रत्येक पदार्थ मेरी सहज व्यवस्था में समान सहभागी है। यह स्वीकार करते ही तुम मेरी भूमिका धारण कर लोगे। जब तुम मेरी भूमिका को निभाना शुरू कर दोगे, तब इनसान के रूप में तुम पर थोपी गई सारी की सारी राजनीतिक अवधारणाएँ और प्रतिबद्धताएँ तुम्हारे एकल दिमाग को कभी झकझोर नहीं पाएँगी। मेरी भूमिका को ओढ़कर तुम एक सकल दिमाग हासिल कर लोगे। इस सकल दिमाग के भीतर राष्ट्र, राज्य, संघ, क्षेत्र, समूह, संगठन, दल, वर्ग, तंत्र और वाद से जुड़ी तुम्हारी अलग-अलग पहचानें लुप्त होती चली जाएँगी।

तुम्हारी एकमात्र पहचान ईश्वर के रूप में बची रह जाएगी। इनसान के रूप में जिन राजनीतिक ढाँचों के भार को ढोना तुमने अपनी नियति मान लिया था, वही ढाँचे ईश्वर के रूप में तुम्हारे हाथ का खिलौना बन जाएँगे।

मेरी सहज व्यवस्था का हिस्सा बनकर सारे जीव और पदार्थ ईश्वर का दर्जा हासिल कर लेते हैं। इन विकेंद्रीकरण के द्वारा ही मेरी सहज व्यवस्था मुझमें केंद्रीभूत हो जाती है। तुम्हारी राजनीतिक व्यवस्था में सभी इनसानों को सत्ता के सबसे ऊँचे शिखर पर नहीं बैठाया जा सकता। मेरी सहज व्यवस्था में सभी हिस्सेदार केंद्रीकरण के सर्वोच्च शिखर पर भी ईश्वर होते हैं और विकेंद्रीकरण के असंख्य छोरों पर भी ईश्वर ही होते हैं। राजनीति कुछ चंद लोगों को प्राधिकारी बना देती है, जबकि शेष इनसानों को जनता में तब्दील कर देती है। प्राधिकारी बनते ही वे चंद इनसान आत्मविश्वास, गर्व, विवेक, प्रबुद्धता और दूरदर्शिता से लैस हो जाते हैं। वहीं जनता के रूप में बचे इनसानों का आत्मविश्वास, गर्व, विवेक, प्रबुद्धता और दूरदर्शिता लगातार क्षीण होती रहती है। यह विरोधाभास अशांति, विप्लव, विद्रोह, क्रांति, अलगाव और हिंसा को आमंत्रण देता है। मेरी सहज व्यवस्था में केंद्र और छोर, दोनों जगह पर प्रत्येक जीव और पदार्थ मेरी भूमिका को सहज रूप से निभा रहा होता है। इसी के फलस्वरूप केंद्र और छोर के बीच विरोध या तनाव नहीं, बल्कि साहचर्य पैदा होता है। जब तुम मेरी साहचर्यपूर्ण व्यवस्था में फिर से कदम रखोगे, तब तुम खुद को शक्ति के केंद्र के साथ-साथ शक्ति के दूरतम या निम्नतम छोर पर भी खड़ा पाओगे। यह अनुभव तुम्हारे जीवन में से शक्ति की लालसा और शक्ति के लिए संघर्ष को हमेशा के लिए मिटा देगा।

मेरी भूमिका को स्वीकार करने के बाद तुम्हारी संवेदनाओं और सरोकारों का दायरा बढ़ जाएगा। अब इनसानों के गैर-मतलब की चीजों को भी तुम अपनी हदों में समेट पाओगे। तभी तुम उदारवाद के आग्रह से, पूँजीवाद के आकर्षण से, साम्यवाद के आदर्श से, आतंकवाद की जिद से, अलगाववाद की बेचैनी से, क्षेत्रवाद की कुंठा से और राष्ट्रवाद के भावनात्मक ज्वार से खुद को दूर खड़ा कर पाओगे। इस दूरी को हासिल करने के बाद ही तुम्हें मेरी सहज व्यवस्था की स्वचालित कार्यप्रणाली को उसकी सूक्ष्मता और विस्तार में देखने का अवसर मिलेगा। इस अवस्था में पहुँचकर ही तुम्हें अपनी राजनीति के आदर्शों और उपलब्धियों के खोखलेपन का

बोध होगा। तभी तुम जान पाओगे कि तुम्हें आत्मनिर्भर, विकसित और समृद्ध बनाने का बीड़ा उठानेवाली राजनीति ने किस तरह से तुम्हारे जीवन को बाकी जीव-पदार्थों के रहमोकरम पर निर्भर बना दिया है। राजनीति ने समाज, सभ्यता, धर्म, ज्ञान-विज्ञान, अर्थव्यवस्था जैसे समकक्ष दिमागी-तंत्रों को अपने काबू में रखने की कोशिश करते हुए इतनी ताकत इकट्ठा कर ली है, जो एक झटके में सारी मानव-निर्मित संरचनाओं को नष्ट कर सकती है। राजनीति तुम इनसानों को संप्रभु बनने का सपना दिखाती रही है, लेकिन हकीकत यह है कि इसने तुम्हें एक बेबस और लाचार जीव बनाकर छोड़ दिया है।

राजनीति ने सिद्धांतों, विचारधाराओं और अवधारणाओं की छद्म लड़ाई में तुम इनसानों की बुद्धि, विवेक, प्रतिभा, कौशल और कल्पना शक्ति का जमकर अपव्यय किया है। इस फिजूलखर्ची से तुम्हारा ध्यान हटाए रखने के लिए राजनीति तुम्हारे सामने निरंतर ऐसे लक्ष्य और आदर्श पेश करती रही है, जिन्हें इनसानी क्षमता के बलबूते पर हासिल कर पाना न तो कभी संभव था और न ही कभी संभव होगा। मेरी सहज व्यवस्था में तुम्हारे गुणों, विशेषताओं और क्षमताओं का उपयोग छद्म संघर्षों में उलझने या असंभव आदर्शों व लक्ष्यों के पीछे भागने में नहीं होगा। इनका उपयोग तो साहचर्य की उस स्वचालित प्रणाली को लगातार चलाए रखने में होगा, जो तुम इनसानों के साथ-साथ बाकी सारे जीव-पदार्थों के अधिकारों, स्वतंत्रताओं, समानताओं, सरोकारों, कर्तव्यों और जरूरतों को भी एक ही तराजू में तौलती है। मेरी सहज व्यवस्था में तुम्हारी निष्ठा, तुम्हारा गौरव, तुम्हारा आत्म-सम्मान और तुम्हारी सुरक्षा किसी दिमागी-तंत्र की कृपा का मोहताज नहीं होगी; साथ ही यह तुम इनसानों को बाकी जीवों की सहज निष्ठा, गौरव, आत्म-सम्मान और सुरक्षा से खिलवाड़ करने का औजार भी नहीं बनने देगी। मेरा चोला पहनते ही तुम में से हर इनसान एक संतुलित नजरिया हासिल कर लेगा। इस नजरिए के द्वारा तुम राजनीतिक और प्रशासनिक ढाँचों को भौतिक रूप से नष्ट किए बिना ही राजनीति के वैचारिक तिलिस्म को तोड़ पाओगे।

इस सबसे आसान उपाय को अपनाने में तुम इनसान जितनी देर करोगे, तुम्हारी राजनीति उतनी ही तेजी के साथ तुम्हारे विध्वंस का साजो-सामान जमा करती चली जाएगी। चूँकि तुम्हें दिमागी-तंत्रों द्वारा निर्धारित समय-चक्र में पिसने की आदत हो

चुकी है, इसलिए भविष्य का संकट तुम्हें हमेशा भयभीत और बेचैन बनाए रखता है। विध्वंस की कल्पना और हकीकत, दोनों से बचने के लिए तुम्हें जल्द से जल्द मेरी सहज व्यवस्था में समाना होगा। यह अंतिम और निर्णायक चुनाव तुम में से हर इनसान को करना है। एक सहज जीव के रूप में अपनी सहज निष्ठा और अपनी सहज चेतना के साथ मुझमें विलीन होने का तुम्हारा हरेक निजी प्रयास वास्तविक संप्रभुता को हासिल करने की दिशा में बढ़ाया गया एक कदम साबित होगा।

□

8

मैं और तुम्हारा ज्ञान-विज्ञान

तुम इनसानों ने अपनी बुद्धि, अपने अनुभवों, अपने चिंतन, अपने अनुमानों, अपने निष्कर्षों, अपने प्रयोग-परीक्षणों, अपनी परिकल्पनाओं और अपनी अभिधारणाओं के आधार पर जानकारियों एवं तथ्यों का विशाल भंडार इकट्ठा कर लिया है। इन्हीं जानकारियों की नींव पर तुमने अपने ज्ञान-विज्ञान की बहुमंजिला इमारत खड़ी कर ली है। तुमने अपने संपर्क में आनेवाले जीव-पदार्थों को अपनी जानकारियों और तथ्यों का स्रोत बनाया था, लेकिन दिमागी-तंत्रों द्वारा थोपे गए अहंकार में चूर होकर तुम इन्हीं जीवों और पदार्थों को अज्ञानता का सूचक मानने लग गए। अपने ज्ञान-विज्ञान की अलग-अलग मंजिलों पर खड़े होकर तुम बड़ी एहसानफरामोशी के साथ बाकी जीव-पदार्थों को नीचा दिखाने की कोशिश करते आ रहे हो। तुम्हारी यह कोशिश इन जीव-पदार्थों का तो कुछ नहीं बिगाड़ पाती, उल्टा तुम इनसानों के बीच ज्ञान-अज्ञान की एक चौड़ी खाई जरूर बना देती है। इस खाई को भर पाना तुम्हारे वश में नहीं होता है। मेरी सहज प्रतिफल की प्रणाली बाकी जीव-पदार्थों पर तुम्हारे द्वारा थोपी गई अज्ञानता को ज्ञान के मुख्य शत्रु के रूप में तुम इनसानों के बीच में ही बिखरा देती है। अब ये जीव-पदार्थ तुम्हारे ज्ञान के साथ-साथ तुम्हारे अज्ञान के निर्धारक भी बन जाते हैं।

चीजों को जानने-समझने की जिज्ञासा से अंकुरित होनेवाला तुम्हारा ज्ञान दिमागी-तंत्रों द्वारा प्रायोजित सत्य-असत्य की लड़ाई में उलझ जाता है। इस लड़ाई में उलझकर तुम्हारा ज्ञान खुद ही अज्ञान का जनक बन जाता है और खुद की पैदाइश को ही अवैध साबित करने में जुटा रहता है। तुम इनसानों के वजूद में आने से पहले न तो ज्ञान था और न ही अज्ञान, फिर भी मेरी और कुदरत की सहज

व्यवस्था कायम थी। ये सहज व्यवस्थाएँ तुम्हारा और तुम्हारे ज्ञान-विज्ञान का वजूद मिट जाने पर भी निरंतर चलती रहेंगी। राज्य, समाज, धर्म और सभ्यता जैसे दिमागी-तंत्रों ने ज्ञान-विज्ञान को तुम इनसानों के वजूद को साबित करने और उसे कायम रखने का मुख्य साधन बना दिया है, पर अज्ञान की अनंत सीमाएँ तुम्हारे इस मुख्य साधन को तुम्हारे अंतिम साध्य में बदलकर रख देती हैं। अब तुम्हें अपने वजूद की कीमत चुकाकर भी ज्ञान-विज्ञान को कायम रखना होता है। तुम ज्ञान-विज्ञान को साबित करने के लिए खुद को मिटाने के लिए मजबूर हो जाते हो।

समूची कायनात में हरेक जीव या पदार्थ की अपनी गुण-विशेषता और क्षमता होती है। इस गुण-विशेषता और क्षमता के द्वारा वह जीव या पदार्थ सक्रिय या निष्क्रिय अवस्था में अपना जीवनचक्र पूरा करता है। इस तरह वह सहज रूपांतरण की प्रक्रिया को लगातार चलाए रखने में अपनी भूमिका निभाता है। तुम इनसानों के पास भी कई तरह की गुण-विशेषताएँ और क्षमताएँ हैं। इनके बल पर ही तुमने न सिर्फ अपने बारे में, बल्कि कई सारे जीव-पदार्थों के बारे में बहुत सारी जानकारियाँ इकट्ठा कर ली हैं। ये जानकारियाँ तुम्हारे जीवन की कठिनाइयों को हल करने का साधन बन गईं। इसी बीच तुम्हारे ज्ञान को तुम्हारी क्षमताओं और गुणों को प्रकट करने का माध्यम बनाकर दिमागी-तंत्रों ने ज्ञान की सहजता को छीन लिया। जानकारियों के अभाव को अज्ञान के रूप में तुम्हारे सामने खड़ा कर दिया गया। दिमागी-तंत्रों ने तुम्हारे ज्ञान-विज्ञान का इस्तेमाल अपने विकास की सीढ़ी के रूप में किया और इस सीढ़ी के द्वारा वे खुद के लिए नई ऊँचाइयाँ हासिल करते रहे। तुम इनसानों को दिमागी-तंत्रों की इन उपलब्धियों को निहारते रहने और ज्ञान-अज्ञान की भारी-भरकम गठरियों को लादकर उत्थान-पतन के चक्र में घिसटने के लिए मजबूर होना पड़ा।

प्रत्येक जीव और पदार्थ अपने सहज गुणों व क्षमताओं का प्रयोग तथा प्रकटीकरण केवल अपने जीवन की सुरक्षा और जरूरतों के लिए करता है। कोई भी जीव अपने सहज गुणों और क्षमताओं को ज्ञान के रूप में संचित नहीं करता है। संचित ज्ञान के न होने की वजह से ऐसे जीव और पदार्थ अपने जीवन चक्र की हर स्थिति और परिस्थिति के दौरान बड़ी सहजता से अनुकूलन स्थापित कर लेते हैं। अपनी इसी अनुकूलन क्षमता के कारण ये जीव-पदार्थ रूपांतरण प्रक्रिया

से हर पल जुड़े रहते हैं। इस प्रकार वे मेरे और प्रकृति के संपर्क में निरंतर बने रहते हैं। तुम इनसान न केवल अपने गुणों और क्षमताओं को, बल्कि बाकी जीव-पदार्थों के गुणों व क्षमताओं को भी अपने जीवन की सुरक्षा और अन्य जरूरतों के लिए इस्तेमाल करते हो। दिमागी-तंत्रों से जुड़कर तुम इन गुणों और क्षमताओं को उपयोगिता-अनुपयोगिता के आधार पर ज्ञान के रूप में जमा करते रहते हो। दिमागी-तंत्र अनुपयोगी जानकारी या जानकारी के अभाव को तुम्हारी मूर्खता या अज्ञानता के रूप में स्थापित कर देते हैं। इस तरह तुम्हारे पास ज्ञान के साथ-साथ अज्ञान का भी संचय होता रहता है। ज्ञान और अज्ञान का यह संचय तुम्हें कई ऐसे पूर्वग्रहों, मान्यताओं, धारणाओं, संशयों और शंकाओं से ग्रस्त कर देता है, जो मेरे और कुदरत के साथ तुम्हारे अनुकूलन तथा साहचर्य को बहुत कठिन और मुसीबत भरा बना देते हैं। बाकी जीव-पदार्थों के प्रति अनुकूलता हासिल करने के लिए भी तुम्हें दिमागी-तंत्रों द्वारा विकसित किए गए कृत्रिम साधनों, विशेष प्रशिक्षण और अभ्यास पर निर्भर होना पड़ता है।

दिमागी-तंत्रों की सरपरस्ती में तुम्हारा ज्ञान भंडार निरंतर बढ़ता है। यह तेजी से बढ़ता ज्ञान भंडार तुम्हारी जन्मजात सहज क्षमताओं और गुणों को बेअसर और धुँधला करता चला जाता है। तुम इनसान अपने ज्ञान-विज्ञान द्वारा विकसित कृत्रिम साधनों पर इस हद तक आश्रित हो जाते हो कि जीवनचक्र की एक सामान्य स्थिति इन साधनों के बगैर एक विकट परिस्थिति का रूप ले लेती है। एक बिजली का पंखा बंद होने पर सामान्य गरमी का सामना करना भी तुम्हारे लिए किसी संकटकालीन परिस्थिति से लड़ने जैसा होता है। एक ऊनी स्वेटर के बिना जाड़े का एक दिन बिताना तुम्हारे लिए मौसमी आपदा के समान हो जाता है। तुम्हारे घर में अगर एक दिन नल का पानी न आए तो तुम्हारी जीवनचर्या थम-सी जाती है। किसी वाहन के बिना थोड़ी देर धूप में पैदल चलना तुम्हारे लिए एक बड़ी मुसीबत बन जाता है। तुम्हें किसी रोज सुबह चाय या अखबार न मिल पाए, तो तुम्हारा मूड खराब हो जाता है। इन सब छोटी-छोटी परिस्थितियों में भी तुम कृत्रिम साधनों के बिना बेबस और लाचार हो जाते हो। साधनों पर अति निर्भर होने की वजह से तुम अपने ज्ञान की उपयोगिता खो देते हो। तुम्हारे ज्ञान का यही अनुपयोग बाकी जीव-पदार्थों के लिए तुम्हारे अज्ञानी होने का सबूत बन जाता है।

तुम इनसानों ने दिमागी-तंत्रों का मोहरा बनकर ज्ञान को विभाजित, विभेदित और प्रशाखित कर दिया है। दिमागी-तंत्रों ने तुम्हें सामान्य और सहज ज्ञान से दूर ले जाकर खड़ा कर दिया है। यह सहज और सामान्य ज्ञान ही तुम्हारे जीवन के सारे पहलुओं को समेट सकता था, लेकिन दिमागी-तंत्र कभी नहीं चाहेंगे कि तुम अपने जीवन की समग्रता का एहसास कर पाओ। तुम इनसानों ने दिमागी-तंत्रों के लिए ज्ञान अर्जित किया है, न कि खुद के लिए। तुम में से जो इनसान जिस दिमागी-तंत्र से जुड़ा था, उसने केवल उसी दिमागी-तंत्र की जरूरतों के अनुसार तथ्य और जानकारियाँ जुटाईं। उसने उसी दिमागी-तंत्र के सरोकारों और उद्देश्यों को ध्यान में रखकर खोजबीन और प्रयोग-परीक्षण किए। अब उसी दिमागी-तंत्र के प्रभाव में वह इनसान अपने इस संकुचित ज्ञान को जीवन की सारी समस्याओं के निदान हेतु अपनाने की जिद पर अड़ गया। समाजशास्त्री समाजों से जुड़े अपने ज्ञान भंडार द्वारा इनसानी दुनिया को बेहतर बनाना चाहते हैं। धर्मशास्त्री धार्मिक ग्रंथों के आधार पर जीवन की रूप-रेखा तय करना चाहते हैं। अर्थशास्त्री अपने आर्थिक सिद्धांतों और प्रयोगों द्वारा हर इनसान के लिए आत्मनिर्भरता का लक्ष्य हासिल करना चाहते हैं। राजनीतिशास्त्री मानते हैं कि राजनीतिक विचारधाराओं और अवधारणाओं को आत्मसात किए बिना कोई भी इनसान अपने व्यक्तित्व का चौतरफा विकास नहीं कर सकता। एक इतिहासकार लगातार इस बात को दोहराता है कि सभ्यता और संस्कृति के प्रवाह का अध्ययन किए बिना जीवन को जीने का सलीका नहीं सीखा जा सकता। इसी तरह से मनोविज्ञानी, जीवविज्ञानी, रसायनविज्ञानी, भौतिकविज्ञानी और गणितज्ञ अपने-अपने विशिष्ट ज्ञान के द्वारा दुनिया की दिशा और दशा को निर्धारित करने पर तुले हुए हैं।

तुम्हारे ज्ञान-विज्ञान पर दिमागी-तंत्रों का एकाधिकार है, इसलिए तुम्हारे ज्ञान की अनगिनत शाखाएँ बनती चली गईं। इन शाखाओं के बीच सामंजस्य और संतुलन की मात्रा काफी कम है, जबकि वाद-विवाद, विसंगति और विरोधाभास की प्रचुरता है। यही वजह है कि तुम्हारा ज्ञान तो निरपेक्ष नहीं बन पाया, लेकिन तुम्हारा अज्ञान जरूर निरपेक्ष बन गया है। ज्ञानी-विज्ञानी संसार को अपने-अपने चश्मों से देखते हैं, लेकिन अज्ञानी और अबोध इनसानों की दृष्टि में निरपेक्षता का अंश अधिक होता है। दिमागी-तंत्रों के औजार में बदलने के बाद तुम्हारा ज्ञान-विज्ञान तुम्हारी सहजवृत्ति से दूर होता चला गया। तुम्हारा ज्ञान-विज्ञान भी उपयोगी-

अनुपयोगी, प्रासंगिक-अप्रासंगिक, पवित्र-अपवित्र, नैतिक-अनैतिक जैसे विभेदों का शिकार बन गया। तुम्हारे ज्ञान-विज्ञान का विकास और विस्तार तुम्हारी बुनियादी जरूरतों से हटकर राजनीति, धर्म, अर्थव्यवस्था, समाज और सभ्यता के पोषण को ध्यान में रखकर हुआ है।

राजनीतिक चिंतन व दर्शन के केंद्र में एक इनसान के जीवन की बजाय राष्ट्र-राज्य जैसे निकायों को जिंदा रखने की चिंता अधिक है। समाजशास्त्रीय अध्ययन और शोध का विषय इनसान की सहजता को पुनः सहेजने की बजाय सामूहिकता के जाल को और अधिक कसने की कवायद बन गया है। अर्थशास्त्र के नियम और सिद्धांत इनसान और कुदरत के बीच सहज लेन-देन की प्रणाली को सुचारु एवं मजबूत बनाने की बजाय कृत्रिम अर्थव्यवस्थाओं द्वारा नियंत्रित व्यापार-वाणिज्य पर केंद्रित हो गए हैं। धर्मशास्त्रों का ज्ञानकोश इनसानों के साथ मेरे विलय की बजाय धर्मों के प्रचार-प्रसार और कर्म-कांडों के अंधानुकरण का स्रोत बन गया है। इतिहास, भूगोल, ललितकला, भाषा-साहित्य जैसी ज्ञान की कई शाखाएँ इनसान को एक सहज स्वतंत्र जीव के रूप में उभारने की बजाय उसे सभ्यता का बंधक बनाए रखने में मददगार साबित हो रही हैं। विज्ञान की विभिन्न शाखाओं की बुनियाद भी इनसान, कुदरत और मेरे बीच एक सहज और साहचर्यपूर्ण संबंध को खोजने, समझने तथा स्वीकारने की बजाय कुदरत के ज्यादा से ज्यादा दोहन द्वारा इनसान को मेरे समकक्ष खड़ा करने की खोखली दिलासा पर टिकी हुई है।

दिमागी-तंत्रों ने ज्ञान-विज्ञान को इनसानी दुनिया के विकास और प्रगति का मुख्य साधन घोषित कर दिया। ऐसा करते ही ज्ञान-विज्ञान भी एक परिसंपत्ति में बदल गया। इस परिसंपत्ति पर मालिकाना हक जमाने के लिए इनसानों के बीच निजी और सामूहिक स्तरों पर दावों-प्रतिदावों का दौर शुरू हो गया। ज्ञान-विज्ञान की यह परिसंपत्ति पिछड़ेपन और समृद्धि, मूर्खता और बुद्धिमत्ता, ताकत और कमजोरी तथा सभ्यता और असभ्यता को मापने का पैमाना बन गई। ज्ञान-विज्ञान के द्वारा तुमने किसी जीव या पदार्थ के दोहन का तरीका तो खोज लिया, लेकिन उस जीव या पदार्थ के साथ साहचर्य स्थापित करने की युक्ति तुम नहीं ढूँढ़ पाए। दिमागी-तंत्रों ने तुम्हारे ज्ञान-विज्ञान को समायोजन-अनुकूलन की जगह आधिपत्य और वर्चस्व की धारणा के इर्द-गिर्द समेट दिया। तुम्हारे राजनीतिक ज्ञान ने इसी

धारणा के आधार पर तुम इनसानों को शासक और शासित में बाँट दिया। सामाजिक ज्ञान ने तुम्हें अगड़े और पिछड़े समूहों में विभाजित कर दिया। अर्थशास्त्रीय ज्ञान ने अमीरी और गरीबी का गहरा अंतर पैदा कर दिया। सांस्कृतिक ज्ञान ने सभ्य और असभ्य का भेद उत्पन्न कर दिया। विज्ञान की अलग-अलग शाखाओं ने भी उत्थान और पतन के बहुत सारे मापदंड स्थापित कर दिए।

अपने ज्ञान-विज्ञान की विकास यात्रा में तुम इनसानों ने असंख्य जीवों एवं पदार्थों के बारे में जानने-समझने का प्रयास किया है, लेकिन मेरे और प्रकृति के साथ उनके साहचर्य का तरीका तुम्हारी नजरों से ओझल ही बना रहा है। इसका एकमात्र कारण यही था कि तुमने दिमागी-तंत्रों की सीमाओं के भीतर रहकर ही बाकी जीव-पदार्थों के बारे में तथ्यों को एकत्रित किया है। तुमने प्रयोग-परीक्षणों, परिकल्पनाओं और अनुभवों के द्वारा इन जीव-पदार्थों के बारे में तमाम अवधारणाएँ निर्मित की हैं। बहुत सारे निष्कर्ष निकाले हैं। अपने तथ्यों, अवधारणाओं और निष्कर्षों के आधार पर तुमने इन जीव-पदाथों के लिए अलग-अलग संरचनात्मक ढाँचे तैयार कर लिये हैं। अपने ज्ञान-विज्ञान की इतनी लंबी यात्रा के बाद भी तुम वहीं खड़े रह जाते हो, जहाँ से तुमने यह यात्रा शुरू की थी। तुम मूल प्रश्न का उत्तर खोजने की बजाय पूरक प्रश्नों के उत्तर खोजते रहे हो और अपने ज्ञान भंडार को बढ़ाते हुए अपने आस-पास नई-नई संरचनाओं का जाल बुनते आ रहे हो। सारे दिमागी-तंत्र तुमसे यही करवाना चाहते थे। यही वजह है कि ज्ञान के विशाल भंडार का इकलौता मालिक होकर भी तुम अपने ऊपर से अज्ञान की छाया को नहीं हटा पाते हो। ज्ञान-विज्ञान से संपन्न होकर भी तुम एक अधूरेपन और अलगाव से छुटकारा पाने को जूझते रहते हो। तुम अपनी मनमर्जी से एक संरचना बना भी लेते हो तो एक विरोधी और प्रतिकूल संरचना उसके समांतर आकर खड़ी हो जाती है। दिमागी-तंत्र इस विरोधी और प्रतिकूल संरचना का जिम्मेदार तुम इनसानों को ही ठहराते हैं।

दिमागी-तंत्रों ने तुम्हारे ज्ञान-विज्ञान को एक भेदपरक और विभाजनात्मक ढाँचे में बदल दिया है। इस ढाँचे ने एक दर्शनशास्त्री को एक गणितज्ञ का सीधा और मुखर विरोधी बना दिया है। तुम्हारा भौतिक विज्ञान इतना पदार्थमूलक बन गया कि इसने चेतना के अस्तित्व को ही नकारना शुरू कर दिया। दूसरी ओर धर्मशास्त्र अदृश्य और अलौकिक चेतना की खोज में पदार्थ और भौतिक जगत को ही मिथ्या

घोषित करते चले गए। विज्ञान के पास सूक्ष्म और विशालकाय पिंडों को देखने और उनका परीक्षण करने के उपकरण उपलब्ध हैं, फिर भी तुम्हारा विज्ञान चेतना और पदार्थ के बीच साहचर्यपूर्ण संबंध को विश्लेषित और परिभाषित नहीं कर पाता है। तुम्हारा धार्मिक-आध्यात्मिक ज्ञान अपने कठिन बौद्धिक अभ्यासों तथा अनुभवों के बावजूद पदार्थों एवं सूक्ष्मकणों के निरंतर चलनेवाले रूपांतरण को नहीं पहचान पाया है। पदार्थ और चेतना को जुदा करके तुम्हारा ज्ञान-विज्ञान मेरी सहज अनुभूति करने का निष्फल प्रयास करता आया है।

अपने ज्ञान-विज्ञान के आँकड़ों, खोज-आविष्कारों, अनुभवों तथा नतीजों के विशाल खजाने का स्वामी होने के बाद भी तुम इतने दरिद्र हो कि किसी एक कोशिका या किसी एक जीव के बारे में सबकुछ जानने का दावा तुम आज भी नहीं कर सकते हो। तुम किसी कण या पिंड की संरचना के बारे में तो जान सकते हो, लेकिन मेरी सहज व्यवस्था में उस कण या पिंड की भूमिका और उसकी सहज प्रचालन प्रणाली के बारे में तुम एक छोटा-सा अनुमान भी नहीं लगा पाते हो। तुम्हारे द्वारा निर्मित कृत्रिम व्यवस्थाओं में से कोई भी अपने विशिष्ट ज्ञान-भंडार के माध्यम से सारे इनसानों को संतुष्ट नहीं कर पाती है; यहाँ तक कि राजनीति, धर्म, समाज, अर्थव्यवस्था और संस्कृति से जुड़े लोग भी अपनी-अपनी कृत्रिम व्यवस्थाओं के विशिष्ट ज्ञान को संपूर्ण नहीं मान पाते हैं। विज्ञान, कला और अध्यात्म के आपसी विभेद ने तुम इनसानों को कई अलग-अलग दुनियाओं में बाँट दिया है। तुम इतिहास या राजनीति को कभी भौतिकी या रसायन विज्ञान के आईने में नहीं देख पाए हो। तुम्हारा जीवविज्ञान हमेशा संस्कृति और भूगोल से दूर भागता रहा है। तुम्हारे भीतर इस धारणा को जमा दिया गया है कि गणित का सामाजिक विज्ञान के साथ कोई तालमेल नहीं हो सकता है। तुम इस बात को अनदेखा करते आए हो कि कणों का विखंडन या पदाथों का मिश्रण ही राजनीति को उसका मूल आधार यानी शक्ति देता है। इतिहास केवल इनसानी समाजों एवं सभ्यताओं के उतार-चढ़ाव का अध्ययन ही नहीं, बल्कि पदार्थों, रसायनों, कणों और सभी जीवों की आपसी अंत:क्रियाओं और रूपांतरण का गवाह भी है। दिमागी-तंत्रों ने तुम्हें ज्ञान-विज्ञान के एकीकरण की दिशा में बढ़ने ही नहीं दिया है। इसी वजह से तुम्हारा ज्ञान-विज्ञान मेरी सहज व्यवस्था में मौजूद प्रतिफल की प्रणाली को समझने में नाकाम रहा है।

तुम इनसानों ने ज्ञान-विज्ञान के द्वारा न सिर्फ चीजों को, बल्कि घटनाओं और परिदृश्यों को भी दिमागी-तंत्रों के स्तर पर ही देखा और समझा है। तुम्हारा कार्य-कारण सिद्धांत इनसानी परिप्रेक्ष्य से बाहर नहीं आ सका है। अगर तुम सकारण होनेवाली क्रियाओं और गतिविधियों की अनन्त पृष्ठभूमि में जाकर देख पाते, तब तुम्हें पता चल जाता कि उनका मूल अकारण में छिपा रहता है। तुम ज्ञान-विज्ञान की मदद से केवल दोहन, संशोधन और रूपांतरण करते रहे हो। दिमागी-तंत्रों ने इसी को तुम्हारे सृजन या निर्माण का नाम दे दिया है। तुम्हारे ज्ञान-विज्ञान ने उस सृजन की छायाप्रतियाँ ही बनाई हैं, जो मेरी सहज व्यवस्था में पहले ही मौजूद था। तुम्हारे आध्यात्मिक और धार्मिक ज्ञान ने बार-बार मुझे खोजने के दावे किए हैं, जबकि मैं तुम इनसानों के वजूद में आने से पहले ही मौजूद था। तुमने दिमागी-तंत्रों की मशीन बनकर मेरी अनेक छायाप्रतियाँ तैयार कर दीं और इन छायाप्रतियों के ढेरों से अपने ज्ञानभंडार को बढ़ाते चले गए। इसी तरह तुम्हारे विज्ञान ने बहुत सारे पदार्थों, उपकरणों और तकनीकों को सामने लाने का दावा किया, लेकिन ये सभी कुदरत में पहले से ही उपलब्ध थे। तुमने पक्षियों की छायाप्रतियों के रूप में विमान तो बना लिये, लेकिन तुम्हारा विज्ञान एक इनसान को उसकी खुद की ऊर्जा के बल पर उड़ाने की कल्पना भी नहीं कर पाता है। तुमने रसायनों के द्वारा बहुत-सी दवाइयाँ तैयार कर लीं, किंतु तुम्हारा विज्ञान यह समझने में विफल रहा है कि एक जीवाणु या विषाणु जैसा अतिसूक्ष्म जीव किसी बाहरी साधन और प्रयोगशाला के बिना भी उन दवाइयों को बेअसर करने की क्षमता या तकनीक कैसे हासिल कर लेता है।

मेरी सहज व्यवस्था में ज्ञान-विज्ञान का भंडार नहीं होता है, बल्कि उसका सहज बोध मौजूद रहता है। ज्ञान-विज्ञान की तुम्हारी परिभाषा मेरी व्यवस्था में मौजूद इस सहज बोध से मेल नहीं खाती है। मेरी व्यवस्था का यह सहज बोध किसी दिमागी-तंत्र की क्षमता का उपयोग करके इकट्ठा की गई जानकारियों का ढेर मात्र नहीं है। यह रूपांतरण की सहज प्रक्रिया को लगातार जारी रखनेवाला उत्प्रेरक है। इसी सहज बोध को अपनाकर एक अतिसूक्ष्म जीव भी तुम इनसानों से कई गुना ज्यादा समयावधि तक अपने अस्तित्व को बचाए रखता है। यह सहज बोध तुम इनसानों के लिए अदृश्य, अलौकिक और रहस्यपूर्ण ही बना रहता है। इसका मूल कारण यह है कि तुम्हारी शारीरिक और मानसिक क्षमताओं को दिमागी-तंत्रों ने सीमित और नियंत्रित कर दिया है। तुम न तो सूक्ष्म स्तर पर और न ही विशाल स्तर

पर इस सहज बोध को क्रियाशील होता हुआ देख पाते हो। तुम्हारा ज्ञान-विज्ञान अतिसूक्ष्म कणों से लेकर विशाल खगोलीय पिंडों तक चलनेवाले बहुस्तरीय और बहुआयामी रूपांतरण को देखने-समझने में लाचार हो जाता है।

तुमने अपनी शारीरिक और मानसिक क्षमताओं एवं अक्षमताओं को जानने-परखने की कोशिश करने से पहले ही खुद को दिमागी-तंत्रों के हवाले कर दिया। इन दिमागी-तंत्रों ने तुम इनसानों को सबसे ज्यादा काबिल प्राणी बनाने का लक्ष्य निर्धारित कर दिया। तुम्हारी अक्षमता की भरपाई के लिए दिमागी-तंत्रों ने ज्ञान-विज्ञान के संचय का सिलसिला शुरू किया था। ज्ञान-विज्ञान के द्वारा तुम्हें जीवन जीने के अनेक साधन-संसाधन मुहैया करा दिए गए। इन साधनों-संसाधनों ने तुम्हारे सहज बोध को कभी उभरने ही नहीं दिया। तुम यांत्रिक जाल में उलझकर रह गए। सृष्टि के बाकी जीव-पदार्थों के लिए तुम अब सबसे नाकाबिल प्राणी साबित हो चुके हो। भौतिक साधनों और यंत्रों के अलावा तुम्हारे सिद्धांत, धारणाएँ, मूल्य और मान्यताएँ भी दिमागी औजार बनकर रह गए हैं। ये दिमागी औजार दिमागी-तंत्रों की परिधि से बाहर की चीजों को देखने-समझने में अक्षम हैं। तुम्हारा विज्ञान प्रामाणिक सिद्ध होने के लिए प्रयोग-परीक्षणों के अनगिनत दौर से गुजरता है, लेकिन ये प्रमाण सिर्फ तुम इनसानों को दिखाने के काम आते हैं। भला किसी जीव या पदार्थ को तुम्हारे विज्ञान और उसके प्रमाणों की जरूरत ही क्या है? तुम्हारे विज्ञान ने अगर यह साबित कर दिया कि अमुक पदार्थ इनसानी जीवन के लिए विनाशकारी या हानिकारक है, तो भी सारे इनसान उस पदार्थ का प्रयोग-उपयोग बंद नहीं करते हैं। जिस विज्ञान को तुम खुद पर लागू नहीं कर पाते हो, उसे बाकी जीव-पदार्थों पर लागू करने की कोशिश तुम्हारी समझदारी पर सवालिया निशान लगा देती है। तुम अपनी बढ़ती जरूरतों के लिए नियोजित रूप से पेड़-पौधे उगाते हो। इन पेड़-पौधों पर तुम्हारा एकाधिकार बना रहे और कोई दूसरा जीव इसमें से कुछ हिस्सा न ले पाए, इसके लिए तुम कीटनाशक दवाइयों का प्रयोग करते हो। तुम्हारा विज्ञान तुम्हें नित नए साधन दे सकता है, लेकिन इन साधनों के उपयोग से पैदा होनेवाले सहज प्रतिफल से तुम्हें नहीं बचा सकता है। कीटनाशक दवाओं को भूलवश या जानबूझ कर खाने या फिर इन दवाओं के दुष्प्रभावों से हजारों इनसानों की मौत होना ऐसा ही एक सहज प्रतिफल है।

तुम्हारा दार्शनिक या आध्यात्मिक ज्ञान भी धर्म और राजनीति जैसे दिमागी-तंत्रों की बैसाखी का सहारा लेकर ही आगे बढ़ पाता है। धर्म के कंधों पर टिककर ही तुम्हारा आध्यात्मिक चिंतन इनसानों के बीच खड़ा होने की ताकत जुटा पाता है। धर्म पर आधारित आध्यात्मिकता का खोखलापन और कमजोरी उस वक्त साफ-साफ दिखाई देती है, जब आध्यात्मिक चेतना का दावा करनेवाले कुछ इनसान भौतिक सुख-साधनों के लिए लालायित नजर आते हैं। विज्ञान और भौतिकता को लगातार कोसते हुए महानता हासिल करनेवाले आध्यात्मिक गुरु अपने प्रचार-प्रसार, अपने आडंबर, अपनी भव्यता और अपनी जीविका के लिए विज्ञान की मदद से बननेवाले भौतिक साधनों पर निर्भर हो जाते हैं।

तुम्हारा ज्ञान अंतिम सत्य की खोज में परलोक के ठिकानों की ओर इशारा करने लगता है, पर मेरी सहज व्यवस्था में परलोक जैसी कोई जगह ही नहीं है। मेरी सहज व्यवस्था में मौजूद सारे जीव और पदार्थ किसी न किसी माध्यम से आपस में जुड़े हैं। यदि तुम प्रकाश और ध्वनि के अस्तित्व को स्वीकार करते हो तो किसी पारलौकिक जगत की कल्पना करना तुम्हारी सबसे बड़ी नादानी है। तुम्हारा सत्य केवल तुम हो। अपने आप से अलग किसी सत्य को खोजना बेकार की कसरत है। ऐसी खोज सिर्फ सूचनाओं के भंडार में इजाफा करती है। हर एक कण का, हर एक पदार्थ का, हर एक जीव का और हर एक पिंड का अपना खुद का सत्य होता है, जैसे ही तुम मेरी व्यवस्था के सहज रूपांतरण मार्ग पर चलना शुरू करोगे, तुम पलभर में सत्य को असत्य में और असत्य को सत्य में बदलता हुआ देख पाओगे। इसलिए जो भी तुम्हें सत्य का ज्ञान कराने का दावा करता है, वह सत्य का ज्ञाता नहीं, बल्कि सत्य का व्यापारी है। सत्य का यह व्यापार दिमागी-तंत्रों की छत्रच्छाया में फलता-फूलता रहता है। तुम्हारा ज्ञान-विज्ञान भी सत्य के इस व्यापार का हिस्सा बनकर रह जाता है।

तुम्हारा ज्ञान-विज्ञान दिमागी-तंत्रों की जरूरतों के हिसाब से कभी सत्य को असत्य में, तो कभी असत्य को सत्य में बदलता रहता है। तुम ज्ञान-विज्ञान के द्वारा जितनी चीजों के वजूद को स्वीकार करते हो, उससे ज्यादा चीजों के वजूद को नकारने लगते हो। सत्य की तलाश में बढ़ते हुए तुम्हारी पीठ पर असत्य का बोझ बढ़ता चला जाता है। जब भी तुम सत्य के एक ठिकाने पर पहुँचते हो, तब तुम्हें

अपने पीछे सबकुछ असत्य ही नजर आता है। तुम आस-पास के माहौल को झूठा मानकर निराश और कुंठित होते रहते हो। तुम्हारा ज्ञान तुम्हें संतुष्टि और प्रफुल्लता की बजाय असंतोष और बेचैनी देने लगता है। यही वह पल होता है, जब कुछ भी जानने-समझने की जिज्ञासा खत्म होने लगती है। तुम अब दिमागी-तंत्रों के आगे समर्पण कर देते हो। एक ओर दिमागी-तंत्र तुम्हारे ज्ञान-विज्ञान को अज्ञात की खोज में लगा देते हैं और दूसरी ओर अज्ञात के बारे में अपनी धारणाएँ तथा परिभाषाएँ भी तय करते चले जाते हैं। तुम उनके मकड़जाल में फँसकर रह जाते हो।

असल में, मेरी सहज व्यवस्था के भीतर अज्ञात जैसा कुछ है ही नहीं। मेरी सहज व्यवस्था और प्रकृति में सबकुछ खुला है, स्पष्ट है, सरल है, लेकिन यह खुलापन, स्पष्टता और सरलता तुम्हें नजर नहीं आती है, क्योंकि तुम हर चीज को एक सहज जीव के रूप में नहीं देखते हो। तुम इनसान दिमागी-तंत्रों के पुतले बनकर चीजों को जानना-समझना चाहते हो। तुम ऐसे अकेले विद्यार्थी हो, जो अपनी खुद की वर्णमाला लेकर मेरी पाठशाला में पढ़ने आता है। तुम्हारी वर्णमाला को दिमागी-तंत्रों ने तैयार किया है। यह वर्णमाला मेरे और कुदरत के पाठ्यक्रम से जरा-सा भी मेल नहीं खाती है। इसीलिए तुम मेरी और कुदरत की सारी परीक्षाओं में बार-बार असफल होते रहते हो। तुम्हारे दिमागी-तंत्र इस असफलता पर पर्दा डालने के लिए तुम्हें ज्ञान-विज्ञान के फर्जी सर्टिफिकेट बाँट देते हैं। ज्ञान-विज्ञान के इन जाली प्रमाण-पत्रों से तुम्हें भी क्षणिक संतुष्टि मिलती रहती है। जब तुम इन जाली प्रमाण-पत्रों को लेकर दंभ के साथ अपनी काबिलियत पर इतरा रहे होते हो, उस वक्त बाकी सारे जीव-पदार्थ तुम पर मूक हँसी हँस रहे होते हैं।

एक सूक्ष्म जीव चकित रह जाता है, जब तुम एक सूक्ष्मदर्शी में देखकर उसे अपनी नई खोज बताते हो। एक पौधा हैरान रह जाता है, जब तुम उसे नई प्रजाति का नाम देकर ढूँढ़ लेने का दावा करते हो। एक कण स्तब्ध रह जाता है, जब तुम एक प्रयोगशाला में उसे ईश्वरीय कण का दर्जा देकर अपने विज्ञान की जय-जयकार करने लगते हो। तुम्हारे अलावा कोई जीव या पदार्थ ज्ञात-अज्ञात के झंझट में नहीं पड़ता है और न ही तुम्हारे जैसा व्यवहार और प्रतिक्रिया दर्शाता है। तुम इनसान उनकी चुप्पी को उनकी अज्ञानता मान लेते हो, लेकिन इतनी सरल-सी बात को नजरअंदाज कर देते हो कि जो चीज पहले से ही वजूद में हो, उपलब्ध हो, अभिन्न

हो, परिचित हो, उसके बारे में खोज का दावा करके अपने ज्ञानी होने का दम भरना तुम्हारी बुद्धिमानी है या मूर्खता।

दिमागी-तंत्र तुम्हें ज्ञान-विज्ञान का इकलौता मालिक घोषित कर देते हैं। इस मालिकी को पाकर तुम्हारी नजर चुँधिया जाती है। अब तुम इतना भी नहीं देख पाते कि जिन जीवों, पदार्थों, संरचनाओं और प्रणालियों को खोजने-जानने-समझने की बात तुम करते हो, वे तुम इनसानों को तुमसे ज्यादा जान चुकी हैं। इन मूक, नादान और अज्ञानी समझे जानेवाले जीव-पदार्थों ने तुम्हारे आचार, व्यवहार, स्वाद, रुचि, इच्छा, लोभ, भय, बुद्धि, विवेक, अहंकार, कुंठा, निराशा, चिंतन, मनन इत्यादि सभी को तुम्हारे भीतर से निकालकर सतह पर ला दिया है। सोने का एक टुकड़ा तुम्हारे लालच को जगा देता है। साँप और बिच्छू जैसे जीव तुम्हारे भीतर डर की सिहरन पैदा कर देते हैं। फूलों का एक हार तुम्हें सम्मान और खुशी से सरोबार कर देता है। एक पका हुआ मीठा फल तुम्हें स्वाद के अनुभव से भर देता है। एक जमीन का हिस्सा तुम्हारे अहंकार और महत्त्वाकांक्षा को विस्तार दे देता है। इन जीवों और पदार्थों ने तुम्हारे सभी हाव-भावों को अपना बंधक बना लिया है। तुम्हें खुशी और उल्लास में डूबने के लिए फूलों और तितलियों की जरूरत है, लेकिन किसी फूल या तितली को तुम्हारी जरूरत नहीं है। तुम्हारा जीवन बाकी सारे जीवों और पदार्थों से निर्मित साधनों पर निर्भर हो गया है, किंतु कोई भी जीव या पदार्थ तुम्हारे ज्ञान-विज्ञान पर आश्रित नहीं है।

पदार्थ कणों ने प्रकाश, ध्वनि, विद्युत्, चुंबकीय, ब्रह्मांडीय, तरंगों के माध्यम से तुम्हारी हर कोशिका पर सीधा नियंत्रण पा लिया है। ज्ञान-विज्ञान इन नियंत्रणकर्ताओं को ही अपना गुलाम बनाने की नाकाम कोशिश करता रहता है। ये पदार्थ मेरी सहज व्यवस्था का अटूट हिस्सा हैं, इसलिए वे तुम्हारे ऊपर पूरा नियंत्रण रखने के बाद भी तुम्हें अपना वर्चस्व नहीं दिखाते हैं। वे सहज जीव या पदार्थ के रूप में तुम्हारे जीवन प्रवाह को बाधित नहीं करते हैं, लेकिन जीवन को बाधित करने का काम तुम खुद ही अपने ज्ञान-विज्ञान द्वारा कर लेते हो। तुम्हारी जानकारियों के भंडार ने तुम्हारे एकल दिमाग को दिमागी-तंत्रों की प्रोसेसिंग मशीन में बदल दिया है। यह मशीन तुम्हारे जीवन की मूल जरूरतों पर काम करने की बजाय सूचनाओं और तथ्यों के विवेचन, विश्लेषण एवं खंडन में जुटी रहती है। तुम चाहे वैज्ञानिक हो या

आध्यात्मिक, तुम्हें जीवन के सहज प्रवाह में बहना ही नहीं आता, क्योंकि तुम इस प्रवाह से दूर खड़े रहकर सीखने-सिखाने में ही अपनी सारी ऊर्जा खपा देते हो। तुम शरीर के चिकित्सक होकर भी कोशिकाओं की सहज जरूरतों को पूरा नहीं कर पाते। तुम रसायन या भौतिक विज्ञानी बनकर भी पदार्थ कणों की गति और प्रकृति के साथ सहज तालमेल कायम रखने का तरीका नहीं खोज पाते हो। तुम ध्यान और योग के गुरु होकर भी तरंगों के हर पल बदलते हुए संजालों और पैटर्नों को नहीं देख पाते हो। तुम भाषाविद् होकर भी कुदरत के सहज संवाद की भाषा को नहीं समझ पाते हो। तुम्हारे ज्ञान-विज्ञान ने तुम्हें मेरी और कुदरत की सहज व्यवस्था से दूर करके इनसानी सरोकारों तक सिमटा दिया है। मुझे एक रहस्यमयी ताकत मान लेना तुम्हारे इसी सीमित नजरिये का नतीजा है।

दिमागी-तंत्र तुम्हारे एकल दिमाग को अपने वश में रखने के लिए दो तरीके अपनाते हैं। एक तरफ, वे ज्ञान-विज्ञान की मदद से लगातार मुझे खोजते रहते हैं। ज्ञान-विज्ञान की उपलब्धियों को मेरे अधिकार क्षेत्र में किए गए इनसानी अतिक्रमण के रूप में पेश करते हैं। ऐसा करके वे तुम इनसानों को दिलासा देते रहते हैं कि ज्ञान-विज्ञान के जरिये जल्दी ही ईश्वर को खोज लिया जाएगा और इस खोज के बाद इनसान अपना नीतिनियंता स्वयं होगा। यह दिलासा तुम्हें दिमागी-तंत्रों की पकड़ से बाहर नहीं आने देती है। दूसरी तरफ, जब तुम्हारा ज्ञान-विज्ञान कुछ चीजों को जानने-समझने में असफल और लाचार हो जाता है, तब कुछ दिमागी-तंत्र मुझे अगम्य और अदृश्य शक्ति के रूप में प्रचारित करने लगते हैं। ऐसे में ज्ञान-विज्ञान की खाज से निराश होनेवाले इनसान धर्म जैसे दिमागी-तंत्रों को अपनी आस्था और विश्वास समर्पित कर देते हैं। तुम्हारा आध्यात्मिक दर्शन कण-कण में मेरी मौजूदगी की बात करता है, जबकि तुम्हारा विज्ञान कणों के कृत्रिम रूपांतरण और दोहन पर जोर देता है। इस तरह तुम्हारा ज्ञान-विज्ञान एक ओर हर कण को मेरा दर्जा देता है, वहीं दूसरी ओर कण के रूप में वह मेरा ही दोहन करने लगता है। तुम्हारा ज्ञान-विज्ञान दिमागी-तंत्रों का औजार है, इसलिए यह दोनों स्थितियों में तुम इनसानों के साथ छलावा करता है। धर्म की छत्रच्छाया में पनपनेवाले विद्वान लोग जर्रे-जर्रे में मेरे वजूद की दुहाई देकर भी बाकी जीव-पदार्थों के साथ-साथ इनसानों के प्रति भी विभेदात्मक और चयनात्मक नजरिया रखते हैं। वे चीजों को पवित्र-अपवित्र, दैवीय-शैतानी, सात्त्विक-तामसिक, मानवीय-अमानवीय के

बीच बाँटने में अपनी सारी ताकत खर्च कर देते हैं। यही कृत्रिम वर्गीकरण और विभेद दिमागी-तंत्रों की जड़ों को मजबूती से जमा देता है। यदि तुमने मुझे पवित्र और कण-कण में मौजूद मान लिया, तो फिर कोई कण, जीव, पदार्थ या इनसान अपवित्र कैसे हो सकता है? इसका जवाब ज्ञान-विज्ञान तुम्हें कभी नहीं देगा। इसका उत्तर तुम्हें तभी मिल पाएगा, जब तुम एक सहज जीव के रूप में कणों के साथ संवाद करोगे। ऐसा संवाद ज्ञान-विज्ञान की दहलीज को पार करके ही किया जा सकेगा।

तुम्हारा ज्ञान-विज्ञान दिमागी-तंत्रों के खूँटे से बँधा रहता है। इसी वजह से यह अपने तमाम विस्तार के बावजूद तुम्हारे जीवन में सरलता नहीं ला पाया है। जिस ज्ञान-विज्ञान को तुम जानने और समझने का माध्यम बनाते हो, वही ज्ञान-विज्ञान तुम्हारे जानने और समझने की सीमाएँ तय कर देता है। तुम इनसान मेरी सहज व्यवस्था के सहज बोध के साथ पैदा होते हो। जैसे ही तुम दिमागी-तंत्रों द्वारा विकसित ज्ञान-विज्ञान के विशाल भंडार के नजदीक आते हो, तुम जानने-समझने की अपनी अनंतता और असीमता खो बैठते हो। अब तुम सिर्फ वही जान सकते हो, जो दिमागी-तंत्रों द्वारा खींची गई सीमा रेखा के भीतर आता हो। इसके बाद भी अगर तुम इस सीमारेखा को पार करते हो तो तुम्हारा मनोविज्ञान तुम्हें पागल या मनोरोगी घोषित कर देगा, तुम्हारा समाजशास्त्र तुम्हें असामाजिक और असभ्य ठहरा देगा, तुम्हारा राजनीतिशास्त्र तुम्हें अराजक और विद्रोही साबित कर देगा, तुम्हारा धर्मशास्त्र तुम्हें नास्तिक और पाखंडी का दर्जा दे देगा, तुम्हारा अर्थशास्त्र तुम्हें दिवालिया और कंगाल बना देगा, तुम्हारा भौतिक विज्ञान तुम्हें काल्पनिक और आभासी करार देगा और तुम्हारा दर्शनशास्त्र तुम्हें अमानवीय और चेतनाशून्य मान लेगा।

तुम्हारे ज्ञान-विज्ञान की सारी शाखाएँ तुम्हारे सहज बोध को कभी मान्यता नहीं देंगी। इस सहज बोध के बिना तुम्हारा ज्ञान-विज्ञान न तो मेरे अनंत विस्तार को समझ सकता है और न ही मेरे सूक्ष्म संकुचन को। दिमागी-तंत्रों ने ज्ञान-विज्ञान को बहुत सारी शाखाओं में बाँटकर सीमित कर दिया है। ज्ञान-विज्ञान की प्रत्येक शाखा एक अलग दिमागी-तंत्र के अधीन काम करती है। इस तरह ज्ञान-विज्ञान को अलग-अलग दिमागी-तंत्रों द्वारा खींचे गए अलग-अलग दायरों के भीतर

रहकर ही विकसित होना पड़ता है। दिमागी-तंत्रों के नजरिये से यह ज्ञान-विज्ञान का विस्तार और विकास दिखाई पड़ता है, लेकिन मेरी सहज व्यवस्था के बोध को हासिल करने के बाद तुम्हें पता चलेगा कि तुम्हारा ज्ञान-विज्ञान कितना संकुचित, संकीर्ण और सीमित है।

तुम्हारे ज्ञान-विज्ञान ने तुम्हारी सहज चेतना, अनुभूति और संवेदना को भी संकीर्ण कर दिया है। यह दिमागी-तंत्रों द्वारा तुम्हारे ऊपर थोपे गए अहंकार को मजबूती देता रहता है। इसका नतीजा यह निकलता है कि तुम्हारे भीतर एक भावनात्मक असंतुलन पैदा हो जाता है। यह भावनात्मक असंतुलन तुम्हारे कार्य और व्यवहार को भी असंतुलित कर देता है। तुम इनसान इतने अहंकेंद्रित हो जाते हो कि तुम अपनी शारीरिक प्रणाली से भी अलग कट जाते हो। तुम दिमागी-तंत्रों के सिपाही बनकर अपनी खुद की शारीरिक-मानसिक प्रणाली पर जुल्म ढाने लगते हो। तुम राजनेता, धर्मगुरु, समाजसुधारक, वैज्ञानिक, अर्थशास्त्री के रूप में किसी न किसी दिमागी-तंत्र के लिए इस हद तक समर्पित होकर काम करते हो कि तुम्हारी खुद की शारीरिक प्रणाली से तुम्हारा सहज संपर्क टूट जाता है। अपनी शारीरिक प्रणाली के सहज संपर्क में न होने के कारण तुम मेरी सहज व्यवस्था के साथ साहचर्य कायम नहीं रख पाते हो। इस साहचर्य के बगैर तुम्हारा ज्ञान-विज्ञान सहज और सरल बन ही नहीं सकता है।

दिमागी-तंत्रों के बीच रहते हुए तुम इनसानों ने अनगिनत भाषाओं, संकेतों, प्रतीकों और लिपियों का विकास किया है, पर इन सब के द्वारा तुम न तो बाकी जीव-पदार्थों के साथ संवाद कर पाते हो और न ही खुद इनसानों के बीच सहज संवाद स्थापित कर पाते हो। तुम्हें अपनी ही प्रजाति के किसी सुदूर निवासी इनसान को जानने-समझने के लिए पहले उसकी भाषा को सीखना पड़ता है। तुम्हारे ज्ञान-विज्ञान के पास कोई ऐसी सरल और सामान्य भाषा-लिपि नहीं है, जो न केवल सभी इनसानों के बीच सहज संवाद का माध्यम बन सके, बल्कि तुम्हारे ज्ञान-विज्ञान को भी एकीकृत रूप में व्यक्त कर सके। ऐसी सरल व सामान्य भाषा-लिपि तथा एकीकृत व समेकित ज्ञान-विज्ञान ही तुम्हें कुदरत के साथ सहज संवाद करने की दिशा में आगे ले जा सकता है। तुम अपनी भाषा-बोलियों की धरोहर को सँजोकर रख सकते हो, लेकिन बाकी के जीव-पदार्थों के साथ सहज संवाद करने के लिए

तुम्हें एक सामान्य भाषा की जरूरत है। तुम अपने विज्ञान और आध्यात्म की मिली-जुली कोशिशों से ऐसी सामान्य भाषा विकसित कर सकते थे, लेकिन दिमागी-तंत्रों ने इस तरह की किसी कोशिश को शुरू ही नहीं होने दिया।

दिमागी-तंत्र लगातार तुम्हारे ज्ञान-विज्ञान को अलग-अलग शाखाओं में विभाजित करते रहे हैं ताकि तुम्हारे ज्ञान-विज्ञान के समेकन, सरलीकरण, सामान्यीकरण और एकीकरण की प्रक्रिया संभव ही न हो सके। मेरे और कुदरत के साथ सहज संवाद करने के लिए तुम्हें अपने ज्ञान-विज्ञान को वर्गीकरणों और विभेदों के जाल से बाहर निकालना होगा। तुम्हें ज्ञान-विज्ञान की अलग-अलग शाखाओं के बीच की खेमेबंदी को मिटाना होगा। तुम्हें एक ऐसा सहज ज्ञान-विज्ञान चाहिए, जो तुम इनसानों पर सूचनाओं का बोझ न डाले। ऐसे सहज ज्ञान-विज्ञान के द्वारा तुम अपने एकल दिमाग पर दिमागी-तंत्रों द्वारा डाले गए गैर जरूरी दबावों और तनावों को हटाकर मेरी सहज व्यवस्था से जुड़ सकते हो। इस प्रकार का सहज ज्ञान-विज्ञान तुम्हें तथ्य और निष्कर्ष नहीं देगा, बल्कि सहज बोध प्रदान करेगा। यह सरल और सहज ज्ञान-विज्ञान तुम्हें धारणाओं, मान्यताओं, पूर्वग्रहों, विचारधाराओं, सिद्धांतों और मताग्रहों के बंधन से आजाद कर देगा। यह तुम्हें सहज रूपांतरण की प्रक्रिया का अभिन्न हिस्सा बना देगा। इस सहज ज्ञान-विज्ञान के द्वारा तुम विद्युत्, प्रकाश, ध्वनि, रेडियो और चुंबकीय तरंगों के विभिन्न ग्रिडों में होनेवाले जीव-पदार्थों के सतत रूपांतरण को समझ सकते हो। जब तुम इस सहज और निरंतर चलनेवाले रूपांतरण को समझ लोगे, तब तुम्हारे लिए अन्य जीव-पदार्थों के साथ सहज संवाद की सामान्य भाषा को विकसित करना बहुत ही आसान होगा।

दिमागी-तंत्र बाकी जीव-पदार्थों के साथ तुम्हारे सहज संवाद में रुकावटें डालते रहेंगे, क्योंकि ऐसा संवाद इन दिमागी-तंत्रों के अस्तित्व को ही बिखरा देगा। एक योगी या आध्यात्मिक चिंतक अपने ज्ञान, साधना और तप के द्वारा निजी स्तर पर अन्य जीव-पदार्थों के साथ संवाद स्थापित करने की कोशिश करता है। वह अपनी निजी उपलब्धियों को इनसानी श्रेष्ठता का प्रमाणपत्र मान लेता है, क्योंकि कृत्रिम दुनिया से विलग होकर भी वह दिमागी-तंत्रों द्वारा उसके दिमाग में रोपी गईं धारणाओं से मुक्त नहीं हो पाता है। वह बाकी जीव-पदार्थों को इनसानों की तुलना में तुच्छ मानने के पूर्वग्रह से पीछा नहीं छुड़ा पाता है। दिमागी-तंत्र उस योगी या

चिंतक की गतिविधियों को चमत्कारिक और रहस्यमय रूप दे देते हैं, जिसके कारण बाकी जीव-पदार्थों के साथ ही नहीं, बल्कि बाकी इनसानों के साथ भी उसका सहज और साहचर्यपूर्ण संवाद कायम नहीं हो पाता है। दिमागी-तंत्रों से जुड़े बाकी इनसानों के लिए वह आदर-सम्मान, श्रद्धा और महानता का पात्र बन जाता है। यही पात्रता, यही काबिलियत उस चिंतक या योगी को फिर से दिमागी-तंत्रों की कृत्रिम दुनिया में वापस ले आती है। दिमागी-तंत्र अब उसे अपनी दुनिया का प्रमुख प्रचारक बना देते हैं।

इसी तरह सूक्ष्मजीवों, पदार्थों, सूक्ष्मतरंगों, कोशिकाओं, अणुओं, परमाणुओं और अतिसूक्ष्मकणों के बारे में दिन-रात प्रयोग-परीक्षण और अध्ययन करनेवाले वैज्ञानिक भी सहज संवाद की भाषा विकसित करने से एक कदम पीछे रह जाते हैं। ये वैज्ञानिक दिमागी-तंत्रों के प्रभाव में आकर अपनी सामूहिक उपलब्धियों को इनसानी श्रेष्ठता के साथ-साथ देश, समाज और सभ्यता की प्रगति व उत्थान के साथ जोड़ देते हैं। यह जुड़ाव जीव-पदार्थों के साथ उनके संबंध को सहज नहीं रहने देता है। ये वैज्ञानिक कणों के साथ सहज संवाद और साहचर्य की बजाय उनके दोहन, संशोधन और कृत्रिम रूपांतरण पर जोर देने लगते हैं। दिमागी-तंत्र उन्हें इसी भूमिका में रमते हुए देखना चाहते हैं।

जिस समय विज्ञान और आध्यात्म से जुड़े कुछ इनसान राष्ट्रीय, सामाजिक, सांस्कृतिक, धार्मिक, आर्थिक और मानवीय श्रेष्ठता के भ्रम को तोड़कर बाकी जीव-पदार्थों के साथ सहज रूप से संवाद करना शुरू कर देंगे, उसी समय तुम इनसानों और कुदरत को एक धागे में पिरोनेवाली एक सरल और सामान्य भाषा के विकास की प्रक्रिया आरंभ हो जाएगी। उस वक्त इन चंद इनसानों की बुद्धि, कुशलता, मेहनत और उपलब्धि का मिला-जुला प्रयोग दिमागी-तंत्रों की बजाय मेरी सहज व्यवस्था के सरोकारों के लिए होगा। इस प्रक्रिया के शुरू होते ही तुम्हारा सहज बोध भी तुम्हारे पास वापस लौटने लगेगा। दिमागी-तंत्रों ने तुम्हारे ज्ञान-विज्ञान को इनसानी सरोकारों के इर्द-गिर्द समेट दिया है। तुम अन्य जीव-पदार्थों का अध्ययन तो करते हो, लेकिन इस अध्ययन का इकलौता मकसद यही होता है कि बाकी जीव-पदार्थों और कुदरत को इनसानी जरूरतों की पूर्ति के लिए किन-किन तरीकों से इस्तेमाल में लाया जाए। तुम्हारा ज्ञान-विज्ञान बाकी के जीव-पदार्थों में

जीवन की मौजूदगी के सबूत जुटा लेता है, फिर भी उनके दोहन और शोषण को लगातार बढ़ावा देता है। असल में, जिन दिमागी-तंत्रों को तुम इनसानों ने पैदा किया है, उनका वजूद तभी तक कायम है, जब तक तुम इनसान वजूद में हो। अपने अस्तित्व को बचाने के लिए ये दिमागी-तंत्र एक ओर से तुम्हारा शोषण करते हैं, तो दूसरी ओर तुम्हें बाकी जीव-पदार्थों की कीमत पर बचाए रखना भी चाहते हैं। ज्ञान-विज्ञान की आड़ में ये दिमागी-तंत्र तुम इनसानों को मेरे नाम पर भयभीत रखते हैं और साथ ही इनसानी सर्वश्रेष्ठता के भ्रमजाल में फँसाकर रखना भी चाहते हैं। बाकी जीव और पदार्थों का दोहन करते वक्त दिमागी-तंत्र उन्हें हीनतर साबित करने की कोशिश करते हैं, लेकिन जैसे ही इस दोहन का कुदरती नतीजा तुम इनसानों के जीवन पर एक आफत की शक्ल में सामने आता है, तो ये ही दिमागी-तंत्र कुदरत के संरक्षण और रख-रखाव की दुहाई देने लगते हैं।

यदि तुम्हारा ज्ञान-विज्ञान दिमागी-तंत्रों के शिकंजे से बाहर निकल आया तो दिमागी-तंत्रों की यह दोहरी चाल खुद-ब-खुद नाकामयाब हो जाएगी। तब तुम्हारा ज्ञान-विज्ञान मेरी सहज व्यवस्था के एक आसान तथ्य को अपना लेगा। वह आसान-सा तथ्य यह है कि जीवन ऊर्जा के हस्तांतरण की एक श्रृंखला है। इस श्रृंखला में प्रत्येक जीव और पदार्थ हर दूसरे जीव या पदार्थ को जीवन ऊर्जा का हस्तांतरण कर रहा है। यह जीवन या ऊर्जा किसी भी जीव या पदार्थ की निधि या विशिष्टता नहीं है। तुम इनसानों ने दिमागी-तंत्रों के झाँसे में आकर जीवन को अपना विशेषाधिकार मान लिया है। इस विशेषाधिकार को कायम रखने के लिए तुमने बाकी जीव-पदार्थों का अंधाधुंध दोहन किया है। अब यह दोहन इतने बड़े पैमाने पर पहुँच चुका है कि इसकी वजह से ऊर्जा का पारस्परिक हस्तांतरण बाधित होने लगा है। जीवनश्रृंखला लगातार कमजोर होती जा रही है। नतीजतन तुम इनसानों तक पहुँचनेवाली ऊर्जा का प्रवाह भी क्षीण होने लगा है। तुम्हारे जीवन को ऊर्जा हस्तांतरित करनेवाले असंख्य जीव-पदार्थों और प्रवाही माध्यमों को तुम भारी नुकसान पहुँचा चुके हो। अब तुम्हारा खुद का जीवन के संकट में है। तुम्हारे ज्ञान-विज्ञान के पास तुम्हें इस जीवन संकट से बाहर निकालने के उपाय बहुत ही सीमित रह गए हैं। दिमागी-तंत्र इन सीमित उपायों के दम पर तुम्हें जीवन रक्षा की उम्मीदों और दिलासाओं का गुलदस्ता थमा रहे हैं।

तुम्हारे ज्ञान-विज्ञान ने इनसानी जीवन को श्रेष्ठ और उत्कृष्ट बनाने की धुन में मेरी सहज व्यवस्था के संतुलन को हमेशा नजरअंदाज किया है। दिमागी-तंत्र ज्ञान-विज्ञान के द्वारा तुम्हें बेहतर और सुविधासंपन्न जीवन की गारंटी देते हैं। बदले में तुम्हारी सहजता को, तुम्हारे सहज बोध को, तुम्हारी सहज वृत्ति को तुमसे छीन लेते हैं। ज्ञान-विज्ञान दिमागी-तंत्रों की गारंटी और वादों को पूरा करने में जुटा रहता है। यह तुम इनसानों के लिए कई प्रकार के मानसिक और भौतिक साधन तैयार करता है। ये साधन तुम्हारे भीतर इनसानी श्रेष्ठता के गुमान को हर वक्त जिंदा रखते हैं। तुम्हारा ज्ञान-विज्ञान जब ऐसे अनगिनत साधनों और सुविधाओं को मुहैया कराता है, तब मेरी सहज व्यवस्था के संतुलन और प्रतिफलन के तहत बहुत सारी बाधाएँ और असुविधाएँ भी पैदा हो जाती हैं। साधन-सुविधाओं की आदत और लालसा से बँधे होने के कारण ये बाधाएँ और असुविधाएँ तुम्हें फूटी आँख नहीं सुहाती हैं, लेकिन तुम इनसान यह भूल जाते हो कि एक बाधा या असुविधा उसी समय अस्तित्व में आ रही थी, जिस समय तुम्हारे लिए किसी साधन या सुविधा का निर्माण किया जा रहा था। एक शानदार दावत खाने के बाद तुम्हारा तन-मन प्रफुल्ल और तृप्त हो जाता है; लेकिन जैसे ही तुम राह चलते कोई कचरे का ढ़ेर या सड़ी-गली सब्जियाँ और फल देखते हो, तुम्हारा मन खिन्न हो जाता है। तुम्हें बदबू और घिन आने लगती है, पर ये कचरा और गंदगी तुम्हारी शानदार दावत का प्रतिफल ही तो है। फिर भी बहुत से ऐसे जीव हैं, जो इस कचरे को मजे से चट कर जाते हैं, लेकिन उनके स्वाद, उनकी तृप्ति, उनके आनंद से तुम्हारा कोई जुड़ाव नहीं है। तुम्हारे लिए यह एक अपशिष्ट मात्र है। तुम्हारे हर साधन और हर सुविधा को बनाने की प्रक्रिया में अपशिष्ट या कचरा तैयार होता है। तुम्हारी कृत्रिम दुनिया में गंदगी और कचरे का जो अंबार इकट्ठा होता जा रहा है, वह साधन-सुविधाओं की भरमार का ही प्रतिफल है।

तुम्हारा ज्ञान-विज्ञान सहज प्रतिफल की इस प्रणाली पर कभी नजरें नहीं जमा पाता है। यह तो गंदगी और कचरे के निपटान हेतु और भी नए-नए साधन तैयार करने में जुटा रहता है। मेरी सहज प्रतिफल प्रणाली पर ध्यान देने के बाद तुम्हें और तुम्हारे ज्ञान-विज्ञान को यह समझ पाना आसान होगा कि अगर तुम किसी खुशबू से मदमस्त हो जाते हो, तो तुम्हें किसी बदबू के तीखेपन को भी सहना होगा। अगर तुमने कभी जमीन पर अपना नंगा पैर नहीं रखा है तो कंकड़-पत्थर की सतह पर

चलने के बाद तुम्हारे पैरों में छाले पड़ना लाजिमी है। अगर तुम वातानुकूलित माहौल में रहने के आदी हो चुके हो, तो सूरज की तपिश तुम्हारी खाल को जरूर झुलसा देगी। इसी तरह अगर तुमने अणुओं, परमाणुओं, पदार्थों, सूक्ष्मजीवों को नियंत्रण में लिया है तो तुम्हें उनका विद्रोह भी झेलना होगा। जिस दिन तुम्हारा ज्ञान-विज्ञान इस सहज प्रतिफल प्रणाली पर ध्यान केंद्रित कर लेगा, उसी दिन से यह किसी साधन या सुविधा के निर्माण और उपयोग से पहले ही उसके सहज प्रतिफल का अनुमान लगा लेगा। यदि किसी साधन या सुविधा के सहज प्रतिफल को भोग पाना तुम इनसानों के वश में नहीं है, तो तुम्हारा ज्ञान-विज्ञान उस साधन या सुविधा के निर्माण को शुरुआती अवस्था में ही रोक सकेगा।

तुम्हारा ज्ञान-विज्ञान तुम इनसानों के लिए मानसिक और वैचारिक साधन-सुविधाएँ भी उपलब्ध कराता है। तुम्हारे सिद्धांत, विचारधाराएँ, मान्यताएँ, मूल्य, अभिमत, अवधारणाएँ तथा पूर्वग्रह इसी तरह के वैचारिक साधन-सुविधाएँ हैं। इन वैचारिक साधन-सुविधाओं से लैस होकर कुछ इनसान बुद्धिजीवी का दर्जा हासिल कर लेते हैं। दिमागी-तंत्रों के संरक्षण में वे खुद को श्रेष्ठ और धन्य मानने लगते हैं। इस दर्जे तथा श्रेष्ठता के बदले में उन्हें बस एक ही काम करना होता है और वह काम है—इनसानों के बीच में हर पल किसी दिमागी-तंत्र का महिमामंडन करते रहना या फिर किसी दिमागी-तंत्र की लगातार आलोचना करते रहना, लेकिन मेरी सहज व्यवस्था की प्रतिफल प्रणाली तुम्हारे हरेक सिद्धांत, हरेक धारणा, हरेक मान्यता, हरेक विचारधारा और हरेक परिभाषा का एक वैचारिक-मानसिक अपशिष्ट पैदा करती है। राजनीतिक विचारधाराओं, सिद्धांतों तथा अवधारणाओं का अपशिष्ट विद्रोह और अराजकता है। सामाजिक-सांस्कृतिक मूल्यों और मान्यताओं का कचरा असभ्यता एवं असामाजिक गतिविधियों के रूप में सामने आता है। आर्थिक संवृद्धि की संकल्पना का अपशिष्ट गरीबी और पिछड़ेपन के रूप में तैयार होता है। दार्शनिक-आध्यात्मिक चिंतन अपने पीछे नासमझी और जड़ता का कबाड़ छोड़ देता है। तुम्हारे वैचारिक साधन-सुविधाएँ जितने शुद्ध और परिमार्जित होते चले जाएँगे, उनके प्रतिफलों का अपशिष्ट उसी मात्रा-अनुपात में बढ़ता चला जाएगा। यदि किसी देश, किसी समाज या किसी अर्थव्यवस्था में दिमागी-तंत्रों द्वारा तय किए गए विकास और प्रगति के मापदंडों को प्रत्येक स्तर पर पूरा कर लिया जाए, तो भी इस विकास चक्र में पैदा होनेवाले अपशिष्ट अन्य देशों, अन्य समाजों

या दूसरी अर्थव्यवस्थाओं में जाकर बिखर जाते हैं। यदि किसी देश, धर्म या समाज में आंतरिक स्तर पर सुरक्षा, शांति और संतुष्टि का बोध हासिल कर लिया जाए तो फिर उस बोध पर उस देश, धर्म या समाज की परिधि से बाहर उपजनेवाला असुरक्षा, अशांति और असंतोष का डर हावी हो जाता है।

व्यक्ति के स्तर पर एक योगी खुद को शारीरिक और वैचारिक शुद्धता एवं परिष्कार के चरम पर ले जाता है। वह समाधिस्थ होकर परम ज्ञान की उपलब्धि हासिल कर लेता है, लेकिन उसके शुद्धिकरण और परिष्करण की प्रक्रिया में भी अपशिष्ट पैदा होता है। वह योगी अपनी साधना और आत्मबल से इस अपशिष्ट को खुद से दूर हटा देता है। पर जब वह समाधि के बाद अपनी आँखें खोलता है, तब यह अपशिष्ट अज्ञान, जड़ता, अंधकार, व्यभिचार, वासना, लोभ, भय, स्वार्थ, शोषण, दमन, दु:ख-संताप के हजारों ढेरों के रूप में उसे सारी दुनिया में बिखरा हुआ दिखाई देता है। अब इस अपशिष्ट को साफ करने की जिम्मेदारी उस योगी को ही निभानी पड़ती है। यह जिम्मेदारी उसे दिमागी-तंत्रों की कृत्रिम दुनिया में वापस ले आती है। अब उसका परम ज्ञान दिमागी-तंत्रों के ज्ञान-विज्ञान की एक धरोहर बन जाता है।

तुम्हारा ज्ञान-विज्ञान जब परिशुद्धता और परिष्करण की बजाय सहजता पर केंद्रित हो जाएगा, तब साधन-सुविधाओं तथा उनके अपशिष्टों के बीच एक सहज संतुलन कायम हो जाएगा। इसके लिए ज्ञान-विज्ञान के मौजूदा भंडार को नष्ट करने की जरूरत नहीं है। तुम्हें तो बस उस ज्ञान भंडार को मेरी, कुदरत की और तुम्हारी खुद की सहज व्यवस्था के संदर्भ में प्रयुक्त करना है। तुम्हें इस ज्ञान भंडार का प्रयोग-परीक्षण व्यक्तिगत स्तर पर अपने सहज बोध को आधार बनाकर करना है। मेरी या तुम्हारी सहज व्यवस्था का सहज बोध समस्त जीव-पदार्थों के साहचर्य को अपने संज्ञान में रखता है। कोई भी जीव या पदार्थ इस सहज बोध पर अपने स्वामित्व का दावा नहीं करता है। यह सभी के लिए सहज उपलब्ध है। मेरी सहज व्यवस्था में मौजूद इस सहज बोध के आधार पर ज्ञानी या विज्ञानी होने के सर्टिफिकेट जारी नहीं किए जाते हैं। यदि मैं ऐसे प्रमाणपत्र जारी करता तो, पूरी कायनात में तुम इनसान ही ऐसे अकेले जीव होते, जो इस प्रमाणपत्र को कभी हासिल ही नहीं कर पाते। इसकी मूल वजह यह है कि दिमागी-तंत्रों ने तुम इनसानों को मेरी सहज व्यवस्था

का पाठ्यक्रम कभी पढ़ने ही नहीं दिया है। चूँकि तुम दिमागी-तंत्रों के एजेंट बनकर बाकी जीव-पदार्थों को अज्ञानता के सर्टिफिकेट बाँटते रहे हो, इसलिए प्रतिफल के रूप में आज तुम्हें मेरी सहज व्यवस्था के बोध का प्रमाणपत्र हासिल करके उन सभी जीव-पदार्थों को दिखाना होगा। यदि तुम ऐसा नहीं कर पाए तो बाकी सारे जीव-पदार्थ मिलकर तुम्हें सृष्टि का एकमात्र अज्ञानी घोषित कर देंगे। तब तुम अपने विशाल ज्ञान भंडार को सिर पर लादे हुए बड़ी लाचारी के साथ उनकी घोषणा की गूँज को अपने चारों तरफ महसूस कर रहे होगे।

□

9

मैं और तुम

मेरे और तुम्हारे बीच एक ऐसा रिश्ता है, जिसे बनाते भी तुम हो, तोड़ते भी तुम हो, तुम ही इसे परिभाषित करते हो और तुमने ही इस रिश्ते को बहुत सारे नाम दिए हैं। मैं तो इस रिश्ते की डोर के एक छोर पर मूकदर्शक बना बैठा हूँ, जबकि दूसरे छोर पर तुम इनसान इस रिश्ते को लगातार मुखर बनाते रहते हो। कभी मैं तुम्हारा स्वामी बन जाता हूँ, तो कभी परमपिता, कभी मैं तुम्हारा दोस्त बन जाता हूँ तो कभी तुम्हारा उद्धारक, कभी तुम मुझे रहमदिल शासक मान लेते हो, तो कभी मैं तुम्हें सजा देनेवाला न्यायाधीश बन जाता हूँ। मेरे साथ कोई न कोई रिश्ता जोड़ने की तुम्हारी छटपटाहट बाकी जीव और पदार्थों के लिए समझ से परे की चीज बन जाती है। भले ही तुम्हारे जैसे सबसे समझदार जीव के लिए उनकी समझ का कोई महत्त्व नहीं है, फिर भी तुम्हारी यह छटपटाहट तुम्हारी नासमझी के सबूतों को सामने ला ही देती है। तुम मुझे पूरी तरह से इसलिए जानना चाहते हो, ताकि तुम्हारी नासमझी के सारे सबूत मिट जाएँ। मुझे जानने-समझने का दावा करके तुम खुद को कायनात का सबसे समझदार जीव घोषित करना चाहते हो, पर मुझे जानने-समझने के लिए जिन तौर-तरीकों और साधनों को तुम अपनाते हो, वे तुम्हें दिमागी-तंत्रों द्वारा मुहैया कराए जाते हैं। इन तौर-तरीकों और साधनों को अपनाकर तुम समझदारी के अनगिनत चश्मे पहन लेते हो। समझदारी के इन चश्मों को पहनकर तुम नासमझी के रास्ते पर भटकते चले जाते हो। रास्ते का यह भटकाव तुम्हें अघोषित रूप से सृष्टि का सबसे नासमझ जीव बना देता है।

तुम मेरे वजूद को साबित करने या फिर नकारने की कोशिशों में बाकी जीव-पदार्थों के साथ-साथ खुद के वजूद को भी चोट पहुँचाते आए हो। तुमने कभी

भी एक पल के लिए ठहरकर यह नहीं सोचा कि तुम्हारे और बाकी जीव-पदार्थों के वजूद में ही मेरा वजूद निहित है। तुम्हारे या बाकी जीव-पदार्थों के वजूद को नुकसान पहुँचानेवाली हर एक गतिविधि मेरे वजूद को चोटिल कर देती है। अगर तुम मेरे अस्तित्व को एक रास्ते के तौर पर देखना शुरू करो तो तुम खुद को एक ड्राइवर के रूप में पाओगे, जो कुदरत-रूपी कार में सवारी कर रहा है। विकास इस कार का एक्सीलरेटर है और विनाश इसका ब्रेक। समय इस कार में गियर का काम करता है। तुम इनसान ऐसे चालक हो, जो रास्ते के बारे में तो भ्रमित है ही, लेकिन जिसे अपनी कार के मैकेनिज्म की भी समझ नहीं है। तुम्हारा सारा जोर एक्सीलरेटर को दबाने पर रहा है। तुम ब्रेक का इस्तेमाल तो दूर, उसका जिक्र करने से भी घबराते हो। तुम्हारी सबसे बड़ी नादानी यह है कि तुम एक ही गियर में कार को चलाते रहते हो। यही वजह है कि तुम्हारी यात्रा हर बार अधूरी रह जाती है।

तुमने अब तक मुझे ऊर्जा और प्रकाश से जोड़कर ही समझने की कोशिश की है। ऊर्जा और प्रकाश की चकाचौंध में तुम अंधकार और निर्वात के वजूद को सिरे से खारिज कर देते हो। तुम परम ज्ञान की तलाश में प्रकाश के पीछे भागते रहे हो। तुमने कभी इस बात का एहसास तक नहीं किया कि जब प्रकाश की एक सीधी किरण तुम्हारी आँखों पर पड़ती है तो उस वक्त तुम्हें कुछ भी दिखाई नहीं देता है। ठीक ऐसा ही अंधकार में देखने पर भी होता है, लेकिन तुम प्रकाश को दैवीय और अंधकार को शैतानी ताकतों की निशानी मानते आए हो। रोशनी और अंधेरे के अंतर को मिटाकर ही तुम मेरे वजूद को महसूस कर सकते हो। प्रकाश, ऊर्जा, अंधकार और निर्वात का आपसी साहचर्य तुम्हें और तुम जैसे असंख्य जीवों को अस्तित्व प्रदान करता है। दिमागी-तंत्रों की सरपरस्ती में बने रहने की वजह से तुम केवल प्रकाश को ही अपने जीवन का स्रोत मान बैठते हो। तुम लगातार इस बात को नजरअंदाज करते हो कि अंधकार में भी अनगिनत जीवों और पदार्थों का वजूद कायम है। तुम इनसानों ने प्रकाश को दिव्यता का प्रतीक मानकर अंधकार को अनजाने में ही शैतानी ताकतों का अड्डा बना लिया है।

मेरी समग्रता और सूक्ष्मता को, मेरे फैलाव और सिकुड़न को देखने, समझने और महसूस करने के लिए तुम्हें ऊर्जा और रोशनी की चकाचौंध से बाहर निकलना

होगा। प्रकाश के पीछे-पीछे भागते समय तुम्हें इस बात का होश नहीं रहता कि अँधेरे का एक साया हमेशा तुम्हारे साथ-साथ दौड़ता है। जैसे ही तुम प्रकाश के दायरे में घुसते हो, वैसे ही अँधेरे का वह साया भी बिखरकर प्रकाश के हरेक कण के बराबर जाकर खड़ा हो जाता है। रोशनी के सम्मोहन में बँधे तुम इनसानों को अंधकार का यह मिश्रित अंश दिखाई नहीं देता है। यही कारण है कि तुम प्रकाश के पीछे भागकर भी मेरी सहज व्यवस्था की एक झलक तक नहीं देख पाते हो। मेरी झलक देखने के लिए तुम्हें अंधकार में डूबी हुई उस दुनिया पर नजर डालनी होगी, जो अभी तक तुम्हारे लिए डर और रहस्य का विषय बनी रही है। दिमागी-तंत्रों ने अँधेरे को तुम्हारी दिमागी और जिस्मानी कमजोरी बना लिया है। तुमने इस कमजोरी को छिपाने के लिए कृत्रिम प्रकाश पैदा करने के बहुत सारे तरीके तो खोज लिये, लेकिन अँधेरे को डर, बुराई, अपशकुन और शैतानी ताकतों से जोड़कर खुद के लिए एक बड़ी बीमारी बना लिया। तुम्हारे द्वारा पैदा की जानेवाली कृत्रिम रोशनी भी तुम्हारी इस बीमारी का इलाज नहीं कर पाती है।

अंधकार से घबराने की तुम्हारी बीमारी को दूर करने के लिए तुम इनसानों को मेरी सहज व्यवस्था में खुद का विलय करना होगा। इस विलय के लिए तुम्हें अपने जीवन या शरीर का अंत नहीं करना है। तुम्हें तो बस अपने जीवन और शरीर में मेरी मौजूदगी को महसूस करना है। यही मेरा और तुम्हारा विलय है। दिमागी-तंत्र तुम्हारे जीवन में अपनी उपस्थिति को लगातार दर्ज कराने के लिए तुम्हें इस विलय से दूर ले जाते रहे हैं। ये दिमागी-तंत्र तुम्हें मेरी खोज में लगा देते हैं। तुम अपने पूरे जीवन में मुझे उसी तरह से खोजते रहते हो, जिस तरह एक भुलक्कड़ इनसान अपना चश्मा लगाकर उसी चश्मे को ढूँढ़ता फिरता है। दिमागी-तंत्र तुम्हारे इस भुलक्कड़पन को दिमागी मर्ज में बदल देते हैं। तुम पूरी जिंदगी एक अच्छे मरीज की तरह दिमागी-तंत्रों के निर्देशों और परामर्शों को मानते रहते हो। तुम्हें लगातार यही बताया जाता है कि तुम्हारे इस मर्ज का इलाज या तो दिमागी-तंत्र कर सकते हैं या फिर खुद ईश्वर। तुम मुझे खोज नहीं पाते हो और आखिर में इन दिमागी-तंत्रों को ही अपना चिकित्सक मान लेते हो। ये चिकित्सक तुम्हारा इलाज करने में दिन-रात जुटे रहते हैं और तुम्हें इस बात का एहसास भी नहीं होने देते कि तुम्हारे मर्ज की दवा सिर्फ तुम्हारे पास ही मौजूद है।

तुम्हारे और मेरे विलय की प्रक्रिया में पहला कदम मैंने उस वक्त ही बढ़ा दिया था, जब तुम्हारे शरीर की पहली कोशिका विकसित हुई थी। इसके बाद मैं तो कदम पर कदम बढ़ाता गया, लेकिन तुम्हारे कदम जैसे ही धरती पर जमना शुरू हुए, तुम लगातार मुझसे दूर खिसकते गए। दिमागी-तंत्र तुम्हारे जीवन को जीने की अनिवार्य शर्त बनते चले गए। दिमागी-तंत्रों ने मेरे और तुम्हारे विलय को इनसानी वजूद के लिए संकट करार दे दिया। इन दिमागी-तंत्रों ने अपने दावों को सही साबित करने के लिए मेरे और तुम्हारे बीच ऐसे देवताओं और ईश्वरों की दीवारें खड़ी कर दीं, जिन्हें वे आसानी से अपने हाथों का खिलौना बना सकते थे। मेरे और बाकी जीव-पदार्थों के लिए इन दीवारों की मजबूती और रुकावट के कोई मायने न थे, पर तुम इनसानों ने अपनी मर्जी से खुद को इन दीवारों से सहारे टिका दिया। तुमने अपनी जेल खुद तैयार ली और इस जेल में कैद रहना तुम्हारे इनसानी जीवन का पर्याय बन गया। मेरे साथ विलीन होने के लिए तुम्हें इस जेल की दीवारों को फाँदकर बाहर आना होगा। तभी तुम यह जान पाओगे कि मेरे और तुम्हारे अस्तित्व में कोई फर्क ही नहीं है। तभी तुम यह महसूस कर पाओगे कि मैं तुम्हारे जीवन का अंत होने के बाद तुम्हारे सामने आनेवाली पारलौकिक सत्ता नहीं हूँ, मैं तो तुम्हारे जीवन का सहयात्री हूँ, जिसके साथ चलते हुए तुम अपनी जिंदगी के सफर की खट्टी-मीठी यादों और अनुभवों को साझा कर सकते हो।

मैं तुम्हारी हर साँस के साथ अपनी दस्तक देता हूँ, लेकिन दिमागी-तंत्रों ने तुम्हारी जिंदगी में इतना शोर-शराबा और आपा-धापी पैदा कर दी है कि मेरी दस्तक की आवाज, तुम्हारे दिमागी पटल तक पहुँच ही नहीं पाती है। दिमागी-तंत्रों ने तुम्हारे एकल दिमाग पर इतना कड़ा शिकंजा कस दिया है कि यह दिमाग आत्मघाती बनकर तुम्हें और तुम्हारे शरीर को ही मिटाने पर तुल जाता है। अजीब बात यह है कि तुम्हारे इसी आत्महंता मस्तिष्क के बल पर दिमागी-तंत्र तुम्हें न केवल पृथ्वी, बल्कि पूरे ब्रह्मांड का नीति-नियंता बनने का सपना दिखाते हैं। इसी ख्वाब को पालकर तुम प्रभुत्व और वर्चस्व की अंतहीन लड़ाई के स्वयंभू सेनापति बनने के लिए तैयार हो जाते हो। हरेक जीव और पदार्थ को अपने वर्चस्व में लाने की इस जंग के मायनों, प्रभावों और नतीजों पर एक सहज जीव के रूप में तुमने कभी विचार नहीं किया है। तुम तो इस लड़ाई के अगुआ बनकर इतने मदमस्त हो

गए कि वर्चस्व की इस जंग को किसी भी तरह से जारी रखने के लिए जान-बूझकर और एकतरफा रूप से अपने दुश्मन तय करते चले गए। बाकी जीव-पदार्थों और कुदरत के साथ लड़ते-लड़ते तुम इतने युद्धोन्मादी बन गए कि तुमने अपने बीच में ही एक-दूसरे पर प्रभुत्व जमाने के लिए लड़ना शुरू कर दिया। कभी तुम अच्छाई के लिए लड़ते हो तो कभी बुराई के लिए, कभी तुम रूढ़ियों को मिटाने के लिए लड़ते हो तो कभी आधुनिकता की बयार को रोकने के लिए। कभी तुम अपना जीवन बचाने के लिए लड़ते हो तो कभी दूसरों का जीवन समाप्त करने के लिए, कभी तुम ताकत हासिल करने के लिए लड़ते हो तो कभी ताकत को कुचलने के लिए और तो और कभी तुम मेरे समर्थन में लड़ते हो तो कभी मेरा विरोध करने के लिए। लड़ना तुम्हारी आदत में शुमार हो चुका है। अगर तुम एक पल के लिए इस लड़ाई को रोककर यह जानने की कोशिश करते कि जो लड़ाई तुम लगातार लड़ते आ रहे हो, उस लड़ाई में तुम्हारा दुश्मन कौन है, इस लड़ाई के मकसद क्या हैं, इस लड़ाई का असर किस-किस पर पड़ता है, इस लड़ाई के नतीजे क्या होंगे या इस लड़ाई का अंत कब और कैसे होगा? तो तुमने उसी पल इस लड़ाई को हमेशा के लिए थामने का फैसला कर लिया होता।

तुम इनसानों को छोड़कर, बाकी सारे जीव और पदार्थ भी रूपांतरण की प्रक्रिया में शामिल होकर संघर्ष करते हैं, पर उनके संघर्ष के सरोकार और मकसद प्रकृति की सहज व्यवस्था की जरूरतों के अनुसार तय होते हैं। तुम्हारे संघर्षों का मकसद तुम्हारी खुद की जरूरतों के मुताबिक भी नहीं, बल्कि दिमागी-तंत्रों की जरूरतों से बँधा होता है। दिमागी-तंत्रों की शह पर तुम अपने संघर्ष के ऐसे सरोकार और उद्देश्य निर्धारित करने लगते हो, जिनके द्वारा तुम अपने वजूद और वर्चस्व की धमक को बाकी जीव-पदार्थों को सुनाते रहो। दिमागी-तंत्रों की आपसी लड़ाइयों को विशिष्ट और महत्त्वपूर्ण बनाने के लिए उन्हें बाकी सारे जीव-पदार्थों के हितों और जरूरतों से जबरन जोड़ने की कोशिश की जाती है। तुम अपने साथ-साथ दूसरे जीव-जंतुओं, पेड़-पौधों और पदार्थों के नफा-नुकसान को भी तय करने लग जाते हो। तुम्हारा यह रवैया बड़ा विचित्र लगता है, क्योंकि तुम अभी खुद के शरीर और जीवन के बारे में सौ फीसदी जानने-समझने का दावा नहीं कर पाए हो। तुम किसी एक जीव, एक पौधे या एक पदार्थ के बारे में सबकुछ जानने का दावा

करने लायक भी नहीं हो। फिर भी तुम सारे जीव-पदार्थों का हित-अहित निर्धारित करने की कोशिश करते हो। एक सूक्ष्म जीवाणु न सिर्फ अपने बारे में सबकुछ जानता है, बल्कि तुम्हारे शरीर की संरचना के बारे में भी तुमसे ज्यादा जानता है, इसके बाद भी वह जीवाणु तुम्हारे जीवन पर आधिपत्य जमाने की कोशिश नहीं करता है। वह कभी तुम्हारे अच्छे-बुरे का फैसला नहीं करता है और न ही तुम्हारे जीवन के मकसद और सरोकारों को तय करता है।

दिमागी-तंत्र तुम इनसानों को बाकी जीव-पदार्थों की सूक्ष्मता और विराटता की अनुभूति नहीं करने देते हैं। तुम इन जीव-पदार्थों की सूक्ष्मता और विशालता को जाने-समझे बिना ही कोल्हू के बैल की तरह उनके दोहन और संशोधन में जुटे रहते हो। तुम उनके ब्रह्मांडीय जुड़ाव को नजरअंदाज कर देते हो और उन जीव-पदार्थों के अस्तित्व को अपने इनसानी दृष्टिपरास में समेटने की कोशिश करते हो। तुम बाकी जीव-पदार्थों के साथ व्यवहार और विनिमय करते समय यह भूल जाते हो कि वे मेरे अनंत विस्तार और संकुचन के साक्षी हैं, संघटक हैं। तुम खुद भी उन संघटकों में से एक हो, लेकिन दिमागी-तंत्रों के प्रोजेक्टर तुम्हारे जीवन और तुम्हारी दुनिया को एक रुपहले पर्दे तक सीमित कर देते हैं। अपनी बँधी हुई नजर और अपने सीमित फैलाव के बावजूद तुम इनसान खुद को सृष्टि का सबसे प्रगतिशील, सबसे बुद्धिमान, सबसे ताकतवर जीव मान लेते हो। तुम्हारा यह रवैया ठीक वैसा ही है, जैसाकि एक सिनेमा देखने का शौकीन आदमी सिनेमा हॉल से बाहर निकलकर फिल्मी हीरो की नकल करने लगता है। तुम इनसानों पर भी हर वक्त दिमागी-तंत्रों द्वारा बनायी गई रंगीन दुनिया का खुमार छाया रहता है।

मेरी विराटता और सूक्ष्मता, दोनों ही अनंत हैं। तुम्हारे दिमागी-तंत्र मेरी इस अनंतता को अपने वजूद की परिधि में घेरने की कोशिश करते हैं। वे मुझे सीमित दायरों में बाँधकर तुम इनसानों की घेराबंदी करना चाहते हैं। यदि तुम मेरी अनंत और अनवरत यात्रा के हमराह बन गए तो इन दिमागी-तंत्रों की घेराबंदी अपने आप ही टूट जाएगी। यही वजह है कि दिमागी-तंत्र खुद से जुड़े कर्मकांड, नियम-कायदों, आचार-व्यवहारों, सिद्धांतों और शिष्टाचारों को छोटी-छोटी आदतों के रूप में तुम्हारे स्वभाव का हिस्सा बनाते रहते हैं। ये छोटी-छोटी आदतें तुम्हारे चारों ओर

एक के बाद एक घेरा बनाती जाती हैं। इसी प्रकार से मुझे घेरने के लिए धार्मिक-अधार्मिक, सामाजिक-असामाजिक, राष्ट्रवादी-राष्ट्रद्रोही, नैतिक-अनैतिक सारे दिमागी-तंत्र मिल-जुलकर प्रयास करते हैं जिसे तुम धर्मयुद्ध कहते हो, वह असल में मेरे विरुद्ध धर्म और अधर्म की साझा लड़ाई का ही दूसरा नाम है। मैं भला उस धार्मिक व्यक्ति या समुदाय को अपना हितैषी कैसे मान सकता हूँ, जो एक धर्मस्थल या धर्मग्रंथ की आड़ में मुझे हमेशा के लिए किसी दिमागी-तंत्र की कैद में धकेलने की कोशिश करता है। मैं अपने और तुम्हारे बीच की सारी दीवारें हटाने की कोशिश करता हूँ, लेकिन तुम्हारे दिमागी-तंत्र हर रोज नई दीवारें खड़ी करने का यत्न करते हैं। ताज्जुब की बात यह है कि मुझे अपना सबकुछ माननेवाले तुम इनसान इस कशमकश में मेरे साथ नहीं, बल्कि दिमागी-तंत्रों के साथ जा खड़े होते हो।

दिमागी-तंत्र लगातार यह कोशिश करते रहते हैं कि मेरे वजूद को तर्क और आस्था के बलबूते खड़ा रखा जाए। अपनी नाकाम कोशिशों के बाद भी ये दिमागी-तंत्र आस्था और तर्क की नई-नई परतों को मेरे वजूद पर चढ़ाने में लगे रहते हैं, पर अब तुम में से हर इनसान को यह साफ तौर पर जान लेना चाहिए कि मैं इनसानी आस्था और तर्कों से परे हूँ। मेरा वजूद तुम्हारे चिंतन, तुम्हारी बुद्धि, तुम्हारी निष्ठा या तुम्हारे विश्वास पर निर्भर नहीं है। दिमागी-तंत्रों ने तुम्हारे तर्क और आस्था का दोहन करके तुम्हारे सामने ऐसे बहुत सारे भगवान् और देवता निर्मित कर दिए हैं, जो दिमागी-तंत्रों की जरूरतों के अनुसार अपनी भूमिका बदलते रहते हैं। ये भगवान् और देवता इनसानी सरोकारों से बँधे हैं। इनका सम्मान और अपमान भी इनसानों द्वारा तय होता है। दिमागी-तंत्रों द्वारा बनाए गए ये देवता धर्मस्थलों की दीवारों तथा धर्मग्रंथों के पन्नों से बाहर नहीं आ सकते। अपनी इस लाचारी के बदले में उन्हें इनसानों की सेवा, भक्ति, सम्मान, निष्ठा, याचना और स्तुति का भोग-विलास हासिल होता है। फिर भी इनका वजूद इतना नाजुक है कि हल्की सी छींटाकशी होने पर भी बिखरने लगता है। दिमागी-तंत्रों को बार-बार इनके वजूद को बचाने की दुहाई देनी पड़ती है।

लेकिन मैं इतना नाजुक या लाचार नहीं हूँ। मेरा वजूद सारी कायनात के छोटे से छोटे और बड़े से बड़े पिंडों के सहज साहचर्य की डोर से गुँथा हुआ है।

ये असंख्य कण या पिंड कभी इकट्ठे होकर तो कभी बिखरकर, हर पल नए-नए जीव-पदार्थों को रूप और आकार देते रहते हैं। यह रूपांतरण मेरे वजूद को हमेशा-हमेशा के लिए बनाए रखता है। मेरा यह चिरस्थायी वजूद तुम्हारे तर्क और आस्था तो क्या, तुम्हारे बिना भी बना रहेगा। तुम इनसान बाकी जीव-पदार्थों की तरह इस रूपांतरण चक्र में सहज भागीदार भर हो, पर तुम्हारे दिमागी-तंत्र तुम्हें इस झाँसे में रखते हैं कि तुम्हारी इनसानी नस्ल इस रूपांतरण की सबसे अहम घटक है। इसी अहमियत को स्थापित और साबित करने के लिए बहुत सारे धार्मिक, सामाजिक और राजनीतिक ढाँचे खड़े कर दिए जाते हैं। तुम इनसानों की कल्पना, बुद्धि, तर्क, आस्था और विश्वास का दोहन करके इन ढाँचों को जिंदा रखा जाता है। जिन तर्कों, आस्थाओं और विश्वासों के आधार पर यह वजूद खड़ा होता है, उन्हीं के द्वारा यह नष्ट भी हो जाता है। तुम्हारे बीच अनेक पंथों, मतों, संप्रदायों, गुटों, विचारधाराओं, संगठनों के उत्थान और पतन का मूल कारण यही है।

तुम में इर इनसान अपने एकल दिमाग के साथ पैदा होता है। यह एकल दिमाग मेरी सहज व्यवस्था के रूपांतरण चक्र से हर पल जुड़ा रहता है। इसी जुड़ाव के कारण यह एकल दिमाग अपने आस-पास के जीव-पदार्थों के साथ आसानी से साहचर्य स्थापित कर लेता है। दिमागी-तंत्र इस साहचर्य को अपने लिए खतरे की घंटी मानते हैं। जैसे ही तुम्हारा एकल दिमाग मेरा हमसफर बनकर सहज रूपांतरण की सतत यात्रा में कुछ दूर तक चलता है, ये दिमागी-तंत्र अपनी पूरी ताकत और क्षमता के साथ उसे इस सफर के रास्ते पर से हटाने में जुट जाते हैं। सहज-सरल-सा यह एकल दिमाग अपने चारों तरफ उन दिमागों की भीड़ पाता है, जो किसी न किसी दिमागी-तंत्र का हिस्सा बन चुके हैं। यह एकल दिमाग अपनी तमाम जद्दोजहद के बाद भी आखिरकार खुद को दिमागी-तंत्रों के शिकंजे में फँसने से नहीं बचा पाता है। चंद एकल दिमाग किसी तरह इस शिकंजे से बच भी जाते हैं, पर उन्हें असामान्य, सनकी या पागल घोषित करके अलग-थलग कर दिया जाता है।

इन दिमागी-तंत्रों के शिकंजे से निकलने का एक और मौका तब मिलता है, जब कोई इनसान अपने दिमागी-तंत्रों के अधीन ज्ञान हासिल करने के बाद अलग-अलग दिमागी-तंत्रों के विशिष्ट ज्ञान भंडारों का तुलनात्मक अध्ययन, विश्लेषण

और परीक्षण करने की कोशिश करता है। लगातार ऐसी कोशिश करने के बाद धीरे-धीरे उस इनसान का एकल दिमाग दिमागी-तंत्रों से आजाद होने की ताकत इकट्ठी कर लेता है। ऐसा इनसान अपने एकल दिमाग की आजादी तो हासिल कर लेता है, लेकिन उसकी सहजता को दोबारा हासिल करने के लिए छटपटाता रहता है। यह सहजता मेरे सहज रूपांतरण मार्ग पर ही उपलब्ध होती है। कोई इनसान ज्ञान के बलबूते अपने एकल दिमाग को दिमागी-तंत्रों के शिकंजे से निकाल तो लाता है, लेकिन उसका ज्ञान भंडार और महान उपलब्धियों का बोझ उसे मेरे सहज रूपांतरण पथ पर दोबारा नहीं चढ़ने देता है। अपने कंधों पर रखे इस बोझ को उतार फेंकने की बजाय वह इनसान उस बोझ को लगातार बढ़ाता रहता है। अपनी सहजता को दोबारा हासिल करने में उसकी नाकामी का सिलसिला जारी रहता है, पर उसकी महानता का दायरा फैलता चला जाता है। महानता के आभामंडल में सहजता का मार्ग उसकी आँखों के सामने होकर भी ओझल बना रहता है। इस आभामंडल की चमक-दमक में डूबा वह स्वतंत्र एकल दिमाग एक बार फिर से दिमागी-तंत्रों की जकड़ में आ जाता है। इस बार उसे किसी दिव्य शक्ति का प्रतीक बनाकर दिमागी-तंत्रों के दायरे में लाया जाता है। वह इनसान फिर से उसी दायरे का आदरणीय बंधक बन जाता है, जिसे फाँदकर उसने अपनी आजादी हासिल की थी। इस तरह दिमागी-तंत्रों के वजूद को चुनौती देनेवाला स्वतंत्र एकल दिमाग तुम इनसानों की दुनिया में एक नए दिमागी-तंत्र को वजूद में ला देता है। अब मेरे सहज रूपांतरण के रास्ते पर चलने में तुम्हारे सामने एक रुकावट और बढ़ जाती है।

तुम केवल स्थिर या जड़ एहसासों से बँधे रहकर मेरे साथ-साथ नहीं चल पाओगे। तुम अतीत की यादों और इतिहास की कथा-कहानियों की भारी-भरकम गठरी लेकर मेरे साथ कदम-ताल नहीं कर सकते। मेरे अस्तित्व की आहट को हर पल सुनने के लिए तुम्हें प्रार्थनाओं, जयकारों, स्तुति-गानों के शोर से बाहर आना होगा। मेरे रूप की गंध को निरंतर अपनी साँसों में समाए रखने के लिए तुम्हें पवित्र और महकते माहौल से निकलना होगा। मेरे आकार को छूने के लिए तुम्हें रास्ते में आनेवाले हरेक कण से हाथ मिलाना होगा। मेरी सहज व्यवस्था को उसकी समग्रता में देखने के लिए तुम्हें हर उस चीज पर नजर डालनी होगी, जिसे तुम अब तक मामूली और बेकार समझते रहे हो।

धर्म और नैतिकता जैसे दिमागी-तंत्रों ने तुम इनसानों को यह तो बता दिया कि मैं कायनात के जर्रे-जर्रे में हूँ, लेकिन एक जर्रे के वजूद को स्वीकार करने की सहजता तुमसे छीन ली। तुम उस जर्रे से सहज संवाद और तालमेल करने का हुनर नहीं सीख पाए। दिमागी-तंत्रों ने पहले तुम्हारे दिमागों में वर्चस्व और शक्ति की भूख को पैदा किया, फिर उस भूख को काबू में रखने के लिए सर्व-शक्तिमान ईश्वर की धारणा पेश कर दी। ऐसे सर्वशक्तिमान ईश्वर के लिए अति भव्य और शानदार धर्मस्थल बनाए गए। इन धर्म-स्थलों की भव्यता-विशालता और इन धर्म-स्थलों पर आनेवाली इनसानों की भीड़ इनसे जुड़े ईश्वर या देवताओं की ताकत का पैमाना बनती चली गई। इसी पैमाने को लेकर जब तुम मेरे अस्तित्व की खोज-बीन करते हो, तब तुम्हें ऐसे ईश्वर की तलाश होती है, जिसे तुम्हारे पैमाने से मापा जा सके। इसका नतीजा यह होता है कि या तो तुम फिर से उन्हीं ईश्वरों तक पहुँच जाते हो, जो तुम्हारे पैमाने पर पहले ही खरे उतर चुके हैं, या फिर तुम एक नया ईश्वर ढूँढ़ लेते हो, जिसका वजूद तुम्हारे पैमाने के मापांकों पर टिका होता है। असल में, तमाम तरह की साधना, तपस्या, भक्ति और बौद्धिक कसरतों के जरिए तुम मेरी नहीं, बल्कि अपने ईश्वरों की खोज करते हो। तुम्हें ऐसे ईश्वर की जरूरत होती है, जो दिमागी-तंत्रों से जुड़ी तुम्हारी धारणाओं, संरचनाओं और गतिविधियों को जायज ठहराने के काम आ सके। तुम्हें बाकी सारे जीव-पदार्थों की गतिविधियों और संरचनाओं की कोई फिक्र नहीं है। तुम उन जीव-पदार्थों को भी अपने दिमागी-तंत्रों द्वारा प्रायोजित ईश्वरों के अधीन लाने की कोशिश करते हो ताकि तुम्हारे वर्चस्व का दायरा बढ़ता रहे।

ये जीव-पदार्थ तुम्हारे दिमागी-तंत्रों द्वारा किए जानेवाले अपने शोषण और दोहन को चुपचाप सहन करते रहते हैं। तुम इसे इन जीव-पदार्थों की कमजोरी समझ लेते हो, पर इनकी अदृश्य ताकत को भूल जाते हो। इन जीव-पदार्थों में इतनी ताकत है कि ये तुम इनसानों के हाथों ही तुम्हारे सर्वशक्तिमान ईश्वरों को तहस-नहस करवा सकते हैं। एक पदार्थ की थोड़ी सी मात्रा किसी भी इनसान को इतना उन्मादी और संज्ञाशून्य बना सकती है कि वह इनसान अपने आप को या दिमागी-तंत्रों द्वारा स्थापित ईश्वरों को पल भर में चोट पहुँचा सकता है। यह उन्मादीपन और संज्ञाशून्यता तुम्हारे हाथों किए गए जीव-पदार्थों के शोषण और दोहन का सहज

प्रतिफल है, जो अक्सर तुम्हारे सामने आता रहता है। इसी सहज प्रतिफल से तुम्हें बचाने के लिए दिमागी-तंत्र बार-बार मेरे नए प्रतिरूप तैयार करने की कोशिश करते हैं। ये प्रतिरूप थोड़े-से समय के लिए तुम्हारा ध्यान इस प्रतिफल से हटा देते हैं, पर इसे खत्म या संतुलित नहीं कर पाते हैं। इस बात को समझने के बाद तुम इनसानों को यह मान लेना चाहिए कि मुझे निर्मित नहीं किया जा सकता, मुझे खोजा नहीं जा सकता और मुझे मिटाया भी नहीं जा सकता। मुझे तो सिर्फ रूपांतरण पथ का हमसफर बनाया जा सकता है। दिमागी-तंत्रों की परवरिश में रहते हुए तुम मुझे अपना साथी बनाने के लिए तैयार ही नहीं होते हो। दिमागी-तंत्रों ने तुम्हारे दिमागों में मेरे प्रति लालच और डर को कूट-कूटकर भर दिया है। तुम्हारे विवेक और बुद्धि को दिमागी-तंत्रों ने तुम्हारे अहंकार का पहरेदार बना दिया है। जिस समय दिमागी-तंत्रों द्वारा निर्मित की गई तुम्हारी पहचानों से जुड़ा तुम्हारा अहंकार ईश्वर होने के अहंकार में बदलने लगेगा, उसी समय तुम मेरा साथी बनना कबूल कर लोगे।

तुम भौतिक संसार को माया कहते हो। तुम मानते हो कि इस संसार रूपी माया से छुटकारा पाकर ही मुझे पाया जा सकता है, पर मैं तुम्हें बता दूँ कि संसार माया नहीं है। जीव और पदार्थ भी माया का हिस्सा नहीं हैं। माया तो तुम्हारे दिमागी-तंत्र हैं, जो अनेक तरीकों से तुम्हारे एकल दिमाग को भय और लालच के भ्रमजाल में फँसाए रखते हैं। इस मायाजाल को मैंने नहीं, बल्कि तुमने खुद अपने हाथों और अथक प्रयासों से बुना है। इन्हीं दिमागी-तंत्रों ने खुद को जिंदा रखने के लिए तुम्हें उल्टा पाठ पढ़ाया है। ये दिमागी-तंत्र पदार्थ को माया से और चेतन को आत्मा-परमात्मा से जोड़कर तुम्हें हमेशा के लिए भ्रमित कर देते हैं। जीव, पदार्थ और प्रकृति मेरा अटूट हिस्सा हैं। चेतना वह माध्यम है, जो जीव-पदार्थों को मेरे सहज रूपांतरण चक्र में आगे बढ़ने के लिए प्रेरित करती है। चेतना और पदार्थ एक-दूसरे के विरोधी नहीं, बल्कि एक-दूसरे के उत्प्रेरक हैं। चेतना हर पदार्थ-कण की सवारी है, उसका वाहन है। वह मुझमें केंद्रित नहीं है। चेतना पूरे ब्रह्मांड में समान रूप से छितरी हुई है। तुम अपने दिमागी-तंत्रों की मंशा को नहीं भाँप पाते हो। तुम्हारे हाथों बाकी जीव-पदार्थों का मनमाना दोहन करने के लिए दिमागी-तंत्र सहज रूपांतरण चक्र को बाधित करने की कोशिश करते रहते हैं। इसलिए वे चेतना को सारे पदार्थों से अलग करके मुझमें या तुम्हारे दिमागों में केंद्रीभूत करने का प्रपंच रचते हैं। चेतना

से जुड़ने और चेतना को केंद्रित करने का अंतर न समझ पाना तुम इनसानों की सबसे बड़ी नादानी साबित होती है। तुम चेतना से उसी समय जुड़ जाते हो, जब एक शुक्राणु चेतना के वाहन पर सवारी करते हुए असंख्य बाधाओं को पार करके एक अंडाणु के पास पहुँच जाता है और उसके साथ मिलकर तुम्हारी शारीरिक प्रणाली के निर्माण की नींव रखता है।

तुम इनसान के रूप में अपने जन्म के बाद भी कुछ समय तक उस सहज चेतना से जुड़े रहते हो। दिमागी-तंत्र धीरे-धीरे तुम्हारे एकल दिमाग को उस चेतना से अलग करना शुरू कर देते हैं। ये तुम्हारी सहज चेतना को बौद्धिक चेतना के आवरण से ढक देते हैं। बौद्धिक चेतना ज्ञान-विज्ञान के संचय से विकसित होती है। इस बौद्धिक चेतना का औचित्य साबित करने के लिए दिमागी-तंत्रों ने इसे मेरे साथ जोड़ दिया है। वे तुम्हारी बौद्धिक चेतना का स्रोत मेरे भीतर बताते हैं। इसके लिए वे दिव्य चेतना, परम चेतना जैसे नाम भी गढ़ लेते हैं। दिमागी-तंत्र इस दिव्य या परम चेतना को तुम इनसानों का पेटेंट बना देते हैं। तुम दिमागी-तंत्रों द्वारा सौंपे गए, इस स्वत्वाधिकार के दम पर बाकी जीव-पदार्थों को जड़ या स्थूल घोषित कर देते हो।

तुम्हारी सहज चेतना पर यदि बौद्धिक चेतना का पर्दा न डाला गया होता, तो तुम यह कभी नहीं भूलते कि पदार्थ और चेतना एक-दूसरे से अभिन्न हैं। चेतना के माध्यम से ही पदार्थ-कण सहज रूपांतरण के रास्ते पर चलते हुए, निरंतर जैविक-अजैविक संरचनाओं का निर्माण और विघटन करते रहते हैं। निर्माण और विघटन की इस सहज प्रक्रिया को अपने नियंत्रण में लेने के लिए ही तुम्हारे दिमागी-तंत्र पदार्थ और चेतना के बीच अलगाव पैदा करने की कोशिश करते हैं। यही अलगाव बौद्धिक चेतना को सहज चेतना पर हावी होने में मदद करता है। इसी अलगाव की स्थिति में बौद्धिक चेतना पदार्थों के मनमाने और निरंकुश दोहन का जरिया बन जाती है।

पदार्थ का एक कण सहज चेतना के रथ पर सवार होकर सहज रूपांतरण के रास्ते पर चलता है। इस सफर के दौरान वह कण द्रव, ठोस, गैस, जीव, जंतु, वनस्पति, नदी, पहाड़, सागर, ग्रह, तारे और आकाशगंगाओं में लगातार बदलता

रहता है। तुम इनमें से किसी भी रूप या संरचना को अचेतन या जड़ मानकर खारिज नहीं कर सकते हो। तुम इनसान अपनी जिंदगी को अपने पृथ्वी ग्रह तक सीमित मान बैठे हो। इसलिए तुम सूरज को प्रकाश और ऊर्जा का स्रोत मानकर उसे जीवनदाता का दर्जा दे देते हो। यदि प्रकाश ही जीवन देनेवाला होता, तो सृष्टि में अनगिनत तारे हैं, जो तुम्हारे सूर्य से भी विशाल हैं, लेकिन वे तुम्हारे पृथ्वी जैसे किसी ग्रह का जीवन स्रोत नहीं हैं, यहाँ तक कि सौरमंडल के बाकी ग्रहों और उपग्रहों पर भी जीवन का स्वरूप और परिभाषा पृथ्वी के समान नहीं है। ऊर्जा कणों का अनंत समुच्चय है, जो लगातार स्थानांतरित होती है। यह स्थानांतरण तमाम तरह की जीवन-संरचनाओं को जन्म देता है। तुम इनसानों की नादानी यह है कि तुमने दिमागी-तंत्रों द्वारा पेश की गई जीवन की परिभाषा से खुद को चिपका लिया है। इस परिभाषा से मेल न खानेवाली जीवन-संरचनाओं को तुम निर्जीव मान लेते हो। जीवन की ये तमाम संरचनाएँ तुम्हें लगातार प्रभावित करती रहती हैं। जब तुम्हारी बौद्धिक चेतना इन प्रभावों का सटीक कारण नहीं खोज पाती है, तब तुम्हारी बेचैनी को शांत करने के लिए दिमागी-तंत्र मेरी एक काल्पनिक दुनिया तैयार कर देते हैं। वे इस काल्पनिक दुनिया की अलग-अलग तस्वीरें और नक्शे बनाकर उन्हें तुम्हारे सामूहिक दिमागों में फीड कर देते हैं। ये दिमागी-तंत्र मेरे लिए एक ऐसा सुदूर ग्रह या दुनिया रच देते हैं, जहाँ बैठकर मैं तुम इनसानों की जिंदगी-मौत, पाप-पुण्य, सुख-दुःख, न्याय-अन्याय और उत्थान-पतन का हिसाब-किताब करता रहता हूँ।

मैं एक बार फिर से दोहराता हूँ कि मैंने तुम्हारे लिए कोई स्वर्ग या नरक नहीं बनाया है। मेरी कोई अलग दुनिया या परलोक नहीं है। मैं तो पदार्थ और चेतना को जोड़नेवाली कड़ी के तौर पर हर जगह और समय पर व्याप्त हूँ। तुम कहीं से भी मुझे पकड़ सकते हो और मेरे साथ अपने सहज रूपांतरण की यात्रा शुरू कर सकते हो। जीवन और मृत्यु से जुड़ी धारणाओं ने तुम्हें मुझसे दूर बनाए रखा है। तुम्हारे दिमागी-तंत्र अपने अलग-अलग हितों के अनुसार जीवन और मृत्यु को विभिन्न अर्थों और परिभाषाओं में ढालते रहे हैं। वे कभी इनसानी जिंदगी को मेरी बेशकीमती सौगात बता देते हैं, तो कभी उस बेशकीमती जिंदगी को राष्ट्र, धर्म, समाज या नैतिकता के लिए खुशी से कुर्बान कर देने की दुहाई देने लगते हैं। दिमागी-तंत्रों ने

तुम इनसानों के जीवन को अपना पौष्टिक आहार बना लिया है। तुम्हारा जीना और मरना इन दिमागी-तंत्रों की शर्तों के मुताबिक तय होता है।

अगर तुम मेरी सहज व्यवस्था के साथ अपने एकल दिमाग को दोबारा जोड़ देते, तब तुम्हें जीवन और मृत्यु के विभेद की हकीकत पता चल जाती। मेरी सहज व्यवस्था से जुड़ने के बाद ही तुम्हारी सहज चेतना पर से बौद्धिक चेतना का आवरण हट सकता है। तुम्हारी सहज चेतना ही मेरी सहज व्यवस्था के हर कोने का जायजा ले सकती है। मेरी सहज व्यवस्था का सूक्ष्म और समग्र बोध ही तुम इनसानों को जिंदगी की चाहत और मौत के डर, दोनों से छुटकारा दिला सकता है। दिमागी-तंत्रों ने मौत के बारे में तुम्हारे भीतर इतना डर और आशंकाएँ भर दी हैं कि तुम जिंदगी की गोद में बैठकर भी मौत के खयालों का साया ओढ़े रहते हो। दिमागी-तंत्रों ने मृत्यु को जीवन के अंत या समाप्ति के रूप में स्थापित कर दिया है। इस धारणा ने तुम्हारी जिंदगी को एक समयावधि के भीतर समेट दिया है। अपने जीवन के इस तयशुदा वक्त में तुम्हें दिमागी-तंत्रों द्वारा निर्धारित बड़े-बड़े मकसदों को पूरा करना होता है। यदि तुम्हें मौत का डर नहीं होता तो तुम दिमागी-तंत्रों के इन मकसदों को पूरा करने के लिए अपनी जिंदगी को आसानी से न्योछावर नहीं करते। इसलिए दिमागी-तंत्रों के उद्‌देश्य और लक्ष्य तुम्हारी छोटी और अनमोल जिंदगी की अनिश्चितता के घेरे में ही पूरे के किए जा सकते थे।

जहाँ तक मेरी सहज व्यवस्था का सवाल है, उसमें मौत तो जिंदगी का महज अगला दौर है। मेरी सहज व्यवस्था से अलग-थलग रहने की वजह से तुम इनसानों ने मौत को अपने जीवन का अंत मान लिया है। कणों का संलयन और विखंडन ही जीवन-मृत्यु है, लेकिन न तो संलयन में और न ही विखंडन में कण का अंत होता है। इसी प्रकार जीवन और मृत्यु में भी किसी चीज का अंत नहीं होता है। तुम्हारा विज्ञान और तुम्हारा अध्यात्म, दोनों ही तुम्हें जिंदगी और मौत की उलझन भरी व्याख्या में फँसा देते हैं। तुम्हारा विज्ञान मानता है कि शरीर और दिमाग की हरकतें बंद होने पर ही जीवन का अंत हो जाता है। विज्ञान की नजर में मौत के बाद आत्मा या चेतना जैसी किसी चीज का वजूद बाकी नहीं रह जाता है। दूसरी तरफ तुम्हारा अध्यात्म ज्ञान शरीर को तो नश्वर मान लेता है, लेकिन मौत के बाद आत्मा, चेतना, पुनर्जन्म

जैसी अवस्थाओं और धारणाओं को सत्य साबित करने की कोशिश करता है। मेरी सहज व्यवस्था में शरीर और आत्मा, दोनों में से किसी का भी अंत नहीं होता है। तुम्हारी मौत तुम्हारे शरीर और आत्माओं का विखंडन मात्र है। तुम्हारा शरीर कणों की अनगिनत प्रणालियों का समुच्चय है। प्रत्येक कण की अपनी चेतना या आत्मा होती है। इस तरह से तुम एक आत्मा नहीं, बल्कि असंख्य आत्माओं का पुँज हो। तुम्हारी भावनाएँ, रुचियाँ, स्वाद, प्रेरणाएँ उन असंख्य आत्माओं की अभिव्यक्तियाँ हैं। दिमागी-तंत्र आत्माओं के इस विकेंद्रीकरण को झुठलाने की कोशिश करते हैं। ये ज्ञान-विज्ञान का सहारा लेकर तुम्हारे एकल दिमाग में एक शरीर और एक आत्मा की धारणा को मजबूती से जमा देते हैं। इसी धारणा के प्रभाव में आकर तुम शरीर-प्रणाली और आत्माओं के विखंडन को अपनी मौत के रूप में देखने लगते हो।

यदि तुम अनुभूति के स्तर पर मेरे साथ-साथ चलने की कोशिश करते, तो तुम आसानी से देख-समझ पाते कि सहज रूपांतरण के चक्र में एक कण किस तरीके से कुछ दूसरे कणों के साथ मिलकर मिट्टी में बदलता है, उसके बाद कुछ और कणों के साथ मिलकर पौधों में बदलता है, उसके बाद कुछ और कणों के साथ मिलकर किसी जीव के भोजन में बदल जाता है, उसके बाद किसी और कण-समूह के साथ मिलकर रक्त और वीर्य में बदल जाता है, फिर शुक्राणु के रूप में किसी अंडाणु तक पहुँचता है, उसके बाद कई रूपों और स्थितियों से गुजरता हुआ, एक नए जीव की संरचना का हिस्सा बन जाता है। जब इस जीव-संरचना का विघटन होता है तो वह कण फिर कई रूपों से गुजरता हुआ मिट्टी का अंग बन जाता है। यह मेरे सहज रूपांतरण चक्र की एक बानगी भर है, पर इतने एहसास से ही तुम पूरे चक्र की समझ हासिल कर सकते हो। कण से मिट्टी और मिट्टी से जीव बनने या इससे उलट प्रक्रिया में मौत जैसी घटना कहीं भी नहीं घटती है। कण और उसकी सहज चेतना हमेशा साथ-साथ ही रहते हैं। तुम्हें कण की इसी सहज चेतना के साथ जुड़ना था, लेकिन तुम दिमागी-तंत्रों द्वारा थोपी गई बौद्धिक चेतना से चिपक कर रह गए, हालाँकि तुम्हारी बौद्धिक चेतना भी तुम्हारे शरीर और दिमाग के विघटित होने पर नष्ट नहीं होती है, लेकिन यह तुम्हें हमेशा नष्ट होने के भय से ग्रस्त रखती है। तुम्हारी सहज चेतना मुझसे जुड़ी रहती है, जबकि तुम्हारी बौद्धिक चेतना किसी न किसी दिमागी-तंत्र से जुड़ी रहती है। यह जुड़ाव शरीर के विघटन के बाद भी बना

रहता है। मेरी सहज व्यवस्था में कोई भी चीज नष्ट नहीं होती है। वह बहुत थोड़े या बहुत ज्यादा समय के लिए चेतनाओं की शृंखलाओं की चेतना से अलग-थलग हो जाती है। अगर कोई कण, कोई जीव या कोई पदार्थ उस चीज को अपनी सहज चेतना से जोड़ लेता है तो वह चीज दोबारा वजूद में आ जाती है। एक इनसानी शिशु का दिमाग बौद्धिक चेतना के चंगुल में फिर से इसलिए आ जाता है, क्योंकि उसे पैदा करनेवाली शारीरिक प्रणालियों पर दिमागी-तंत्रों का पूरा असर मौजूद होता है। यदि एक शिशु के माँ-बाप, परिवार के लोग या आस-पड़ोस के लोग दिमागी-तंत्रों से बेअसर रहें तो वह शिशु बौद्धिक चेतना की शृंखला से दोबारा नहीं जुड़ पाएगा।

इसी कारण मैं तुम इनसानों से कहता हूँ कि तुम धर्म, राष्ट्र, समाज, सभ्यता, अर्थव्यवस्था जैसे दिमागी-तंत्रों को नष्ट करने की कोशिश मत करना, क्योंकि ऐसा कर पाना तुम्हारे लिए मुमकिन नहीं होगा। तुम्हें तो बस इन दिमागी-तंत्रों की बौद्धिक चेतना को अपनी सहज चेतना शृंखला से अलग-थलग कर देना है। तुम्हें धीरे-धीरे उस बौद्धिक चेतना के उस चोगे को उतारना है, जिसे दिमागी-तंत्रों ने तुम्हें पहना रखा है। इस चोगे को उतारते ही तुम दिमागी-तंत्रों के ढंग से सोचना-विचारना बंद कर दोगे। तब जाकर ही तुम मेरी सहज व्यवस्था को बहुत ही करीब से जान पाओगे। मेरी सहज व्यवस्था का बोध हासिल करके ही तुम्हारा एकल दिमाग बौद्धिक चेतना की भरपाई कर सकेगा। मुझसे अपना एकतरफा अलगाव खत्म करने के बाद ही तुम्हारा एकल दिमाग इतना सक्षम बन पाएगा कि दिमागी-तंत्रों द्वारा खड़ी की जानेवाली हर बाधा और चुनौती का आसानी से सामना कर सके। मुझे दैवीय शक्ति के रूप में जानने-समझने की बजाय मेरी सहज व्यवस्था को आत्मसात करना तुम इनसानों के लिए अब ज्यादा जरूरी है। मुझे दैवीय, रहस्यमयी और चमत्कारिक शक्ति के रूप में देखने-समझने की तुम्हारी कोशिशों ने ही तुम्हें दिमागी-तंत्रों की स्वैच्छिक कैद में पहुँचा दिया है।

जैसे ही तुम अपने धर्मों से अपना पता-ठिकाना पूछना बंद कर दोगे, उनका गाइड का धंधा भी बंद हो जाएगा। जब तुम अपनी कारगुजारियों के नतीजों को आसानी से खुद ही कबूल करना शुरू कर दोगे, तो पाप-पुण्य और स्वर्ग-नरक की पहचान को तय करने की धर्मों की ठेकेदारी खुद-ब-खुद खत्म हो जाएगी। जब तुम

अपनी शरीर-प्रणाली में मेरी सहज व्यवस्था का अक्स देखने लगोगे, तब तीर्थों पर जाने का तुम्हारा औचित्य ही समाप्त हो जाएगा। जब तुम कणों की सहज चेतना के माध्यम से मेरी सहज व्यवस्था के संदेशों का कूटवाचन कर लोगे, तब सारे धर्म-ग्रंथ तुम्हारे लिए बेमायने हो जाएँगे। जब तुम मेरी सहज व्यवस्था के अभिन्न सहचर बन जाओगे, तब तुम्हें राष्ट्र-राज्य जैसी सीमित और कृत्रिम व्यवस्थाओं पर निर्भर नहीं रहना पड़ेगा। जब तुम सारे जीव और पदार्थों के साथ साहचर्य कायम रखने के तरीकों को सीख लोगे, तब तुम्हें समाज की सरपरस्ती का आदी नहीं होना पड़ेगा। जब तुम जीव-पदार्थों के बीच लगातार चलनेवाले आपसी लेन-देन की सहज प्रणाली को अपना लोगे, तो तुम्हें सिक्कों की गुलामी को सहने के लिए मजबूर नहीं होना पड़ेगा। जब तुम बाकी जीव-पदार्थों को श्रेष्ठता और हीनता के खाँचों में रखना बंद कर दोगे, तब सभ्यता तुम्हारे लिए रहन-सहन, तहजीब और आपसी व्यवहार के मानदंड तय करने का अधिकार ही खो देगी। जब तुम हरेक छोटे और बड़े जीव या पदार्थ-कण के वजूद को अपने इनसानी वजूद का पूरक मान लोगे, तब नैतिकता भी तुम्हें इंसाफ की कसौटी पर घिसने के लिए बाध्य नहीं कर पाएगी।

सारे समाधान हरेक इनसान के पास हैं। तुम इन समाधानों को सामूहिक तौर पर लागू कर सकते हो, पर समूह बनाकर नहीं। तुम्हें एक-एक इनसान की रजामंदी से बनी सामूहिक सहमति और कई सारे इनसानों द्वारा बनाए गए, समूह की एक सहमति का अंतर अपने जेहन में रखना होगा। तुम्हें समाधान या बदलाव के लिए किसी दूसरे इनसान को प्रेरित नहीं करना है और न ही किसी दूसरे इनसान से प्रेरित होना है। तुम्हें तो केवल खुद को मुझसे लगातार जोड़े रखना है। तुम्हें फिर से किसी ऐसी सामूहिक चेतना को आकार नहीं देना है, जो आगे चलकर एक नए दिमागी-तंत्र में बदल जाए। तुम्हें अपने एकल दिमाग के साथ अकेले ही मेरी सहज व्यवस्था में दाखिल होना है। मैं तुम्हें किसी स्वर्ग, किसी सत्ता, किसी दिव्य-शक्ति, किसी चमत्कार, किसी मुक्ति या मोक्ष का लालच नहीं दूँगा। मैं तुम्हें किसी दुःख, किसी नर्क, किसी दंड, किसी कष्ट, किसी बीमारी, किसी आपदा और किसी विनाश का डर भी नहीं दिखाऊँगा। मैं तो तुम्हें अपनी सहज व्यवस्था के उस अनंत प्रवाह में ले जाऊँगा, जहाँ सारे विभेद, सारी भिन्नताएँ, सारे विरोधाभास, सारे द्वंद्व और सारे विभाजन अपने टूटे या छूटे हुए छोरों से दोबारा जुड़ जाते हैं। इस अनंत प्रवाह से

जुड़ते ही तुम और मैं मिलकर हम बन जाएँगे। तब तुम खुद को सहज ही ईश्वर की मान्यता दे पाओगे।

तुम खुद को ईश्वर मानने से डरते रहे हो, हिचकते रहे हो। इसकी वजह यह है कि तुम्हारी धारणाओं और कल्पनाओं का ईश्वर इतना ताकतवर, सक्षम, दिव्य, चमत्कारिक, पवित्र और रहस्यमय है कि तुम उसके समकक्ष खड़े होने का साहस कभी नहीं जुटा पाते हो। तुमने मुझे परमपिता का दर्जा दे दिया है, जो तुम्हें मेरे जैसा होने से रोके रखता है। जब तुम मेरी सहज व्यवस्था में अपने एकल दिमाग के साथ दाखिल होगे, तब तुम अपने आप ही जान लोगे कि यदि मैं तुम्हारा पिता हूँ, तो मैं तुम्हारी संतान भी हूँ। सहज रूपांतरण चक्र में सभी जीव-पदार्थों द्वारा मैं नित नए-नए रूपों में उत्पन्न हो रहा हूँ। इसलिए मैं सबका जनक हूँ तो सबकी संतान भी हूँ। तुम खुद भी इस चक्र में कभी माता, कभी पिता, कभी पुत्र और कभी पुत्री बनते रहते हो। मैं तो तुम्हारी प्रजाति के विलुप्त होने के बाद भी निरंतर पैदा या रूपांतरित होता रहूँगा।

तुमने हमेशा से मुझे विनाश की आशंका के घेरे में ही जानने-समझने की कोशिश की है। तुम्हारे दिमागी-तंत्र बार-बार तुम्हारे और तुम्हारी दुनिया के विनाश का समय तय करते रहते हैं। इस समय को वे अपनी सुविधा के अनुसार घटाते-बढ़ाते हैं, ताकि तुम विनाश की आशंका से बाहर न निकल पाओ। दिमागी-तंत्र विनाश की आशंका को किसी न किसी तरीके से मेरे साथ जोड़े रखते हैं, पर मैं तुम्हारे विनाश का जिम्मेदार नहीं हूँ और न ही बनूँगा। यदि कभी तुम्हारी प्रजाति खत्म होती है तो यह तुम्हारे द्वारा बाकी जीव-पदार्थों के दोहन का सहज प्रतिफल होगा। दिमागी-तंत्र इस प्रतिफल का ठीकरा मेरे सिर पर रखकर फोड़ने की जुगत में रहते हैं। ये दिमागी-तंत्र तुम्हारे संभावित विनाश के लिए तुम्हारी विलासिता, महत्त्वाकांक्षा, लालसा, वासना और जीवनशैली जैसी दोषपूर्ण वजहों को जिम्मेदार ठहराते हैं, पर तुम्हारे दिमागों में इन सभी दोषों का बीज बोनेवाला मैं या तुम्हारी शरीर प्रणाली नहीं है, बल्कि ये दिमागी-तंत्र ही हैं। तुम्हारे धर्मों ने तुम्हें लालची, डरपोक, याचक, संशयी और मतांध बना दिया है। तुम्हारी अर्थव्यवस्था ने तुम्हें भोगी, विलासी, व्यभिचारी, अपव्ययी, दरिद्र, असमान और वंचित बना दिया है।

तुम्हारी राजनीति ने तुम्हें शक्तिलोलुप, कुटिल, धूर्त, विश्वासघाती, अवसरवादी, भ्रष्टाचारी, अनैतिक, परतंत्र और विद्रोही बना दिया है। तुम्हारी सामाजिक व्यवस्था ने तुम्हें असंतुष्ट, कुंठित, रूढ़िवादी और पिछड़ा बना दिया है। तुम्हारी सभ्यता ने तुम्हें दंभी, अशिष्ट, संकुचित, दीन-हीन और अमानवीय बनाया है। तुम इनसानों ने इन सारे दोषों के विपरीत गुणों को अर्जित करने के लिए दिमागी-तंत्रों का ताना-बाना बुना था, किंतु आज इन दिमागी-तंत्रों ने अपनी विशाल संरचनाओं को अटूट बनाने के लिए तुम्हारे सहज जीवन का ताना-बाना ही बिखराकर रख दिया है। दिमागी-तंत्र इस बिखराव का सारा दोष तुम्हारी इनसानी प्रवृत्ति पर ही मढ़ देते हैं और इसके निदान के लिए तुम्हें मेरे किसी न किसी प्रतिनिधि रूप के पास भेज देते हैं। चूँकि मेरे ज्यादातर प्रतिनिधि रूपों की कल्पना और निर्माण भी दिमागी-तंत्रों ने ही किया है, इसलिए तुम्हारे दोषों का पूर्ण समाधान कभी नहीं हो पाता है।

तुम इनसान अपनी पैदाइश के बाद जितने समय तक मेरी सहज व्यवस्था के संपर्क में रहते हो, उतने समय तक तुम्हारे एकल दिमाग में कोई दोष या विकार पैदा नहीं होता है। ये सारी खामियाँ तभी उभरकर सामने आने लगती हैं, जब तुम्हारे एकल दिमाग को दिमागी-तंत्रों द्वारा डाले गए सॉफ्टवेयरों से फीड किया जाने लगता है। दिमागी-तंत्र तुम्हारे बचपन के सहज डर और लालच को विकारों के विशाल वृक्ष में बदल देते हैं। इन दिमागी-तंत्रों ने तुम्हारे बालपन की सहज शरारतों और चंचलता को कुटिलता, धूर्तता और वर्चस्व की शतरंजी चालों का रूप दे दिया है। तुम अपने विनाश के कारण नहीं हो। तुम्हारी नादानी बस इतनी है कि तुम अपना शोषण-दोहन करनेवाले दिमागी-तंत्रों को ही अपना रहनुमा और पालनहार मान बैठे हो। ये दिमागी-तंत्र तुम्हारी वैचारिक संतानें हैं, इसलिए तुम इनके मोहपाश में बँधकर रह गए हो। तुम अपनी बिगड़ैल संतानों की हर बात बिना किसी विरोध-प्रतिकार के लगातार मानते आए हो। तुमने अपने उत्थान, अपने विकास, अपने सुखद भविष्य और अपने प्रजातीय जीवनकाल को सुनिश्चित करने के लिए इन दिमागी-तंत्रों को वैचारिक और संरचनात्मक रूप-आकार दिया था, पर इन दिमागी-तंत्रों ने तुम इनसानों के संभावित विनाश की पटकथा लिखना शुरू कर दिया। यदि तुम्हारी नादानी और लापरवाही का सिलसिला थोड़े समय तक और चलता रहा, तो यह पटकथा अपना अंतिम रूप ले लेगी। उस वक्त अपनी

विनाशलीला को मूकदर्शक बनकर देखने के अलावा तुम्हारे पास कोई और चारा नहीं बचेगा।

मैं हरेक जीव और पदार्थ को अपना वास्तविक प्रतिनिधि और प्रतिबिंब मानता हूँ, लेकिन तुम इस प्रतिनिधित्व और प्रतिबिंबता को स्वीकार करने से बचते रहे हो। तुम अपनी ईश्वरीय छाया से हमेशा दूर ही भागते रहे हो। तुम दिमागी-तंत्रों द्वारा बनाए गए ईश्वरों की संतान, उनके दास, उनके भक्त, उनके अनुयायी बनने के लिए खुशी-खुशी तैयार हो गए, लेकिन मेरे अस्तित्व में सहज हिस्सेदार बनना तुम्हें आज भी कबूल नहीं है। चंद इनसान खुद को ईश्वर कहने की हिम्मत दिखाते भी हैं, लेकिन उसका आधार मेरी सहज व्यवस्था में उनकी अटूट हिस्सेदारी न होकर भौतिक और मानसिक संसाधनों पर उनका मालिकाना हक होता है। तुमने धन, संपदा, यश, वैभव, सत्ता, शक्ति और बुद्धि-विवेक के अतिरिक्त संचय के आधार पर खुद को ईश्वर घोषित करने की बहुत सारी कोशिशें की हैं। तुम्हारी ऐसी कोशिशों का प्रतिकार न सिर्फ बाकी के जीव और पदार्थ करते हैं, बल्कि ज्यादातर इनसान भी करते हैं। जब तुम भौतिक समृद्धि के शिखर पर बैठकर या साम्राज्यों को खड़ा करके या अनुयायियों की फौज तैयार करके या फिर ज्ञान-कौशल की उपलब्धियाँ हासिल करके ईश्वर होने का दावा करते हो, तब उस दावे को तुम्हारी खुद की शारीरिक प्रणाली का समर्थन भी नहीं मिल पाता है।

दिमागी-तंत्रों की परिभाषाओं, धारणाओं और साधनों की आधारशिला पर खड़ा यह ईश्वरत्व तुम्हें इनसानों के बीच प्रभुत्व और वर्चस्व की लड़ाई में झोंक देता है। इस लड़ाई को धर्म-अधर्म, अच्छाई-बुराई, नैतिक-अनैतिक तथा न्याय-अन्याय के बीच का महासंग्राम घोषित करके दिमागी-तंत्र तुम्हारे प्रभुत्व की आपसी टकराहटों का लुत्फ उठाते हैं। इस महासंग्राम के नतीजे बतौर तुम्हें एक अल्पकालिक ईश्वर तो मिल जाता है, पर उसके साथ-साथ एक चिरकालिक शैतान भी मिल जाता है। यह शैतान तुम्हारे कृत्रिम ईश्वरत्व का अपशिष्ट है। इसलिए जब तक दिमागी-तंत्रों द्वारा तुम्हारी दुनिया में कृत्रिम ईश्वर तैयार किए जाते रहेंगे, तुम्हें तब तक इनके अपशिष्ट के रूप में शैतान को भी अपने जेहन में ढोते रहना होगा। जब दिमागी-तंत्र तुम्हारे लिए कृत्रिम ईश्वरों का निर्माण करते हैं तो वे

इन ईश्वरों के लिए कुछ अद्वितीय और विशिष्ट गुणों को तय करते समय कई प्रकार के विभेदों-वर्गीकरणों का सहारा लेते हैं। कृत्रिम ईश्वर के निर्माण की इस प्रक्रिया में कुछ सहज गुणों और सामान्यताओं को जान-बूझकर ईश्वरत्व के दायरे से बाहर फेंक दिया जाता है। इन फेंके गए अपशिष्टों का भंडार ही शैतान का आकार ले लेता है। शैतान असल में तुम्हारे कृत्रिम ईश्वरों का सहज प्रतिफल है। तुम इस सहज प्रतिफल को नजरअंदाज करते रहते हो और बार-बार इसे नकारने के लिए कृत्रिम ईश्वरत्व के नए-नए ढाँचे खड़े करने में दिमागी-तंत्रों के मददगार बन जाते हो। इस ढाँचे से बाहर रहनेवाले इनसानों, जीवों और पदार्थों की मूक या मुखर असहमति भी बार-बार शैतान के रूप में प्रकट होने लगती है।

मेरा सहज ईश्वरत्व किसी विरोध या समर्थन के चबूतरे पर खड़ा नहीं होता है। यह हर जीव और पदार्थ के लिए खुला है। तुम इनसानों को यह सहज ईश्वरत्व एक बंद और रहस्यमय घेरा नजर आता है, क्योंकि तुम इसे दिमागी-तंत्रों का पुतला बनकर देखते हो, एक सहज जीव बनकर नहीं। तुम मेरे सहज विस्तार में जन्म लेते हो, लेकिन दिमागी-तंत्रों का असर तुम्हारी जिंदगी को छोटे-छोटे संकरे गलियारों तक सीमित कर देता है। तुम में से हर इनसान को ईश्वर के रूप में अपनी पहचान जाहिर करने का सहज अधिकार हासिल था। तुमने दिमागी-तंत्रों के हितों के लिए खुद ही इस सहज अधिकार का परित्याग कर दिया। दिमागी-तंत्रों ने तुम्हारे इस सहज अधिकार को कुछ इनसानों के विशेषाधिकार में बदल दिया। ये दिमागी-तंत्र कभी नहीं चाहेंगे कि सारे इनसान एक साथ मिलकर मेरे सहज रूपांतरण पथ पर यात्रा करें। इसलिए दिमागी-तंत्रों ने तुम्हारी सहज चेतना को सामाजिक चेतना, वैज्ञानिक चेतना, राजनीतिक चेतना, धार्मिक चेतना, सांस्कृतिक चेतना, वर्गीय चेतना, भौतिक-आर्थिक चेतना जैसे कई पैमानों में बाँट दिया है। इन पैमानों का प्रयोग करने की वजह से तुम मेरी सूक्ष्मता और व्यापकता को मापने में हमेशा विफल होते हो। इस विफलता से पीछा छुड़ाने के लिए तुम्हें दिमागी-तंत्रों के शोरगुल से निकलकर अपनी शारीरिक प्रणाली में जीव-पदार्थों की पदचाप सुननी होगी। उनकी आवाजाही और रूपांतरण का लगातार प्रेक्षण करना होगा। तुम्हें अपनी खुद की शरीर प्रणाली में बाकी जीव-पदार्थों की गतिविधियों के साथ संगति बिठानी होगी। इसके बाद ही तुम मेरी सहज व्यवस्था के साक्षी बन पाओगे और तभी तुम खुद की ईश्वर के रूप में पुनर्वापसी करने का साहस जुटा पाओगे।

अपनी पुनर्वापसी की खबर सबसे पहले तुम्हें अपने एकल दिमाग को सुनानी है। इस खबर को सुनते ही तुम्हारा एकल दिमाग उन आदेशों-निर्देशों के प्रति उदासीन हो जाएगा, जो दिमागी-तंत्रों द्वारा लगातार तुम्हें भेजे जाते हैं। तुम्हारे एकल दिमाग की उदासीनता दिमागी-तंत्रों के प्रति तुम्हारा निष्क्रिय प्रतिरोध होगा। यह निष्क्रिय प्रतिरोध किसी भी तरह की वैचारिक या संस्थात्मक क्रांति या विद्रोह के बगैर ही तुम्हें दिमागी-तंत्रों की गुलामी से आजादी दिला देगा।

ईश्वर बनने के लिए तुम्हें किसी विशेष गुण या शक्ति की जरूरत नहीं है। तुम अपने सहज स्वभाव और सहज वृत्ति के साथ ही ईश्वर हो सकते हो। ईश्वर बनने के लिए तुम्हें चमत्कार, रहस्य, दिव्यता और आभामंडल के आकर्षण से बाहर निकलना होगा। दिमागी-तंत्रों द्वारा बनाए गए वर्गीकरण, विभेद और विभाजन ही तुम्हें ईश्वर बनने से रोक देते हैं। इसलिए तुम्हें एक सहज और सामान्य नजरिया अपनाना है। इस नजरिए को अपनाकर तुम हर जीव और पदार्थ में सिर्फ मेरी ही नहीं, बल्कि अपनी मौजूदगी भी ढूँढ़ सकोगे। तभी तुम मेरी विशालता और सूक्ष्मता को अनुभूत कर पाओगे। महान लक्ष्य, कठिन साधना, आदर्श जीवनचर्या और अभूतपूर्व उपलब्धियों के द्वारा तुम दिमागी-तंत्रों के मापदंडों पर खरे उतरनेवाले देवता, ईश्वर या उसके अवतार बन सकते हो, पर पूरी कायनात और समस्त जीव-पदार्थों का ईश्वरत्व हासिल करने के लिए तुम्हारा सहज जीव बने रहना ही काफी है। प्रत्येक इनसान के पास यह अवसर उपलब्ध है कि वह छोटे-छोटे और मामूली समझे जानेवाले कामों के जरिए खुद को ईश्वर में बदल सके। ईश्वर बनने के लिए तुम्हें किसी को हराना या मिटाना नहीं है। तुम्हें कोई नया सृजन भी नहीं करना है। जब भी तुम किसी महत्त्वहीन जीव या किसी बेकार चीज या किसी अनुपयोगी पौधे को देखकर सहज भाव से मुस्करा दोगे, उसी वक्त तुम मेरा हाथ थामकर मेरे सहज रूपांतरण मार्ग पर चलना शुरू कर दोगे। तभी तुम जान लोगे कि जिस तरह तुम मेरे अंश हो, उसी तरह मैं भी तुम्हारा हिस्सा हूँ। जिस तरह मैं तुम्हारा स्वामी हूँ, उसी तरह मैं तुम्हारा दास भी हूँ। जैसे मैं तुम्हारा पालनहार हूँ, वैसे ही मैं तुम्हारा आश्रित भी हूँ। जिस प्रकार मैं अति सूक्ष्म से लेकर अति विशाल संरचनाओं में व्याप्त हूँ, उसी प्रकार तुम भी असंख्य संरचनाओं के एक साहचर्यपूर्ण संजाल हो।

मेरी सहज व्यवस्था को महसूस करने के बाद तुम्हें यह अफसोस होगा कि किस तरह तुमने अपने साथ-साथ मुझे भी दिमागी-तंत्रों की सोच और सरोकारों की तंग कोठरी में बंद करके रखा था। सहज रूपांतरण से हर पल जुड़े रहने के कारण मेरे लिए यह कैद चंद लम्हों के बराबर थी, पर समय और स्थान के तुम्हारे पैमानों ने तुम्हारे लिए इस कैद को हजारों साल की त्रासदी में बदल दिया। फिर भी, एक बार ईश्वरत्व की अवस्था में प्रवेश करते ही तुम्हारी त्रासदी से भरी यादों का ढेर अनंत के प्रवाह में बह जाएगा। दिमागी-तंत्रों ने तुम्हारी अच्छी और बुरी यादों को तुम्हारे पैरों की बेड़ियाँ बना दिया है। इन बेड़ियों के कारण तुम अपने आप से भी मुलाकात नहीं कर पाते हो। स्मृतियाँ तुम्हारे दिमागों पर अहंकार का आवरण चढ़ा देती हैं। जब दो इनसान आपस में बातचीत करते हैं, तो उन्हें एक-दूसरे की सहज शरीर प्रणाली नजर नहीं आती, बल्कि अपना या दूसरे का अहंकार-रूपी आवरण नजर आता है। इसी आवरण को ओढ़कर एक इनसान, “मैं सब जानता हूँ, मैं सब कर लूँगा, मैं बताऊँगा, मैंने यह सब किया, मैं सब देख लूँगा, मैं सब सँभाल लूँगा”—जैसे जुमले दोहराता रहता है। इस अहंकार का प्रतिफल भी पुरानी यादों के कारण पैदा होनेवाली निराशा और हीनता के रूप में सामने आता है। इस विपरीत परिस्थिति में एक इनसान, “मैं कुछ भी नहीं जानता, मैं क्या कर पाऊँगा, मुझसे नहीं होगा, यह मेरे बस की बात नहीं है, मैं कुछ नहीं कर सका”—जैसे वाक्यों को अपनी जुबान पर रखे रहता है। दिमागी-तंत्र इन दोनों स्थितियों का भरपूर फायदा उठाते हैं। ये तुम इनसानों के बीच विभेदों की खाई को लगातार चौड़ा करते जाते हैं। तुम सक्रिय हो या निष्क्रिय, शोषक हो या शोषित, आत्मविश्वास से भरे हो या निराश, सफल हो या असफल, महान हो या साधारण, सक्षम हो या अक्षम, संतुष्ट हो या असंतुष्ट, तुम्हें हमेशा और हर परिस्थिति में दिमागी-तंत्रों के हितों को ही साधना पड़ता है। तुम चाहे शक्ति के शिखर पर बैठे हो या फिर निराशा के गर्त में हो, तुम्हारा अहंकार किसी भी तरफ से दिमागी-तंत्रों की परिधि से बाहर नहीं निकल पाता है।

जब तुम यह कहोगे कि “मैं ईश्वर हूँ”, तो तुम “ईश्वर मैं हूँ” को खुद-ब-खुद स्वीकर कर लोगे, बशर्ते तुमने ऐसा एक सहज जीव के रूप में कहा हो, न कि छोटी या बड़ी उपलब्धियाँ हासिल करनेवाले किसी इनसान के रूप में। सहज भाव

में जाकर ही तुम्हारे 'मैं' का विस्तार अनंत ब्रह्मांड में होगा। तब तुम्हारा इनसानी अहंकार ब्रह्मांड के कोने-कोने और कण-कण में बिखर रहा होगा। तब तुम्हारा अहंकार तुम्हारे शरीर, तुम्हारे जीवन, तुम्हारे अस्तित्व, तुम्हारी पहचान, तुम्हारी उपलब्धियों और तुम्हारी स्मृतियों की सीमाओं को लाँघकर मेरी सहज व्यवस्था के आँगन में प्रवेश कर जाएगा। मेरी सहज व्यवस्था में दाखिल होने के बाद तुम्हारा अहंकार चोटिल या खंडित नहीं होगा। यह तो दिमागी-तंत्रों के संकुचित दायरों को तोड़कर अपने सहज वितान को हासिल कर लेगा। इस अवस्था में खुद को ईश्वर मानने के लिए तुम्हें किसी को भी झुकाना नहीं पड़ेगा और न ही किसी और को ईश्वर मानने के लिए झुकना पड़ेगा। तुम्हारे ईश्वर बन जाने से असत्य के ऊपर सत्य की, अन्याय के ऊपर न्याय की, अंधकार के ऊपर प्रकाश की, बुराई के ऊपर अच्छाई की या अज्ञान के ऊपर ज्ञान की जीत के जैसा कोई महान लक्ष्य सिद्ध नहीं होगा। तुम्हारे ईश्वर बनने पर कुछ भी चमत्कारिक या रहस्यपूर्ण घटित नहीं होगा। तुम्हारे ईश्वर बनने के बाद किसी भी तरह का नव-निर्माण या विध्वंस नहीं होगा। तुम्हारा ईश्वर बनना किसी नए युग की शुरुआत या पुराने युग का अंत भी नहीं होगा। तुम में से प्रत्येक इनसान का खुद को ईश्वर मान लेना एक सहज और साधारण घटना होगी। तुम दिमागी-तंत्रों द्वारा थोपी गई अपनी विशिष्ट पहचान को निर्मित करने और उसे हर हाल में कायम रखने के लिए इस सहज घटना को घटने से लगातार बाधित करते रहे हो।

धर्म, राज्य, समाज, सभ्यता जैसे दिमागी-तंत्रों ने तुम्हारे एकल दिमाग में असंख्य छवियों, भावनाओं, अनुभवों और यादों को जमा कर दिया है। यह मानसिक भंडार या तो तुम्हारी शरीर प्रणाली के विखंडन यानी तुम्हारी मौत के बाद खाली होता है या फिर तुम्हारी मानसिक प्रणाली के भंग होने पर अर्थात् पागलपन की हालत में। इन दोनों स्थितियों से इतर यानी तुम्हारे स्वस्थ और सक्रिय जीवन में जब भी इस मानसिक भंडार को खाली करने, नष्ट करने या बेअसर करने की कोई भी कोशिश की जाती है, तो दिमागी-तंत्र ऐसी कोशिश को इनसानियत का सबसे बड़ा दुश्मन करार देते हैं। तुम्हारा एकल दिमाग जब तुम्हारी सहज शरीर प्रणाली के साथ जुड़ा होता है, तब यह तुम्हारे शरीर का सहयोगी अंश होता है, लेकिन जब यह किसी दिमागी-तंत्र से जुड़ जाता है, तब यह तुम्हारे खुद के शरीर के साथ तानाशाही

से पेश आने लगता है। तुम्हारे दाँत कभी-कभार तुम्हारी जीभ को ही काट लेते हैं, लेकिन ऐसा होने पर भी तुम अपने दाँतों को तोड़ते नहीं हो, बल्कि इसे एक सहज घटना मान लेते हो। दूसरी ओर एक सहज इनसान किसी धर्म या उससे जुड़ी किसी धारणा के खिलाफ दो शब्द भी बोल दे तो धर्म दिमागी-तंत्र के रूप में उस ईश्वरीय अंश को मिटाने पर तुल जाता है। कभी-कभी तुम्हारा दिमाग तुम्हें रास्ता भटका या भुला देता है, तो तुम अपने सिर को दीवार में मारकर चोट नहीं पहुँचाते हो, बल्कि इसे साधारण भूल करार देते हो, पर जब कोई सहज इनसान राजनीतिक विचारधारा से थोड़ा-सा इधर-उधर भटक जाए तो तुम्हारी राजनीतिक व्यवस्था अपने उस नागरिक का ही दमन करने पर उतारू हो जाती है। कभी-कभी तुम्हारे सिर का एक बाल टूटकर तुम्हारे खाने की प्लेट में गिर जाता है, तो तुम उस खाने को भले ही छोड़ दो, लेकिन तुम अपने सिर के सारे बाल नहीं काट देते हो, बल्कि इसे एक महत्त्वहीन घटना या गलती मानकर नजरअंदाज कर देते हो, पर तुम्हारे सहज जीवन की कोई गतिविधि जब किसी सामाजिक या सांस्कृतिक मूल्य से टकरा जाती है, तब तुम्हारा समाज या संस्कृति उस सहज गतिविधि को इनसानी सभ्यता के लिए एक कलंक घोषित कर देती है। तुम्हारी सहज क्रियाओं और गतिविधियों के प्रति तुम्हारे ही दिमागी-तंत्रों की ऐसी कठोर प्रतिक्रिया यह साबित करने के लिए काफी है कि तुम्हारे दिमागी-तंत्र पूरी तरह से कृत्रिम और संवेदनहीन हैं। तुम्हारी सहज जीवनचर्या का उनके लिए कोई महत्त्व नहीं है, क्योंकि उन्हें ऐसे मशीनी मानव चाहिए, जो उनकी हर जरूरत को आँख मूँदकर पूरा करने में जुटे रहें।

मेरी सहज व्यवस्था में मौजूद हर जीव और हर पदार्थ ने तुम इनसानों को सहज रूप से अपने रूपांतरण चक्र में भागीदार बना लिया। इन्हीं जीव-पदार्थों ने तुम्हें ध्वनि, प्रकाश, ऊर्जा, हवा, पानी, भोजन और आश्रय उपलब्ध कराया। उनका सरोकार बस इतना-सा था कि तुम एक सहज जीव के रूप में मेरी सहज व्यवस्था का हिस्सा बनकर उन जीव-पदार्थों के सहचर बन जाते, पर तुम इनसानों ने दिमागी-तंत्रों के वशीभूत होकर ज़ीवन की एक ऐसी परिभाषा गढ़ ली, जिसने उन जीवनदाता जीव-पदार्थों को सहचर की जगह अनुचर बनाकर रख दिया। तुमने अपनी जीवन को व्यवस्थित और नियोजित करने के लिए छोटे-बड़े अनेक कृत्रिम दिमागी-तंत्रों का निर्माण किया था। इन दिमागी-तंत्रों ने तुम्हें बाकी के जीव-पदार्थों

से ही नहीं, बल्कि तुम्हारी खुद की शारीरिक और मानसिक प्रणाली से भी दूर कर दिया। तुम्हें सहज रूप से उपलब्ध होनेवाले प्रकाश, ऊर्जा, पानी, हवा, भोजन और आश्रय को दिमागी-तंत्रों ने अपने कब्जे में ले लिया। अब ये जीवन के कृत्रिम साधन या स्रोत बन गए। अब तुम अपने कृत्रिम दिमागी-तंत्रों की निगरानी और नियंत्रण में कृत्रिम मुद्रा के बदले ही इन कृत्रिम साधनों-संसाधनों को हासिल कर सकते थे। दिमागी-तंत्रों ने तुम्हें भी एक सहज जीव से एक कृत्रिम जीव में बदल दिया। एक ऐसा कृत्रिम जीव, जो अपनी कृत्रिम सभ्यता को मेरी सहज व्यवस्था पर थोपने के लिए बेचैन और तत्पर है।

अपनी इस कृत्रिमता की कीमत तुम्हें अपने प्रत्येक साधन और सुविधा की एवज में लिये जानेवाले शुल्क के रूप में चुकानी पड़ती है। मेरी सहज व्यवस्था में प्रकाश और ऊर्जा की जरूरतों को पूरा करने के लिए सूरज उपलब्ध था, लेकिन तुम्हारी कृत्रिम दुनिया में एक बल्ब की रोशनी का मूल्य भी चुकाना पड़ता है। मेरी सहज व्यवस्था में उपलब्ध हवा-पानी को भी तुम्हारे कृत्रिम व्यापार का हिस्सा बनना पड़ता है। तुम्हें हवा, पानी, भोजन और आश्रय के लिए दिमागी-तंत्रों द्वारा तय की गई कीमत चुकानी पड़ती है, और तो और तुम्हें उन चीजों का मूल्य भी चुकाना पड़ता है, जिन्हें तुम मेरे लिए या मेरे नाम पर अर्पित करना चाहते हो। तुम्हें अपने आवास के साथ-साथ मेरे आवास को निर्मित करने के लिए भी धन खर्च करना पड़ता है। पूरी कायनात के किसी जीव या पदार्थ ने अपने इर्द-गिर्द ऐसा संजाल निर्मित नहीं किया है, जैसा कि तुम इनसानों ने अपने आस-पास बुना है। तुम्हारा ज्ञान-विज्ञान, तुम्हारी बुद्धि, तुम्हारा अनुभव, तुम्हारा कौशल, तुम्हारी मेहनत, तुम्हारा व्यवहार, तुम्हारी भावना और तुम्हारा विश्वास दिमागी-तंत्रों के इशारों पर चलता है। तुम्हारा संपूर्ण कृत्रिम जीवन दिमागी-तंत्रों के खूँटे से बँधा रहता है। तुम्हारा कृत्रिम जीवन धर्म के लिए, राष्ट्र के लिए, मानवता के लिए, समाज के लिए, सभ्यता के लिए, अच्छाई के लिए, आदर्शों के लिए, मूल्यों के लिए, प्रेम के लिए, सम्मान के लिए, प्रगति के लिए, पैसों के लिए दाँव पर लगाया जा सकता है, लेकिन मेरी सहज व्यवस्था के साथ घुल-मिलने के लिए इसमें मामूली-सा बदलाव करना भी तुम्हें मंजूर नहीं है।

तुम्हारा एकल दिमाग तुम्हारी सहज शरीर प्रणाली के साथ विकसित हुआ था। दिमागी-तंत्रों के शिकंजे में आने से पहले यह एकल दिमाग मेरी और तुम्हारी सहज प्रणालियों के बीच साहचर्य स्थापित करने का आसान जरिया था। जैसे-जैसे इस एकल दिमाग पर दिमागी-तंत्रों का शिकंजा कसता गया, वैसे-वैसे यह मेरी और तुम्हारी सहज प्रणालियों पर काबू करने का माध्यम बनता चला गया। हालाँकि मेरी और तुम्हारी सहज प्रणालियों के लिए यह नियंत्रण हमेशा अस्थिर और सतही बना रहता है, फिर भी दिमागी-तंत्र तुम्हारे एकल दिमाग को इस नियंत्रण पर ही फोकस बनाए रखने के लिए उकसाते रहते हैं। तुम प्रयोगशालाओं के भीतर जीवों, कोशिकाओं, ऊतकों, अणुओं, परमाणुओं और अन्य बहुत सारे सूक्ष्म जीवों एवं सूक्ष्म कणों को नियंत्रित कर सकते हो, लेकिन जैसे ही तुम्हारे द्वारा निर्मित या नियंत्रित कोई जैविक, भौतिक या रासायनिक संरचना मेरी या तुम्हारी सहज प्रणाली से जुड़ती है, उसके घटक फिर से आजाद हो जाते हैं। तुम्हारे दिमागी-तंत्र भी धार्मिक समागमों, सामाजिक आयोजनों, राजनीतिक सम्मेलनों, सांस्कृतिक समारोहों और आर्थिक सेमिनारों के माध्यम से इनसानी समूहों को लगातार नियंत्रित, संगठित और प्रशिक्षित करते रहते हैं, पर जैसे ही कोई इनसान अपनी सहज शरीर प्रणाली में वापस लौटता है, तो यह सारा नियंत्रण, संगठन और प्रशिक्षण बेअसर हो जाता है। इसलिए दिमागी-तंत्र इनसानों को ज्यादातर समय के लिए अपनी कृत्रिम दुनिया के सरोकारों और चिंताओं में उलझाए रखते हैं, ताकि इनसानों की अपने-आप से कभी गहरी मुलाकात न हो पाए।

अपनी मूलभूत सहजता को लगातार नकारने और अपने नियंत्रण के बार-बार बिखरने के बाद भी तुम्हारा एकल दिमाग ठहराव नहीं लेता है। इसके पीछे की वजह यह है कि दिमागी-तंत्र तुम्हारे एकल दिमाग के आगे-आगे विकास का लॉलीपॉप लेकर चलते हैं। उसे पीछे मुड़कर देखने या ठहरने का मौका ही नहीं दिया जाता है। अगर तुम्हारा एकल दिमाग एक पल के लिए ठहरकर पीछे देख लेता, तो उसे मालूम हो जाता कि उसके अपने पीछे उपलब्धियाँ नहीं, बल्कि उपलब्धियों के भ्रमजाल बिखरे पड़े हैं। तभी इसे यह एहसास हो पाता कि विकास की अंधी दौड़ में वह अपने पीछे विनाश के बीज छितराता आया है। तुम्हारी सहज शरीर प्रणाली तुम्हारे एकल दिमाग को पल-पल ठहरने का संकेत देती है, पर यह एकल दिमाग

अपनी खुद की प्रणाली के संकेतों और भाषा को नहीं समझ पाता है। यह दिमागी-तंत्रों की भाषा, संकेतों और निर्देशों का इतना अभ्यस्त हो चुका है कि इसे मेरी या तुम्हारी सहज प्रणाली के भाषा-संकेतों को सीखने-समझने की जरूरत ही महसूस नहीं होती है। दिमागी-तंत्रों ने तुम्हारे एकल दिमागों को सामूहिकता के धागे में पिरो दिया है। तुम्हारे निजी फैसले केवल नाम के लिए निजी होते हैं। उन निजी फैसलों का आधार हमेशा सामूहिक होता है। तुम निजी धार्मिक आस्था की बात करते हो, लेकिन तुम उसी धर्म स्थल पर जाना चाहते हो, जहाँ अनुयायियों की भारी भीड़ इकट्ठा होती है। तुम राजनीति में निजी सैद्धांतिक निष्ठा की बात करते हो, लेकिन तुम उसी नेता को चुनते हो, जो लाखों की भीड़ को अपने भाषणों से लुभाता है। तुम निजी आचरण की बात करते हो, लेकिन तुम उसी सामाजिक व्यवहार को अपनाते हो, जिसे इनसानों का एक बड़ा तबका सभ्यता और परंपरा के अनुकूल पाता है। तुम सत्य को निजी स्तर पर खोजने की बात करते हो, लेकिन आखिर में उसी सत्य को मान्यता देते हो, जिसे इनसानों का बहुमत अपनी मान्यता देता है। तुम आर्थिक निर्भरता की बात करते हो लेकिन उसी उत्पाद को पसन्द करते हो, जिसका उपभोग अधिकतर इनसान देखा-देखी या फैशन के तौर पर करते हैं। तुम एकांत के आनंद की बात करते हो, लेकिन तुम्हें ऐसी मनोरंजक गतिविधि या प्रदर्शन में मजा आता है, जो करोड़ों लोगों के भीतर जुनून और उल्लास पैदा करता हो।

तुम्हारी सामूहिक चेतना तुम्हारे एकल दिमाग को न तो सूक्ष्मता के छोर तक पहुँचने देती है और न ही व्यापकता के आकाश में विचरने देती है। यह अस्तित्व को सीमाओं में जकड़ने की कोशिश करती रहती है। दिमागी-तंत्रों ने इन्हीं सीमाओं के आधार पर तुम्हारे जीवन को इनसानी अतीत के पन्नों तक समेटकर रख दिया है। तुम इनसान जिंदगी और मौत के बंधनों से आजाद होकर जीवन के लगातार बदल रहे रूपों को देखने और महसूस करने की काबिलियत हासिल करने में नाकाम रहे हो। मौत तुम्हारे खात्मे की निशानी बन गई है। मृत्यु की आशंका और डर में लगातार जीने की वजह से तुमने पीढ़ी-दर-पीढ़ी हस्तांतरण को इनसानी सभ्यता के विकास का जरिया बना लिया है। दिमागी-तंत्रों ने तुम्हें इस भ्रामक विश्वास में रखा है कि पीढ़ी-दर-पीढ़ी हस्तांतरण के द्वारा तुम अपने ज्ञान-विज्ञान, अपनी सभ्यता, अपने विकास की धरोहर को बचाकर रख सकते हो, पर मेरी सहज व्यवस्था के

रूपांतरण चक्र पर नजर डालते ही तुम्हारा यह भ्रामक विश्वास टूट जाएगा। तभी तुम जान पाओगे कि जो तुम एक पीढ़ी से दूसरी पीढ़ी तक पहुँचाने की कोशिश कर रहे हो, वह तुम्हारे सहज गुणों, विशेषताओं, अनुकूलन क्षमताओं और साहचर्यपूर्ण नजरिए का हस्तांतरण नहीं है, वह तो दिमागी-तंत्रों के मूल्यों, परंपराओं, सिद्धांतों, आचारों, व्यवहारों, धारणाओं, संरचनाओं और संस्थाओं का हस्तांतरण है। इस हस्तांतरण के द्वारा तुम अपने संकटों को, अपनी मुसीबतों को, अपनी समस्याओं को, अपनी त्रासदियों को एक नई विकरालता के साथ अगली इनसानी पीढ़ी के सुपुर्द कर देते हो।

तुम्हारी इमारतें, तुम्हारी मशीनें, तुम्हारी संस्थाएँ, तुम्हारे उत्पाद, तुम्हारे साधन, तुम्हारी सुविधाएँ, तुम्हारी बस्तियाँ, तुम्हारे कारोबार, तुम्हारे उद्यम, तुम्हारी जीवन-शैलियाँ और तुम्हारी तमाम कारगुजारियाँ दिमागी-तंत्रों के लिए विकास और समृद्धि का सूचक हो सकती हैं, लेकिन मेरे लिए यह सब एक अलग-थलग और उन्मादी जीव-प्रजाति का उत्पात मात्र है। तुम्हारे इस उत्पात और हरकतों से सारे जीव और पदार्थ त्रस्त आ चुके हैं। तुम्हारे इस उत्पात का सहज प्रतिफल तुम्हारी बनाई दुनिया को पल भर में मिटा सकता है। यह प्रतिफल विनाश और बर्बादी की शक्ल में कभी भी तुम्हारे सामने आ सकता है। तुम इस प्रतिफल से जितना दूर भागोगे या इसे टालने के लिए जितना संघर्ष करोगे, यह उतनी ही तेजी और फैलाव के साथ तुम्हें अपने आगोश में ले लेगा। समूल विनाश से बचने का तुम्हारे पास एक ही तरीका है कि तुम इस सहज प्रतिफल को धीरे-धीरे कबूल करना शुरू कर दो। तुम्हें इस सहज प्रतिफल को अपनी मर्जी से भोगने की आदत और स्वभाव विकसित करना होगा। अपने कर्मों के प्रतिफल से बचने की छोटी-छोटी चालाकियाँ और कुटिलताएँ इस प्रतिफल के बोझ को लगातार बढ़ाती आ रही हैं। इसलिए तुम्हें अब बहानेबाजी और टालमटोल का रवैया छोड़ना ही होगा। तुम बुद्धि, विवेक, श्रेष्ठता, न्याय, नैतिकता और व्यवस्था के तटबंधों द्वारा प्रतिफलों की बाढ़ को ज्यादा लंबे समय तक अपने काबू में नहीं रख सकते। इस बाढ़ से बचने के लिए तुम्हें सहजता की नाव में सवार होना होगा। किसी आपदा की स्थिति में एक इनसान को अपना जीवन बचाने के लिए कभी-कभी अपना घर-बार, अपनी धन-संपत्ति, अपना गाँव-शहर, अपने सगे-संबंधी और दोस्तों को छोड़कर जाना पड़ता है। इसी प्रकार अपनी इनसानी

नस्ल को बचाने के लिए तुम्हें अपनी सभ्यता, अपनी संस्कृति, अपनी राजनीति, अपने समाज, अपनी अर्थव्यवस्था, अपने धर्म और अपनी श्रेष्ठ विरासत का मोह त्यागना होगा। सहज जीवन की नाव में सैर करते हुए तुम यह बात बहुत जल्दी जान-समझ लोगे कि तुम्हारी कृत्रिम दुनिया इकलौती या आखिरी नहीं थी। तुम्हारे दिमागी-तंत्रों द्वारा रची गई कृत्रिम दुनिया के बाहर और भीतर अनगिनत संसार मौजूद हैं। दिमागी-तंत्रों के चश्मों से ये असंख्य दुनियाएँ तुम्हें दिखाई नहीं पड़ती हैं। अपनी कृत्रिम दुनिया का मोह त्यागने के बाद इन असंख्या दुनियाओं के दरवाजे तुम्हारे लिए अपने-आप ही खुलते चले जाएँगे।

दिमागी-तंत्रों ने तुम्हें इतना संकीर्ण और अहं-केंद्रित बना दिया है कि तुम अपनी कृत्रिम दुनिया के अलावा किसी दूसरी दुनिया के वजूद को स्वीकार ही नहीं कर पाते हो। दिमागी-तंत्रों द्वारा पोषित तुम्हारा अहं तुम इनसानों को न केवल दूसरी दुनियाओं से अलग-थलग करता है, बल्कि तुम्हें अपनी खुद की शरीर-प्रणाली से भी काटकर रख देता है। तुम्हारे इस खोखले अहंकार का आधार दिमागी-तंत्रों की मान्यताओं, कसौटियों और मूल्यांकनों पर टिका है। यदि तुम्हें एक सहज इनसान या ईश्वर होने का घमंड होता तो ऐसा घमंड मुझे, कुदरत को, जीव-पदार्थों को, समूचे ब्रह्मांड को सहज स्वीकार्य होता, पर तुम्हारा अहंकार तो उस पद, प्रतिष्ठा, सम्मान, धन-संपदा, समृद्धि, प्रसिद्धि, महानता, नैतिकता, ज्ञान-विज्ञान, बुद्धिमत्ता, कुशलता और अनुभव से पैदा होता है, जो दिमागी-तंत्रों के मापदंडों पर निर्भर है। मैं तुम्हें उस वक्त अहंकारी नहीं मानता जब तुम खुद को ईश्वर को घोषित करते हो, क्योंकि उस वक्त तुम ईश्वर बनकर मेरी सहज व्यवस्था में साझेदार बन जाते हो। उस वक्त तुम अपने इनसानी वजूद को सभी जीव-पदार्थों के वजूद में घोल देते हो। मगर जब तुम खुद को सिर्फ इसलिए ईश्वर घोषित करते हो कि तुम दिमागी-तंत्रों के निर्देशों को मानते हुए सारे जीव-पदार्थों पर अपने नियंत्रण और प्रभुत्व का दावा कर सको, तो फिर मैं और बाकी सारे जीव-पदार्थ तुम्हारे अहंकार को चूर-चूर करने का तरीका जरूर खोज लेते हैं।

तुम धार्मिक, आध्यात्मिक, नैतिक, राजनीतिक, सामाजिक या वैधानिक अधिकार के रूप में ईश्वरत्व का दावा नहीं कर सकते। यह तुम्हारा कुदरती हक है,

तुम्हारी नियति है, तुम्हारी सहज वृत्ति है, तुम्हारा सहज कर्म है। जब तुम ईश्वरत्व को इनसानी एकाधिकार के रूप में हासिल करने की कोशिश करते हो, तब तुम्हें दिमागी-तंत्रों द्वारा हस्तसाधित एक कृत्रिम ईश्वरत्व हासिल होता है। यह कृत्रिम ईश्वरत्व दिमागी-तंत्रों की सीमाओं को कभी लाँघ नहीं पाता है। जब तुम सभी प्रकार की धारणाओं, मान्यताओं और बंदिशों से आजाद होकर एक सहज जीव के रूप में ईश्वरत्व की अवस्था में दाखिल होते हो, तब तुम्हारे भीतर ऐसी कोई उठा-पटक, कोई क्रांति, कोई ऊर्जा, कोई चेतना, कोई अनुभूति और कोई ऐसा परिवर्तन पैदा नहीं होता है, जो तुम्हारे भीतर किसी तरह के अहंकार का कारण बने। यह ईश्वरत्व तुम्हारे भीतर कुछ भी घटने या होने का एहसास नहीं जगाता है। यह तुम्हें विशिष्टता या महानता की कोई उपलब्धि नहीं दिलाता है। ईश्वरत्व का यह सहज बोध तुम्हें कोई भी ऐसी गुण-विशेषता, कोई भी ऐसी शक्ति, कोई भी ऐसा अधिकार, कोई भी ऐसा उत्तरदायित्व प्रदान नहीं करता है, जिसे पाकर तुम इठला सको या अभिभूत हो सको। ईश्वर होने का सहज बोध तुम्हें साहचर्य के एक ऐसे संसार में ले जाता है, जहाँ तुम सारे जीव-पदार्थों को उनके संरचनात्मक और धारणात्मक विभेदों के बिना भी देख सकते हो। ईश्वर बनते ही तुम्हारी नजर इतनी सूक्ष्म और व्यापक हो जाती है कि तुम जीव-पदार्थों की तमाम संरचनाओं और संजालों के आर-पार देख सकते हो। यही दृष्टि तुम्हें सारे जीवों और सारे पदार्थों के बीच उस साहचर्य और साम्य को दिखाती है, जो मेरी सहज व्यवस्था का आधार है।

ईश्वर के इस सहज बोध को हासिल करने के बाद तुम्हें किसी बुराई, किसी अत्याचार, किसी अन्याय, किसी असत्य, किसी पाप, किसी अंधकार और किसी शैतान से लड़ने या उसे खत्म करने की जरूरत नहीं पड़ेगी, क्योंकि मेरी सहज व्यवस्था में साम्य और विरोध एक-दूसरे के पूरक बनकर साहचर्य स्थापित करते हैं। साम्यता और विषमता के पहिए मेरे रूपांतरण चक्र को आगे बढ़ाते हैं। तुम में से कोई इनसान जब खुद को ईश्वर घोषित करता है, तब मैं या कुदरत का कोई दूसरा जीव या पदार्थ उस इनसान से ईश्वर होने का सबूत या औचित्य नहीं माँगता है। तुम्हारे खुद के बनाए हुए दिमागी-तंत्र उस इनसान से प्राधिकार के साथ ईश्वर होने का प्रमाण माँगते हैं। दिमागी-तंत्र उस इनसान से उन चमत्कारों को दिखाने, उन शक्तियों को प्रदर्शित करने और उन रहस्यों से पर्दा उठाने के लिए कहते हैं, जिनको

दिमागी-तंत्रों ने इनसानों के आदर्श ईश्वर के साथ कृत्रिम रूप से जोड़ दिया है। धर्मों ने आदर्श ईश्वर को अनिवार्य, लेकिन दुर्लभ बना दिया है। राजनीति ने आदर्श ईश्वर को उपयोगी, लेकिन अनावश्यक बना दिया है। अर्थव्यवस्था ने आदर्श ईश्वर को बिकाऊ, लेकिन महत्त्वहीन बना दिया है। सभ्यता ने आदर्श ईश्वर को रहस्यमयी, लेकिन अदृश्य ताकत बना दिया है। समाज ने आदर्श ईश्वर को प्रतिबद्ध, लेकिन ऐच्छिक बना दिया है। नैतिकता ने आदर्श ईश्वर को न्यायकर्ता, लेकिन अंधा-गूँगा-बहरा बना दिया है।

दिमागी-तंत्रों द्वारा कल्पित आदर्श ईश्वर के जैसा कोई आदर्श मुझमें निहित हो, ऐसा जरूरी नहीं है, क्योंकि मेरा जुड़ाव, मेरा संवाद, मेरा सरोकार सृष्टि के प्रत्येक जीव और पदार्थ से है। अगर मैं दिमागी-तंत्रों के आदर्शों को ओढ़ लूँगा, तो मैं अपनी व्यापकता और सूक्ष्मता को पल भर में खो दूँगा। दिमागी-तंत्र के अपने आदर्शों की आड़ लेकर ईश्वर के साथ-साथ तुम इनसानों को भी अपने चश्मे से सृष्टि को दिखाना चाहते हैं, पर दिमागी-तंत्रों का चश्मा मुझे वह दृष्टि-परास नहीं दे सकता, जिसमें सृष्टि के कण-कण को उसी सूक्ष्मता और विशालता के साथ निरपेक्ष रूप से देखा जा सके। मेरे पास तो कोई चश्मा है ही नहीं, क्योंकि मेरी नजर में कोई खराबी पैदा नहीं हुई है। इसलिए मैं तुम्हें भी कोई ऐसा चश्मा नहीं दे सकता, जिसे पहनकर तुम मेरी तरह से देख पाते। मैं तो तुम्हें केवल निरपेक्ष दृष्टिकोण दे सकता हूँ, जिसे अपनाना या न अपनाना तुम्हारे हाथों में है।

तुम्हारे दिमागी-तंत्रों ने कुछ ज्ञानी और बुद्धिमान इनसानों के जरिए मुझे भी तरह-तरह के चश्मे पहनाने का प्रयास किया है, पर वे इनसान उन चश्मों को पहनाने और टिकाने के लिए मेरी आँख, नाक और कान को नहीं खोज पाए। थक-हारकर उन्होंने उन चश्मों को खुद ही पहन लिया और आदर्श ईश्वर के प्रतिनिधि बन गए। इन्हीं प्रतिनिधियों की सीमित उपलब्धियों और अधूरी आकांक्षाओं ने दिमागी-तंत्रों को मेरे वजूद का सबूतनामा माँगने का प्राधिकार दे दिया। दिमागी-तंत्रों के इस प्राधिकार का सबसे बड़ा स्रोत बहुमत है, जिसे इनसानों की भारी तादाद ईश्वर के रूप में स्वीकार कर ले, उसे ही दिमागी-तंत्र ईश्वरत्व का प्रमाण-पत्र जारी कर देते हैं, पर यह बहुमत ईश्वर को स्वीकारने के

लिए उन्हीं पैमानों का सहारा लेता है, जो दिमागी-तंत्रों द्वारा निर्धारित हैं। इसलिए अधिकतर इनसान खुद के ईश्वर होने की सच्चाई को मन ही मन में दबा देते हैं, क्योंकि बहुमत की स्वीकृति पाना उन्हें असंभव लगता है। दिमागी-तंत्रों द्वारा लादी गई श्रेष्ठता और हीनता के बीच पैदा होनेवाले अंतर का बोझ उठा पाना उनके लिए काफी मुश्किल हो जाता है। खुद के ईश्वर होने की कल्पना ही उनके लिए एक पाप बन जाती है, लेकिन अब मैं तुम्हें आश्वस्त करता हूँ कि तुम खुद को ईश्वर मानने के लिए किसी बहुमत या सबूत की परवाह मत करना। अगर तुम ऐसा करनेवाले अकेले इनसान हो, तो भी पूरी सृष्टि का बहुमत तुम्हारे पक्ष में ही होगा। तुम इस बात को हमेशा अपने एकल दिमाग में रखना कि कायनात के सारे जीव-पदार्थों के बीच ताकत, तादाद, असर और फैलाव के आधार पर इनसानों की हिस्सेदारी 100 में से 1 प्रतिशत तक भी नहीं पहुँच सकती। अब 1 प्रतिशत से कम हिस्सेदारीवाले एक जीव द्वारा निर्मित दिमागी-तंत्र मेरे होने या न होने का प्रमाण-पत्र जारी करते हैं, तो कायनात का बहुमत इसे एक सनकीपन के अलावा कुछ नहीं मानता है। इसलिए अब तुम इस बात की चिंता मत करना कि दिमागी-तंत्रों से प्रभावित लोग तुम्हें ईश्वर की बजाय सनकी या पागल ठहरा देंगे। जब तुम मेरे रूपांतरण पथ पर अकेले ही सहज रूप से चलते रहोगे, तो देर-सवेर बाकी इनसान भी दिमागी-तंत्रों के प्रभाव-क्षेत्र से बाहर झाँकना शुरू कर देंगे। तुम्हें बस अपने सहज ईश्वरत्व को जीते रहना है। इसे किसी श्रेष्ठता, शक्ति, क्षमता, योग्यता, सत्यता, नैतिकता, प्रतिष्ठा या बौद्धिकता के दायरे में सीमित करने की कोशिश मत करना। अगर तुमने ऐसी कोशिश की तो तुम एक पल गँवाए बिना ही फिर से एक कृत्रिम इनसानी मशीन में बदल जाओगे। तुम जितने समय तक और जितनी तादाद में सहज ईश्वरत्व को जीने लगोगे, इनसानों के ईश्वर में बदलने और दिमागी-तंत्रों से आजाद होने का सिलसिला उतनी ही तेजी और विस्तार के साथ आगे बढ़ता जाएगा। इनसान से ईश्वर में रूपांतरित होने के बाद तुम किसी दूसरे इनसान को यह एहसास मत होने देना कि तुम्हारा ईश्वर होना उसके दास, हीन, पापी, अन्यायी, मूर्ख, झूठा या अधर्मी होने की निशानी है। तुम्हें ईश्वर में बदलता देखकर तुम्हारे आस-पास के इनसानों को उस साहचर्य की झलक दिख जानी चाहिए, जो उनमें भी ईश्वर होने की सहज भूख पैदा कर दे।

ईश्वर बनने के बाद तुम धर्म, समाज, राज्य जैसे दिमागी-तंत्रों की वैचारिक धारणाओं और संस्थात्मक प्रतीकों से मत टकराना। तुम्हें तो बस इन धारणाओं और प्रतीकों पर चढ़ाई गई विशिष्टता की परत को अपने एकल दिमाग से हटा देना है। विशिष्टता की परत के हटते ही ये धारणाएँ और प्रतीक तुम्हारे लिए सहज-साधारण बन जाएँगे। तुम दिमागी-तंत्रों के पक्ष में लड़ो या उनके विपक्ष में, दोनों स्थितियों में फायदा दिमागी-तंत्रों को ही पहुँचता है। इसकी वजह यह है कि दिमागी-तंत्रों ने तुम्हारी लड़ाई के स्वरूप, लड़ाई के तरीकों और लड़ाई के मकसदों को तुम्हारी बजाय अपने वजूद की जरूरतों के हिसाब से तय करके रखा है। तुम अपनी आपसी लड़ाइयों में जीतकर या हारकर दिमागी-तंत्रों के चंगुल से बाहर नहीं आ सकते। तुम अपने एकल दिमाग में से उनके वजूद को नकारकर ही अपनी सहज मुक्ति हासिल कर पाओगे। दिमागी-तंत्रों के वजूद को नकारने के लिए तुम्हें अपने एकल दिमाग में मेरे सहज अस्तित्व को जगह देनी होगी। तुम्हारे एकल दिमाग में से दिमागी-तंत्रों के वजूद को निकाल देने के बाद खाली होनेवाली जगह को भरनेवाला एकमात्र विकल्प मैं ही हूँ। खुद को ईश्वर में ढालना अब तुम्हारे लिए ऐच्छिक, बाध्यकारी या आदर्शात्मक नहीं है, बल्कि यह तुम्हारी उत्तरजीविता के संघर्ष का आखिरी पड़ाव है। तुम अपने ही बनाए हुए दिमागी-तंत्रों के हाथों अपना नामोनिशान मिटा लो या फिर खुद को ईश्वर में बदलकर अपने सहज जीवन को दोबारा हासिल कर लो, यह चुनाव तुम्हें ही करना है।

तुम्हारे ईश्वर में बदलने के बाद तुम्हारे द्वारा बनाए गए संरचनात्मक ढाँचे नष्ट नहीं होंगे, तुम्हारी गतिविधियाँ शांत नहीं होंगी और तुम्हारा जीवन-प्रवाह बाधित नहीं होगा। ईश्वर होने के बाद संरचनाओं, कर्मों और जीवन से जुड़ी तुम्हारी धारणाएँ, आसक्तियाँ, भय और शंकाएँ जरूर मिट जाएँगी। ईश्वर होने के बाद तुम्हारा अधूरापन खत्म होगा, जिससे तुम्हारी लालसाएँ अपने आप ही तुम्हारी उपलब्धियों में विलीन हो जाएँगी। जब तुम्हारे पास उपलब्धियों और लालसाओं का हिसाब-किताब ही नहीं होगा, तब तुम्हारे बीच के विभेद और संघर्ष भी कोई निश्चित आकार नहीं ले पाएँगे। निश्चित आकारवाले इन विभेदों और संघर्षों की गैर-मौजूदगी में तुम्हारा सहज जीवन-प्रवाह साहचर्य की उस नदी से जुड़ जाएगा, जो आखिरकार तुम्हें मेरे सहज रूपांतरण के अनंत सागर में उड़ेल देगी। इस अनंत

सागर में उतरने के बाद तुम किसी भी नाम, रूप और पहचान को साथ लेकर जीना, फिर भी अनंत सागर के रूप में तुम्हारी मूल पहचान कभी नहीं मिट पाएगी और तुम सदा के लिए ईश्वर ही रहोगे।

मैं तुम्हारे धर्म-स्थलों, धर्म-शास्त्रों, साहित्य, इमारतों, मशीनों और साजो-सामान को नष्ट या रूपांतरित करना नहीं चाहता हूँ। ये सब तो संशोधित पदार्थों के रूप में भी मेरी सहज व्यवस्था के रूपांतरण चक्र का अटूट हिस्सा हैं। रूपांतरण की प्रक्रिया में एक भव्य इमारत या धर्मस्थल खुद-ब-खुद एक खँडहर में तब्दील हो जाता है। समय के प्रवाह में एक किताब या पवित्र ग्रंथ के पन्ने भी धीरे-धीरे जर्जर हो जाते हैं, रूपांतरण का सतत चक्र मशीनों और साजो-सामान को भी कबाड़ में बदल देता है। इसलिए जो चीजें स्वत: रूपांतरित हो रही हैं, उन्हें बदलने की मेरी या तुम्हारी कोशिश बेकार ही साबित होगी। तुम्हें तो मेरे साथ मिलकर उन धारणाओं, मान्यताओं, सिद्धांतों, रूढ़ियों, परिपाटियों को रूपांतरण के सहज प्रवाह में लेकर आना है, जो दिमागी-तंत्रों द्वारा निर्मित खांचों में फँसकर रह गई हैं। दिमागी-तंत्रों ने वैचारिक रूपांतरण की प्रक्रिया को वस्तुओं और भौतिक संरचनाओं के रूपांतरण की तुलना में बहुत ही धीमा कर दिया है। राजनीतिक, सामाजिक, धार्मिक और आर्थिक दिमागी-तंत्रों से जुड़ी असंख्य प्रतीकात्मक वस्तुएँ और इमारतें तो निर्माण-ध्वंस के चक्र से होकर गुजर जाती हैं, लेकिन इनसे जुड़ा एक विचार, धारणा या मान्यता तुम्हारे दिमागों में लगातार बनी रहती है। सबसे अजीब बात यह है कि सारे दिमागी-तंत्र इस अडिगता को, इस ठहराव या रुकावट को इनसानी सोच की श्रेष्ठ विरासत के तौर पर तुम्हारे दिमाग के भीतर संरक्षित रखने में कामयाब रहे हैं। एक ही मताग्रह, एक ही विचार, एक ही विचारधारा, एक ही धारणा, एक ही सिद्धांत, एक ही मान्यता, एक ही कार्यशैली, एक ही जीवन पद्धति से ताजिंदगी चिपके रहना तुम्हारे लिए आस्था, निष्ठा, विश्वास, अनुशासन और आदर्श चरित्र की कसौटी बन गया है। तुम एक लगातार बदल रहे ब्रह्मांड में, एक निरंतर गतिशील सौरमंडल और एक सतत परिवर्तन से गुजर रहे ग्रह के चलते-फिरते जीव थे। आज दिमागी-तंत्रों ने तुम्हारे दिमागों को इतना स्थिर और जड़वत् बना दिया है कि तुम सृष्टि के सबसे धीमे और लापरवाह जीव बन गए हो। अपनी इनसानी सभ्यता की चमक-दमक

को तुम भले ही अपनी सक्रियता का सबूत मान लो, लेकिन अपने जीवन को कुदरत और मेरी सहज व्यवस्था के अनुकूल ढालने में तुमने जितनी सुस्ती दिखाई है, उतनी किसी और जीव-पदार्थ ने नहीं दिखाई।

तुम भविष्य के एक हजार सालों तक जीवन जीने का ठोस आधार न तो बना सकते हो और न ही उसकी स्पष्ट रूप-रेखा खींच सकते हो। इसकी मूल वजह यही है कि दिमागी-तंत्रों ने तुम्हारे एकल दिमाग को भविष्य और वर्तमान की बजाय लगातार भूतकाल की ओर धकेला है। तुम्हें अपनी प्रजाति का एक लाख साल पुराना इतिहास ज्ञात है, लेकिन भविष्य के सौ साल बाद के जीवन की कोई निश्चित परिकल्पना तुम्हारे पास नहीं है। दिमागी-तंत्रों ने अपने वजूद को तुम्हारे दिमागों में जिंदा रखने के लिए तुम्हें अतीत और विरासत की यादों को कुरेदने का आदी बना दिया है। तुम्हारी मनोदशा इस तरह निर्धारित कर दी गई है कि तुम अपने अतीत को लाख विसंगतियों के बावजूद अपने गर्व और गौरव का प्रतीक मानते रहते हो। तुम वर्तमान को जीने और भविष्य में समायोजित होने की कोशिश ही नहीं करते हो। इसके बजाय तुम या तो अतीत का गुणगान करते हो या फिर अतीत की परेशानियों का रोना रोते रहते हो। एकदम निकट वर्तमान में तुम्हारे आस-पास जो घटित हो रहा होता है, तुम उस पर नजर भी नहीं डालते। तुम तो बीते हुए समय की घटनाओं के विश्लेषण में उलझे रहते हो। सहज रूपांतरण चक्र से लगातार अलग-थलग बने रहने के कारण तुम्हारा एकल दिमाग तुम्हारे शरीर के रूपांतरण से भी अनजान बना रहता है। दिमागी-तंत्र तुम्हारे एकल दिमाग की क्षमता को सूचनाओं एवं तथ्यों के भार से कुंद कर देते हैं। तुम्हारे एकल दिमाग की क्षमता दिमागी-तंत्रों की चौतरफा घेराबंदी में संकुचित होकर रह गई है। तुम इतिहास के तथ्यों और अतीत की स्मृतियों को दोहराते-दोहराते कुएँ के मेंढक बन गए हो। कुएँ का मेंढक भी कुएँ के भीतर उछल-कूद करते-करते जमीन और पानी, दोनों में जीवन जीने का तरीका सीख गया है, लेकिन धरती से अंतरिक्ष तक भटकनेवाली तुम्हारी प्रजाति अभी तक कुदरत के साथ तालमेल से जीने का सलीका नहीं सीख पाई है।

तुम जीवन को उसकी समग्रता, संपूर्णता, सूक्ष्मता और विस्तार में नहीं देख पाते हो। इसका कारण यह है कि तुम केवल उन्हीं साधनों-संसाधनों पर भरोसा करते

हो, जिन्हें तुमने दिमागी-तंत्रों के संरक्षण और सहायता से विकसित या निर्मित किया है। तुम्हें अपने धर्मों, धर्मगुरुओं, धर्मशास्त्रों, राजनेताओं, राजनीतिक विचारधाराओं, राजनीतिक तंत्रों, सामाजिक मूल्यों, प्रथाओं, अर्थतंत्रों, मुद्राओं, वैज्ञानिक सिद्धांतों, वैज्ञानिक उपकरणों और वैज्ञानिकों पर ही विश्वास है, क्योंकि तुम इन्हें खुद के द्वारा निर्मित मानते हो। जहाँ तक मैं दिमागी-तंत्रों के हितों का पोषण करता हूँ, वहाँ तक ही तुम्हें मेरा वजूद स्वीकार होता है, जैसे ही मैं तुम्हारे दिमागी-तंत्रों की सीमाओं से बाहर निकलता हूँ, तुम मेरे वजूद पर भी संशय करने लगते हो।

तुम मुझे जगत् का नियंता मान तो लेते हो, लेकिन तुम्हें अपने राजनीतिक तंत्रों का नियंत्रण ही स्वीकार्य होता है। तुम मुझे अंतिम न्यायाधीश मान तो लेते हो, लेकिन सजा और माफी को अपने कानूनों के अनुसार ही तय करते हो। तुम मुझे सर्वदाता मान तो लेते हो, लेकिन सारे लेन-देन अपनी मुद्राओं और वस्तुओं के माध्यम से ही करते हो। तुम मुझे सर्वज्ञाता मान तो लेते हो, लेकिन अपने ज्ञान-विज्ञान के तथ्यों और सिद्धांतों को ही वास्तविक मान्यता देते हो। तुम मुझे सर्वव्यापी मान तो लेते हो, लेकिन मुझे अपने धर्मस्थलों और धर्मशस्त्रों की हदों से बाहर नहीं जाने देते हो। तुम मुझे सर्वशक्तिमान मान तो लेते हो, लेकिन शक्ति का निर्धारण मानव-निर्मित हथियारों, सेनाओं और संसाधनों की उपलब्धता के आधार पर ही करते हो। तुम मुझे निराकार और अलौकिक मान तो लेते हो, लेकिन मेरे छविचित्रों और परलोकों का निर्माण अपनी कल्पना से ही करते हो। तुम मुझे दयालु-कृपालु और कल्याणकर्ता मान तो लेते हो, लेकिन कृपा, दया और कल्याण का वितरण खुद के तंत्रों द्वारा ही करते हो। तुम मुझे संपूर्ण सृष्टि का स्वामी मान तो लेते हो, लेकिन मेरे प्रभुत्व और स्वामित्व को केवल इनसानी सरोकारों तक सीमित कर देते हो।

अपने इस दोहरेपन के साथ तुम खुद को मेरी सहज व्यवस्था का अभिन्न हिस्सा कभी महसूस नहीं कर पाओगे। तुम्हारे लिए इससे बेहतर यह होता कि तुम मेरे वजूद की कल्पना ही नहीं करते। तुम मेरे वजूद को अपने खयालों में लाए बिना ही बाकी जीव-पदार्थों के साथ साहचर्य कायम करते हुए अपना सहज जीवन जी सकते थे। तुम्हारी बेतहाशा बढ़ती जरूरतों ने तुम्हें साहचर्य और सहज जीवन की बजाय बाकी जीवों के शोषण पर टिकी कृत्रिम व्यवस्थाओं की ओर मोड़ दिया।

सहज साहचर्य से बचने के लिए तुमने अपनी कल्पनाओं और परिकल्पनाओं में मुझे शामिल तो कर लिया, लेकिन मेरे वजूद को जानने-समझने की कोशिश में सत्य-असत्य, विश्वास-अविश्वास, नैतिक-अनैतिक, तर्क-आस्था के तराजुओं में ही झूलते रहे। मेरे अस्तित्व की निरंतर बहती धारा में उतरने के बजाय तुम दूर खड़े रहकर धारा का निरीक्षण-परीक्षण-विश्लेषण करने में जुट गए। मेरे नाम पर सत्य की सौगंध खानेवाले तुम इनसानों के लिए मैं हमेशा असत्य की चादर में ही लिपटा रहा हूँ।

मेरे वजूद पर चोट करनेवाले इनसान वे नहीं हैं, जो मेरे वजूद को सिरे से ही नकार देते हैं। मुझे तो वे इनसान चोट पहुँचाने की कोशिश करते हैं, जो धर्म, समाज, राजनीति, जाति, सभ्यता जैसे दिमागी-तंत्रों के रोबोट बनकर मेरे अस्तित्व की काल्पनिक चीर-फाड़ करते हैं। ऐसा करते वक्त तुम यह भूल जाते हो कि इस चीर-फाड़ का दर्द मुझे नहीं, बल्कि तुम्हारे कृत्रिम ईश्वरों को सहना पड़ता है। तुम्हारे दिमागी-तंत्रों की कोख से पैदा हुए कृत्रिम ईश्वरों को ही तुम्हारी ज्यादती का शिकार बनना पड़ता है। तुम दिमागी-तंत्रों द्वारा निर्मित देवताओं, दिव्य प्रतीकों और ईश्वरों पर जितनी श्रद्धा, विश्वास, आस्था और प्रेम लुटाते हो, उससे कई गुना तुम उनका शोषण कर लेते हो। वे तुम्हारे दिमागी-तंत्रों की चहारदीवारी में घुटकर रह जाते हैं। एक लालची और भयभीत प्रजाति के दिमागों में अपने वजूद का उपजना ही उनकी त्रासदी बन जाती है। दिमागी-तंत्र इन कृत्रिम ईश्वरों को तुम्हें डराने और ललचाने का खिलौना बना लेते हैं। ये कृत्रिम ईश्वर दिमागी-तंत्रों की कुटिलता और तुम्हारे एकल दिमाग की लाचारी के बीच अवाक् बने रहते हैं। तुम इनसानों को मुक्ति प्रदान करने के लिए बनाए गए ये ईश्वर आज तुम इनसानों से मुक्ति पाने की राह देख रहे हैं। तुम्हारे तर्कों और आस्थाओं की परस्पर खींचतान में इन देवताओं और ईश्वरों के वजूद का मूर्त-अमूर्त ढाँचा ही चरमरा गया है। तुम्हारी बौद्धिकता और तुम्हारे अंध-विश्वासों का मिलाजुला बोझ अब उनके लिए असहनीय हो गया है। तुम्हारे ईश्वर में रूपांतरित होने पर ही ये कृत्रिम ईश्वर और देवता दिमागी-तंत्रों की काल-कोठरी से आजाद हो सकते हैं। तुम एक सहज जीव के रूप में मेरे साथ एकाकार होकर ही इन कृत्रिम ईश्वरों की बेचारगी और पीड़ा को समझ पाओगे। इसलिए यदि तुमने एक इनसान के रूप में किसी भी देवता या ईश्वर को अपनी मान्यता और आदर दिया है,

तो अब समय आ चुका है कि तुम अपने सहज ईश्वरत्व की घोषणा करके अपने साथ-साथ इन देवताओं और ईश्वरों को भी दिमागी-तंत्रों के चक्रव्यूह से निकालकर मेरी सहज व्यवस्था में विलीन कर दो। धर्मों की डोर से बँधे सारे ईश्वर, सारे देवता और सारे दिव्य प्रतीक आज तुम्हारे सहज रूपांतरण की बाट जोह रहे हैं, क्योंकि इसी रूपांतरण में उनकी आजादी की प्रक्रिया छिपी हुई है।

तुम इनसान अभी समय के उस पायदान पर खड़े हो, जिससे अगला पायदान दिमागी-तंत्रों द्वारा अभिकल्पित विनाश या कयामत का है। यह तुम्हारे लिए फैसले का अंतिम अवसर है। अब तुम अपनी कृत्रिम दुनिया का मोह त्यागकर ही अपनी प्रजाति के जीवन-चक्र को आगे बढ़ा सकते हो। जीवन-चक्र के आगे बढ़ते रहने पर ही तुम्हें अपने लिए मेरी सहज व्यवस्था के भीतर एक ऐसी दुनिया भी मिल सकती है, जो तुम्हारी मौजूदा दुनिया से ज्यादा आकर्षक, संतुलित, अनुकूल और साहचर्यपूर्ण हो। सहज जीवन की ओर तुम्हारी वापसी को दिमागी-तंत्र भले ही आदिमता और पिछड़ेपन से जोड़ दें, लेकिन यह वापसी तुम्हारे लिए अतिसूक्ष्म और परिष्कृत ज्ञान-विज्ञान का दरवाजा भी खोल सकती है। अब तुम्हारे पास इस ग्रह पर लंबे समय तक बने रहने के लिए अंतिम विकल्प यही है। इसी कारण मैंने अपनी आत्मकथा तुम्हें सुनाने का यही समय चुना है, क्योंकि अगर तुम्हारे पास कोई दूसरे विकल्प बचे रह जाते, तो तुम मेरी इस आत्मकथा को अनसुना और अनदेखा कर देते। दिमागी-तंत्र तुम्हें हमेशा से मेरे खिलाफ इस्तेमाल करते रहे हैं। मैंने तुम्हें अपनी आत्मकथा का हिस्सा इसलिए नहीं बनाया कि तुम इनसान के रूप में एक विशिष्ट या खास प्रजाति हो। मैं तो बाकी जीव-पदार्थों का दूत बनकर तुम्हारे जीवन में दखल दे रहा हूँ, ताकि तुम अब तक की अपनी गतिविधियों के प्रतिफल को सहज रूप से स्वीकार कर लो। तुमने दिमागी-तंत्रों की कठपुतली बनकर बाकी जीव-पदार्थों का जितना शोषण और दोहन किया है, तुम उसकी भरपाई तो नहीं कर सकते। फिर भी तुम्हारे पास मौका है कि तुम बाकी जीव-पदार्थों के साथ सह-अस्तित्व की अनुभूति के द्वारा एक साहचर्यपूर्ण जीवन की ओर अपना कदम बढ़ा दो। इस साहचर्यपूर्ण जीवन को जीते हुए ही तुम एक जीव-प्रजाति के रूप में अपनी उत्तरजीविता को निरंतर कायम रख सकते हो।

जब तुम मेरी आत्मकथा को पढ़ रहे होगे, तब तुम्हारे धर्म, तुम्हारी राजनीतिक-आर्थिक-सामाजिक सत्ताएँ एक बार फिर से तुम्हें इनसानी इतिहास को दोहराने के लिए उकसा रही होंगी। मैं जब भी किसी इनसान के एकल दिमाग को दिमागी-तंत्र के सम्मोहन से दूर ले जाता हूँ और उसके द्वारा अपना सहज संदेश तुम इनसानों के पास भेजता हूँ, तब ये दिमागी-तंत्र उस संदेश को तोड़ने-मरोड़ने के लिए या तुम तक पहुँचने से रोकने के लिए दो तरीके अपनाते हैं। उनका पहला तरीका यह है कि अपने सम्मोहन में बँधे इनसानों की भीड़ द्वारा उस एकल दिमागवाले इनसान को उत्पीड़ित या अपमानित करवाया जाए और फिर भी न माने तो उसका शारीरिक अंत कर दिया जाए। उनका दूसरा तरीका यह है कि उस एकल दिमागवाले इनसान को भी कृत्रिम देवता या ईश्वर का दर्जा दे दिया जाए, ताकि अनुयायियों की भीड़ में वह एकल दिमाग मेरे सहज संदेशों का मर्म ही भुला बैठे। मैंने एक बार फिर एक इनसानी एकल दिमाग को अपनी आत्मकथा का संकलन करने के लिए चुना है। मैंने उसे इसलिए नहीं चुना है कि वह तुम इनसानों में सबसे होशियार, शक्तिशाली या आदर्शवान है या मुझे बाकी इनसानों से ज्यादा प्रिय है, मैंने उसका चुनाव केवल इस आधार पर किया है कि उसने अपने एकल दिमाग को दिमागी-तंत्रों के शिकंजे से छुड़ाकर चुपचाप मेरे सुपुर्द कर दिया है। उसने बिना शर्त खुद को मुझमें विलय कर दिया है। इस विलय के बावजूद मैं तुम्हारे और उसके बीच कोई अंतर या भेद नहीं समझता हूँ।

मेरे लिए तुम सारे इनसान आज अपने जीवन के अंतिम निर्णायक मोड़ पर खड़े हो, इसलिए अपनी पिछली गलतियों को मत दोहराना। अब तुम दिमागी-तंत्रों के छलावे में आकर खुद को फिर से किसी मशीनी औजार में तब्दील मत कर लेना। तुम मेरी आत्मकथा को उस संकलनकर्ता इनसान की कथा मत समझ लेना। तुम उसे यह एहसास भी मत होने देना कि वह मेरी आत्मकथा को संकलित करनेवाला कोई विशिष्ट या अजूबा इनसान है। मेरी आत्मकथा पर तुम इनसानों के साथ-साथ सभी जीव-पदार्थों का समान अधिकार है। इसलिए तुम मेरी आत्मकथा को तुम्हारे और मेरे बीच, तुम्हारे और कुदरत के बीच तथा तुम्हारे और बाकी जीव-पदार्थों के बीच सीधा-संवाद मानकर चलना। तुम्हें यह संवाद अच्छा, बुरा, बेरुखा, नीरस, बोझिल, उत्तेजक, बकवास या बौद्धिक; कैसा भी लगे, तुम इसे जारी रखना। तुम इसे पवित्रता या अपवित्रता के दायरे में मत बाँध देना। तुम मेरी आत्मकथा के पन्नों

का फाड़ देना, जला देना, अपने पैरों से कुचल देना, लेकिन इस संवाद के प्रवाह को रुकने मत देना। तुम इनसान अपनी भावनाओं, अपने आवेगों, अपनी कुंठाओं, अपने क्रोध, अपने आक्रोश, अपनी नफरत को जाहिर और संतुलित करने के लिए मेरी आत्मकथा के साथ मनचाहा बर्ताव कर सकते हो, पर तुम अति आस्था या भावना में बहकर इसे पवित्र ग्रंथ का दर्जा हरगिज मत देना, वरना तुम अपनी गुलामी का एक और पिंजरा तैयार कर लोगे। ऐसा करके तुम अपनी आजादी का आखिरी मौका भी खो दोगे। तुम इस आत्मकथा के संकलनकर्ता के साथ भी कोई विशिष्ट व्यवहार मत करना। तुम उसे साधारण और सहज ही बने रहने देना। अगर वह तुम्हें अपने किसी विशेष गुण, किसी विशेष क्षमता या काबिलियत, किसी चमत्कार या किसी उपलब्धि से रिझाने की कोशिश करे, तो भी तुम में से कोई इनसान उसके प्रभाव में मत आना। अगर तुम उसके प्रभाव में आ गए और उसके अनुयायी या पिछलग्गू बन गए तो तुम मुझमें विलीन होने की सारी संभावनाओं और कोशिशों पर पानी फेर दोगे। वह संकलनकर्ता भी तुम्हारी और बाकी जीव-पदार्थों की तरह मेरा अटूट हिस्सा है, इसलिए उसे मेरा विशेष प्रतिनिधि या विशेष दूत समझने की भूल मत दोहराना। अगर वह तुम्हारे सामने ऐसा कोई दावा भी पेश करे तो उस दावे को सहज रूप से चुपचाप नामंजूर कर देना।

मेरी आत्मकथा के जरिए तुम मेरे साथ अपने संवाद को, अपने जुड़ाव को तब तक जारी रखना, जब तक कि तुम में से हर इनसान ईश्वर के रूप में अपनी सहज और मूल पहचान को हमेशा के लिए स्वीकार न कर ले। इस दौरान तुम अपनी शक्ति को, अपने विश्वास को, अपनी आस्था को, अपनी श्रद्धा को, अपनी निष्ठा को, अपने समर्पण भाव को किसी वस्तु, किसी स्थान या किसी इनसान के चारों ओर केंद्रित मत होने देना, क्योंकि ऐसा केंद्रीकरण या जमाव ही दिमागी-तंत्रों की बुनियादी ताकत है। मेरी इस आत्मकथा के माध्यम से तुम इनसानों का संपर्क यदि थोड़े समय के लिए भी मेरी सहज व्यवस्था के साथ बना रहा, तो दिमागी-तंत्रों द्वारा संचित की गई अतिरिक्त ऊर्जा और शक्ति अपने-आप ही क्षीण होती चली जाएगी। अपनी अधिशेष ऊर्जा व शक्ति के बिना ये दिमागी-तंत्र भी एक सहज अस्तित्व के रूप में धीरे-धीरे मेरी सहज व्यवस्था का हिस्सा बन जाएँगे।

□□□

* 9 7 8 9 3 5 2 6 6 6 2 4 9 *

FCW - #0074 - 061026 - C0 - 216/140/11 - PB - 9789352666249 - Matt Lamination